NATUMALEZA CUBANA

COLECCIÓN CUBA Y SUS JUECES

EDICIONES UNIVERSAL, Miami, Florida, 1998

Carlos Wotzkow

NATUMALEZA CUBANA

--EDICIONES UNIVERSAL

Copyright © 1998 by Carlos Wotzkow

Primera edición, 1998

EDICIONES UNIVERSAL
P.O. Box 450353 (Shenandoah Station)
Miami, FL 33245-0353. USA
Tel: (305) 642-3234   Fax: (305) 642-7978
e-mail: ediciones@kampung.net

Library of Congress Catalog Card No.: 98-84029
I.S.B.N.: 0-89729-866-7866-7

Foto de la cubierta e interiores: Pierre Mollet
Foto del autor en la cubierta posterior: Brigitte Wotzkow-Straub

A Antonio Iraizoz, por su
Sinfonía del Terruño

ÍNDICE

La Fauna

El Caos

Epílogo

Apéndices

Agradecimientos

*N*atumaleza Cubana ha sido de alguna forma, un libro creado por un numeroso grupo de cubanos y otro nada despreciable de suizos. Todos ellos han colaborado con mucho interés para que estas páginas fuesen escritas. Debido a que mi preparación y conocimientos eran muy limitados, y a que muchos de mis colegas no podían escribir con entera libertad, muchos me ayudaron y obligaron, a aprender lo imprescindible para acometer este modesto proyecto. La generosidad y guía que todos ejercieron sobre mis primeros textos, reafirma que es a ellos a quienes debo el entusiasmo de haberlos concluido.

Encabezando este grupo está el escritor cubano Guillermo Cabrera Infante, a quien le estoy especialmente agradecido por su entusiasmo y decisivo empuje. Él me estimuló constantemente desde Inglaterra para que yo me dedicara a escribir sobre los problemas de nuestra naturaleza. Desde las primeras conversaciones que sostuvimos sobre ruiseñores, y aún después en cada una de mis visitas a su casa en Londres, Guillermo no cesó en alentar este proyecto. Gracias a él, **Natumaleza Cubana** cuenta además con un magnífico prólogo, lo que me resulta un gran honor pues Guillermo Cabrera Infante es uno de los escritores cubanos más preocupados por nuestro archipiélago.

Entre los colegas y especialistas que apoyaron esta idea, he de mencionar a aquellos que considero imprescindibles. Ellos, no sólo mejoraron mi trabajo con sus comentarios, sino que también dedicaron muchas horas de su preciado tiempo a buscar y enviar la información complementaria que yo necesitaba urgentemente. Así, vale resaltar la ayuda de: Luis Roberto Hernández, Rubén Regalado, Andrés Rodríguez, Pierre Mollet, Nayví Mollet-Barbeito, James W. Wiley, Noële Delaquis, Markus Leuenberger, Paul Mosimann, Karin M.-Kampe, Alejandro Torres, Giraldo Alayón, y otros que por vivir todavía en Cuba, no quieren ser mencionados. Igualmente, agradezco a mi esposa Brigitte Wotzkow-Straub todo el interés y la confianza que puso en mi trabajo; el amor que ha demostrado para con la naturaleza que sólo ha oído existe en Cuba, y la forma en que ha alimentado mi vida con su entusiasmo cotidiano e inagotable paciencia.

Muchas otras personas me ayudaron abriéndome los ojos en esta nueva sociedad; ellas no colaboraron directamente en este proyecto, pero facilitaron indirectamente su realización. Entre las que me ayudaron de forma más activa están: Carlos Alberto Montaner, quien me demostró que no estaba solo en el exilio; la familia Straub, que me brindó toda su hospitalidad y apoyo, y Christopher Tafelmacher, que como abogado defendió mi libertad. No menos importantes y también merecedores de mi gratitud son: Miriam Gómez, pues gracias a sus refrescantes melonadas pude sobrevivir el verano londinense; la familia Petschen, entre los que siempre encontré un hogar en Ginebra; Andrea Olivera, quien me lo dió en Lausana; Thomas Wernli, con quien lo compartí en Berna. Tampoco pueden faltar: Juan Manuel Salvat, François Loeb, Urs Schöttli, Hansjörg Heim, y el Gobierno Federal de Suiza, pues todos ellos, de una forma u otra, permitieron que yo pudiera expresarme contra el régimen que me obligó a dejar atrás la naturaleza que tanto amo y al país en que nací. Por ese bello gesto al derecho humano y a la libertad de expresión, mis mayores y más sinceras gracias son entonces, y lo serán siempre, para Suiza.

Advertencia

Es de suma importancia para todos los lectores, que yo aclare (antes que otros), que no soy la persona ideal para hablar sobre la destrucción que sufre la naturaleza cubana. Sin embargo, aunque son varias las razones que me obligan a puntualizarlo, son muchas otras las que me permiten escribir hoy al respecto. Estoy conciente que no soy un ejemplo de ecologista intachable (cuando niño, yo también cazaba lagartijas), que tengo una formación académica muy defectuosa (fuí formado con la Revolución), que no puedo encarar el problema con el adecuado nivel técnico y general que yo quisiera y además, que sufro de ese terrible mal al que los comunistas cubanos acusan de locura: soy aficionado a escribir lo que pienso. Entonces, para los que no lo saben, decir lo que se piensa en Cuba es algo así como "tener la prosa caliente". Puede resultar un elogio, o puede constituir un grave peligro, pues ello casi siempre representa un claro desafío al gobierno.

Por otra parte, con 1038 viajes realizados durante más de 12 años por todo el archipiélago cubano con fines de investigación ornitológica, también creo tener algunos datos de interés para compartir, y por tanto, cierto conocimiento de lo que en aquella isla ocurre. En todas estas expediciones no sólo he aprendido sobre la naturaleza y las aves cubanas, sino de los problemas más graves que atañen a los campesinos más pobres de la Cuba profunda. Igualmente, conozco la corrupción que practican casi todos los caciques provinciales y locales del sistema, y sé cuán planas tienen las nalgas todos los nihilistas y tecnócratas de las ciencias del país que acostumbran a hablar de la naturaleza sin haberse despegado de la butaca en la que descansan. Además, mis actividades dentro de la aviación me dieron la posibilidad de ver desde el aire la deforestación que el gobierno lleva a cabo para destruir el país antes de extinguirse políticamente, y sin poder salvar las mal llamadas "gloriosas conquistas del socialismo".

De todas estas experiencias, y gracias a mi exilio y libertad en Suiza, es que nace "Natumaleza Cubana". Un libro de ideas compartidas con muchos de mis colegas a los cuales la mordaza eco-política (léase la censura y el miedo a la represión) no les ha permitido publicar algo similar. Muchos científicos cubanos, incluídos algunos de los que han colaborado con este proyecto, han debido mantenerse como aparentes sustentadores de las alucinaciones del gobierno para poder subsistir; sin embargo, ello no significa que se hayan mantenido apáticos a la problemática del desastre ecológico que sufre la nación. La mejor prueba de ello son las continuas y numerosas comunicaciones que para este libro me han hecho llegar a pesar de los obstáculos.

No por un error de imprenta es que este libro se llama "**Natumaleza Cubana**". La naturaleza de Cuba va cediendo terreno a la maleza como resultado de una política ambiental nunca antes vista. Maleza es lo único que recogerá el cubano de la experiencia comunista padecida; maleza fue lo que dejé tras de mí en el ámbito social, económico y político, y justamente, una de las múltiples razones por las cuales cualquier cubano (yo entre ellos) debe tener derecho a protestar. La destrucción de nuestros bosques es tal, que los que intentacen hacer hoy una guerrilla contra Castro, una igual a la que él hizo contra el dictador Batista desde la Sierra Maestra, morirían de insolación y sed. Los arroyos de la Sierra ya apenas tienen agua, y contrario a lo que dijo Martí, ya no "complacen más que el mar". Por otra parte, ya no quedan árboles allí para esconderse, y ya no queda madera para fabricarle un sarcófago a los muertos. Así las cosas, advierto que leerán un texto lleno de mentiras (las divulgadas por el gobierno de Castro), y de verdades inexactas (las que he escrito yo). Por ello, cada cuartilla enfrentará a la crítica especializada, pero ello es parte de la responsabilidad que asumo de antemano.

En la década del 40, Antonio Iraizoz, un brillante periodista cubano, publicó un pequeño libro titulado "Sinfonía de Terruño". Aquella obra estaba llena de textos inquietos que apoyaban el trabajo de los naturalistas, y que criticaban el desatino del cubano respecto a la destrucción de su naturaleza. Sin embargo, y desde aquel entonces, nunca más se reeditó dicho libro y por tanto, jamás tuvo el eco requerido durante los años posteriores a 1959. Ahora, y a manera de un "Requiem por el Terruño", es que escribo *Natumaleza Cubana*. Ojalá que sirva de relevo, o al menos de tributo, a ese compatriota silenciado por las editoriales del régimen castrista. Espero que Natumaleza logre esa continuidad que debió existir desde siempre, y que sirva para promover la protección más elemental que Cuba necesita urgentemente.

CWA
Bienne, 15 de agosto de 1996.

LA NATURALEZA CUBANA
DE CARLOS WOTZKOW

Guillermo Cabrera Infante

C on un nombre impronunciable en Cuba (y no sólo por razones lingüísticas: más, más tarde) Carlos Wotzkow me resultó, primero por cartas, luego por teléfono, ser un cubano y un patriota cubano por añadidura. Luego, cuando vino a visitarme a Londres, su cubanía (voz, gestos, maneras) esencial y en materia de argumentos su preocupación por lo que ocurría en Cuba en cuanto al desperdicio y destrucción de la flora y la fauna del archipiélago llamado isla por los ignorantes. Poco después recibí lo que era para mí un regalo literalmente inaudito: Carlos me envió una cinta en la que había grabado el canto y reclamo de los pájaros cubanos, muchos de cuyos especímenes, me decía con dolor, habían desaparecido para siempre de la faz de nuestra tierra natal. Carlos, viviendo en su exilio en Suiza, resultaba un testigo de excepción que traía la prueba del delito. Castro no sólo había desterrado de la isla a miles, millones de cubanos, sino que había destruido el hábitat de los hombres y las bestias. Sabía yo que había habido una destrucción de palmares y otros árboles cubanos, pero Carlos conocía la evidencia de que ese crimen contra natura se extendía a los cayos y las islas y a los habitantes de mares, manglares y lagunas. La palabra desolación se había pronunciado para señalar la atroz devastación hecha a escondidas y con alevosía. Castro, como Atila, por donde pasaba en Cuba no volvía a crecer la yerba.

No es extraño que Carlos fuera expulsado (era el hombre que sabía demasiado) en 1990 del Museo Nacional de Historia Natural. Decía el acta de expulsión que lo honra al declararlo no ser "un digno ciudadano para representar a Cuba", interdicción que lo convertía, muy joven, en un exiliado, en Suiza, donde se casaría, fundaría una familia y trabajaría como ornitólogo. Es decir el que sabe mucho de pájaros.

Pero los amos de vidas y haciendas en Cuba no previeron que Carlos pertenecería a los institutos científicos más respetables, respetado él mismo por su labor científica. No pudieron prever que Carlos pusiera todo su saber de historia natural y todos sus conocimientos "en el campo", como se dice entre naturalistas, y escribiera este libro en que demuestra que la naturaleza cubana es en realidad una natumaleza, mitad crimen y mitad maleza, en que la naturaleza cubana es asesinada y para sus asesinos no puede haber un *habeas* que los exonere porque el crimen es, de hecho, un avias corpus para pájaros y aves de presa o de carroña. Este libro, en que cada página es una herida abierta, señala la naturaleza del crimen contra la naturaleza.

Siguiendo la senda ilustre de Felipe Poey, Carlos de la Torre y Juan Cristóbal Gundlach, Carlos Wotzkow, cuyo nombre rima con paciencia y cautela: paciencia para observar la naturaleza y cautela para delatar los desmanes de sus enemigos —que en Cuba no es el clima sino la aberración política— es un naturalista nato. Observen los pasos del enemigo humano en Cuba en los mapas que el libro presenta como ilustración vidente, evidente de la destrucción del hábitat y de la vida en las islas de todo ser vivo. No conozco otro documento que sea a la vez la señal de la huella del enemigo común y su denuncia.

Londres, febrero de 1998.

Introducción

"La isla no era nada vivo en sí. Una aparecida,
como un muerto aparecido. Uno sentía que por
debajo de ella aleteaba algo que no aleteaba, que
no tenía una vida muerta, que veía las cosas con
ojos diferentes."

Lino Novás Calvo.

Cuando dejé la isla de Cuba, el 8 de mayo de 1992, mis inquietudes y la destrucción de la naturaleza corrían un grave riesgo. Se trataba del peligro que corren las ideas sobre ecología sin el eco que las haga públicas. Alertas que, sin el contacto editorial necesario, no me permitirían hablar de un país que se destruía por culpa de la censura y el terror. Un año después, cuando supe que permanecería en Suiza por tiempo indefinido, mi preocupación aumentó, pues aquellos problemas seguían sin divulgarse, como mismo desaparecían en silencio los últimos almiquíes comidos por los perros cimarrones. Por otra parte, Cuba ya era un país completamente desolado y con la vida de todos sus habitantes hecha un infierno. Lo que ocurría allá era una historia para enajenados, con un futuro incierto, con una esperanza sin fondo ni asideros, con una economía sin cimientos, y lo que es peor, cada vez con menos árboles y menos ramas eutanásicas en las cuales ahorcarse. En efecto, el cubano (ese ser tan propenso al suicidio), ya no tenía siquiera donde poner fin a la vida miserable en que lo obligaron a sufrir tan largamente.

En aquella tierra de infortunio se reproducían como ratas los rumores callejeros, pero no había un sólo organismo u organización ante los cuales se pudiese acudir de forma cívica, razonable y sistemática, para protestar contra la construcción de una fábrica, una carretera, o una presa. Sin una prensa libre que nos permitiese denunciar los desastres, cada día era más inapelable el designio estatal. El cubano, sencillamente había pasado a ser un receptor pasivo de la "bondad" y la "experiencia" del líder del Partido. Por todo lo anterior, y dicho en términos naturalistas, en aquel pequeño archipiélago caribeño las expresiones populares desembocaban en una laguna putrefacta. La sociedad cubana estaba irremediablemente enferma, y la "bota obrera" (léase el mocasín de cabritilla del líder nomenclatural), lo aplastaba todo. La laguna, la de la vida, se llenaba de naturalezas muertas, de estadísticas negras, y de misterios políticos sobre ecología.

Si nos fijáramos en la cruenta destrucción que sufre el archipiélago, uno se daría cuenta de que el castrismo sienta cátedras en la instauración sostenida de la adversidad, en el uso despiadado e irracional del escaso y delicado patrimonio natural, y en la forma de ocultar sus desatinos. Desde los mismísimos inicios de la Revolución, las aspiraciones de la población cubana fueron reducidas a lo mínimo; es decir, el individuo "revolucionario" del castrismo sólo debía aspirar a llevar la vida a cuestas. Para lograrlo, se les prohibió la opinión, y con ello se le negó todo desarrollo político, económico o intelectual. Luego, la función cuasi matemática de asociar al comunismo con la pobreza, el letargo, y la mediocridad, como único producto de aquel sistema, devino un pensamiento racional. Esta asociación fué lo que creó las bases del mayor éxodo visto en el continente americano. Sin embargo, el exilio aún no cuenta con muchas ideas sobre la protesta ecológica y las que tienen, todavía las manifiestan en forma desorganizada.

Uno de los primeros problemas ecológicos del período castrista (sin contar ahora las amenazas nucleares desde 1962 a 1989) surge en fechas tan tempranas como 1963. La anarquía del espacio y el bajo aprovechamiento de los recursos térreos, trajo como resultado la salinidad y desertificación de los suelos. Paralelamente, la llamada "voluntad hidráulica" y el impensado *slogan* de *"no dejar escapar ni una sola gota de agua al mar"*, determinó la construcción de más de 1`000 presas y micropresas que, a mediados de 1989, ya causaban un impacto de graves consecuencias en el sistema fluvial de la isla. La contaminación de las aguas embalsadas, y la penetración del mar en el manto freático fueron, entre otros, algunos de esos "logros" inéditos de la política de Castro. Lo sucedido al caudal del río Cauto es la prueba más clara de semejante desastre. El Cauto fué el río más caudaloso de Cuba hasta que el castrismo le negara toda el agua que lo alimentaba de forma natural; y hoy, gracias a ello, apenas es un riachuelo. En su desembocadura, mientras las tierras perdían su fertilidad, las lagunas costeras se llenaron de lodo, los manglares fueron desapareciendo y la erosión del suelo terminó la obra que los tecnócratas de guayabera tanto estuvieron buscando.

A estos problemas ecológicos del inicio, le siguieron otros en los años 70. En esta década comienzan los programas mineros a gran escala; Moa y Nicaro, que fueron explotados inicialmente con tecnología francesa (la

Berliet estuvo en Cuba hasta 1974), cambiaron bruscamente para emplear la caótica maquinaria soviética que erosionó en muy escaso tiempo todos aquellos suelos donde se aplicó. La minería adquirió entonces un carácter inmediatista al servicio del desarrollismo del Partido. La contaminación del aire, el debilitamiento de los bosques producto de las lluvias ácidas, la saturación de residuales de los ríos y de varios sectores marinos en esas zonas fueron posibles por la horrenda "tecnología" socialista que permitía, entre muchas otras cosas, el escape masivo de emisiones gaseosas cargadas de partículas de polvo. Una parte de la herencia de esa explotación inadecuada del sustrato es apreciable en los bosques que existían a lo largo del perfil costero de Moa y Baracoa. Aquellas laderas verdes y exhuberantes que un día inspiraran a Colón, hoy bien pudieran permitir la realización de un film sobre dinosaurios, pero claro está, en la época en que ellos se extinguieron.

En la década del 80, la metodología para destruir el medio ambiente ya era impenitente. Castro, que nunca ha pensado que lo pequeño también puede ser bello, consideró que la isla le quedaba muy pequeña a sus caprichos. Entonces, no conforme con el tamaño de su feudo, llevó la destrucción al ámbito internacional. Angola, por ejemplo, comenzó también a perder sus bosques para amueblar las casas de los generales en Cuba. La fauna de las praderas angolanas fué aniquilada sin reparo para diversión y esparcimiento de los oficiales que la cazaban desde los helicópteros cubanos. Pero cuando la crisis apuntó al descalabro total, y Angola ya no podía continuar como coto de caza y proveedor de maderas preciosas al otro lado del Atlántico, Castro se ensañó con nuestra isla nuevamente. Utilizando la depauperada economía como escudo, inició la última cruzada contra su biosfera y biodiversidad. Así comenzó a buscar divisas de la misma forma en que los estúpidos buscan un centavo en la oscuridad: comprando una vela de a peso. O sea, dió luz verde a la comercialización de todo tipo de objeto natural, y por unos cuantos dólares, permitió que los turistas se llevaran el coral negro (*Antipathes sp.*), las polimitas (*Polymita ssp.*) más preciosas, muchos insectos, cualquier reptil, e incluso, los mamíferos más amenazados.

En la década del 90, después de llevar más de 15 años vendiendo los recursos naturales, Castro reforzó la prohibición de cualquier tendencia ecologista, para que los científicos no pudiesen esbozar un plan de medidas que permitiera rescatar los ecosistemas que aún quedaban. Bajo la concepción oportunista de que Cuba vivía un "período especial", creó las condiciones psicológicas necesarias para que su gobierno vulnerara todos los preceptos y leyes que él mismo había creado. Desde 1992, Fidel intentaba transmitir en sus discursos que la isla se encontraba "sitiada" y que, por tanto, había llegado la hora de quemar la nave (léase quemar las últimas reservas de la cansada naturaleza cubana). Paralelamente, negó toda responsabilidad sobre el abastecimiento a la población, y con ello, la instigó a hacer uso masivo de la leña y del carbón. Como que la Unión Soviética había traicionado el derrotero histórico que le correspondía, nosotros debíamos regresar a la época de la colonia, pero... ay!, ay!, ay!, jamás al perverso capitalismo. El resultado no se ha hecho esperar, y la educación socialista de derroche que tanto gusta al cubano, ya ha causado más daño en los últimos diez años, que en los cuatro siglos que pasamos de colonialismo.

El catecismo de Marx, y el desconocimiento total de la naturaleza humana que este pasó a Castro, lo llevó a cometer dos errores garrafales durante toda su dictadura. En primer lugar olvidó (tal vez nunca lo supo), que la moral de los hombres era una de las características más maleables de su naturaleza. Castro, quien se creía el pastor de un Dios llamado Marx, ignoró que esa misma maleabilidad también lo afectaría a él. El segundo error lo llevó a adoptar el socialismo científico como una opción infalible sin tan siquiera creer en ella, sin considerar que su pobre preparación personal dinamitaba, de hecho, las bases hacia la comprensión básica de esa errónea doctrina. Por ello, Castro estuvo hablando del modelo revolucionario durante 38 años, pero sin percatarse él mismo de su estancamiento e involución y mucho menos, de su exagerada valoración propia. Por ello, habló de la educación integral de un pueblo, pero sin hacer una verdadera transformación educativa, ni haber demostrado en la práctica una nueva orientación moral adecuada.

Edward O. Wilson, haciendo alusión al Dios de Castro señala: *"Marx, Engels y todos los discípulos y desviacionistas que los han seguido, por más refinados que sean, han operado sobre un conjunto de grandes premisas ocultas acerca de los deseos profundos de los seres humanos y el grado en en el cual la conducta humana puede ser conformada por los medios ambientales sociales"* (Wilson, 1980). El caso cubano, por no ser ajeno, corrobora claramente esa idea. Los excasos sustentadores de la preeminencia moral socialista, se han dado de narices en la explicación de la teoría, pero sólo, desde que sus necesidades individuales comenzaron a ser prioritarias sobre los impulsos inestructurados de la moral antes mencionada. Desde entonces (yo diría después de 1989), se ha dejado a un lado la "fuerte conciencia revolucionaria" y la retórica de la nomenclatura. Después del zafarrancho capitalino, en el que todos salieron corriendo desde las movilizaciones en la plaza a cocinar gatos, hay que agregar el de las zonas rurales, donde no abundaban estos "conejos de tejado". Por tal motivo, desde las jutías hasta los lagartos (sin olvidar a los anélidos), han engrosado la lista culinaria del cubano actual.

La fórmula del "costo-beneficio" que la sociobiología de Edward O. Wilson ha explicado y sugerido tan clara como repetidamente, sorprendió a muchos cubanos cuando los ineficaces esquemas del castrismo demostraron sus pobres resultados. Mientras tuvimos el apoyo económico soviético (y eso fué por largo tiempo), nos burlamos del bloqueo, nos sentimos prepotentes, lo destruimos todo como si fueramos turistas de paso, como si no quedara nada que cuidar o respetar, o como si Cuba no fuese más que una escala en nuestras vidas. Hoy, a excepción de unos cuantos tarados, todos nos damos cuenta que nos estuvimos riendo de nosotros mismos. Por alcanzar una meta inexistente y utópica, nos fuimos asfixiando entre los caminos polvorientos de nuestra patria maltratada. Por alcanzar un ideal tan discutido como efímero, fuímos acabando con nuestra tradición hospitalaria, renunciando a la belleza de la tierra que hemos habitado sin pensar en nuestros hijos, sin meditar un sólo instante en su futuro, y lo que es peor, sin dejarles la oportunidad de disfrutarla, protegerla, y cederla mejorada a nuestros nietos.

Cuando uno analiza superficialmente lo antes dicho, inmediatamente llega a la conclusión de que nada se hace más necesario que la democracia para dar solución a estos problemas. Nada más lógico que la acción de los cubanos libres y dueños de sí, sin ataduras o esclavitudes ideológicas, ni inmersos en guerras diseñadas por los profetas del marxismo, para salvar al país. El drama ecológico que hoy afecta a Cuba se debe en gran medida, y a pesar de otras opiniones, a las últimas tres décadas (casi cuatro) de un gobierno que no se cansa de llamarse revolucionario. La contaminación del aire, de los ríos, y del mar que hoy tenemos, es la herencia que la tiranía nos dejó con su minería, sus hidrocarburos, y la explotación inadecuada del sustrato con fines básicamente militares. La destrucción de nuestros bosques ya no es siquiera recordable en nuestros muebles; se ha consumido en el fuego, o decora los apartamentos de otros países depredadores. La fauna cubana sigue escapándose con los turistas malcriados del castrismo, y nuestra pobreza espiritual o nuestras riquezas naturales, se tambalean frente al abismo de una estupidez colectiva que aún carece de rebeldía individual.

Hay una gran correspondencia entre la consideración de la naturaleza como un espacio a dominar, y la consideración de los hombres como números, pero si aún no se ha escrito el capítulo postrero de esta "conquista revolucionaria de la naturaleza", la realidad es que no estamos muy lejos de poder hacerlo. El cubano, mal educado en el marxismo y mal guiado por Castro, apunta a perpetuar esa imbecilidad más allá de este siglo. Cuando comencé a meditar sobre todo esto, me dí cuenta que la tarea que enfrentaba era enorme; que me resultaría un infierno llevarla al papel, y que necesitaría ayuda de mis colegas especializados en el tema. Cuando estaba a punto de terminar, entendí que la ayuda más necesaria e imprescindible sólo podía venir de los lectores, de los cubanos o extranjeros que, con el cerebro y con el corazón, quisieran entender mi reclamo. A ellos es a quienes regalo "Natumaleza Cubana", para ver si un día hacen de este texto algo obsoleto, o sólo una alerta del pasado.

Cuba en datos generales.

"En donde quiera que el hombre nazca abandona-
do a sí mismo y sin conocimiento de lo que le ha
precedido, comenzará otra vez la edad de piedra.
No está la edad de piedra en la naturaleza, sino en
el choque del hombre virgen e ignorante con la
naturaleza virgen. "

José Martí

C uba, para algunos, tiene 114`524 km² (IUCN, 1992), para otros sin embargo, tiene 110`922 (Núñez Jiménez, 1989). Esta diferencia en un dato tan elemental explica en parte, el desconocimiento que puede llegar a existir en muchos otros aspectos de la naturaleza cubana. Si Cuba es tan grande como señala el documento de la IUCN, ¿dónde están entonces los 3`602 km² que el geógrafo de Castro olvidó? ¿Están en Guantánamo? Ya aparecerán. A los efectos de la IUCN (1992), Cuba está dividida en tres zonas principales: las llanuras que ocupan casi dos tercios del área total del territorio, las montañas aisladas, y las regiones montañosas en sí, que comprenden grupos aislados o montañas separadas por llanuras, como el caso de la Sierra Maestra. A nuestro juicio, esta descripción tan general sobre el archipiélago no dice nada y lo oculta todo. Es por ello que creo necesario extenderme un poco más en tal sentido a fin dar una idea más aproximada de lo que se necesita proteger en él.

Fisiografía: El archipiélago cubano está situado casi en la porción noroeste del mediterráneo americano. Sus puntos más extremos son: por el oeste, en la provincia de Pinar del Río, el Cabo de San Antonio, (21°52`11``de latitud norte y 84°57`11``de longitud oeste); por el este, en la provincia de Oriente, la Punta Quemado, situada a 3`700 m al sur-sureste del faro de la Punta de Maisí, (20° 12`8``de latitud norte y a 74°7`55``de longitud oeste); por el norte, perteneciente a la provincia de Matanzas, Cayo Cruz del Padre, (23°16`34``de la latitud norte y a 80°53`55``de longitud oeste); y por el sur, perteneciente también a la provincia de Oriente, la Punta del Inglés, a 5`900 m al este-sureste del faro de Cabo Cruz, (19°49`32``de latitud norte y a 70°40`23``de longitud oeste) (Furrazola-Bermúdez et. al., 1964). La longitud total de la isla de Cuba es de 1`200 km, y su contorno, de 5`700 km. Incluyendo todos los cayos que forman el archipiélago; la superficie total del territorio alcanza los 114`524 km². La Isla de Pinos es la segunda isla en dimensión del archipiélago y está ubicada al sur del Golfo de Batabanó. Su área ha sido calculada en 2`199 km². Su proximidad con Cuba, en su extremo norte, es de 47 km, y ello, medido entre las puntas de Carraguao y Tirry.

Un total de cuatro grupos insulares rodean a Cuba. El grupo de Sabana-Camagüey (antiguamente Jardines del Rey) tiene 2`517 islas, cayos y cayuelos y es el más importante en extensión y área; a este, le sigue el grupo de Los Canarreos con 672 islas, cayos y cayuelos; luego, el de Jardines de la Reina con 661 cayos y cayuelos, y finalmente, el de los Colorados, con 160 cayos y cayuelos. A lo anterior es necesario agregar que en la costa norte existen varios cayos no incluidos en estos grupos insulares. Por ejemplo, 11 cayos al norte de Moa, y por la costa sur, otros 5, como Cayo Dama, en la costa meridional de la provincia de Oriente. Además, dentro de los estuarios y bahías existen 75 cayos en la costa norte y 93 en la sur, lo que representa de conjunto unas 4`195 islas, cayos y cayuelos (Núñez Jiménez, 1982).

El relieve cubano en general es joven y está relacionado con movimientos tectónicos ocurridos en el Cenozoico tardío, de modo que los bloques elevados originaron tanto las tierras emergidas como la plataforma insular que rodea al archipiélago. La Sierra Maestra es uno de los sistemas orográficos más notables de Cuba, tiene 250 km de largo y hasta 30 km en sus partes más anchas; está formada fundamentalmente por rocas volcánicas, granitoides y calizas. El punto culminante de este sistema es el Pico Turquino, con 1`960 m de altitud. La mayoría de sus ríos desembocan en la costa sur, aunque hay varios que nacen en su ladera norte y desaguan al río Cauto; estos ríos son de corto curso y han abierto profundos valles siguiendo las líneas de las fallas. Entre la Sierra Maestra y las alturas de Maniabón corre el río Cauto, orientado de este a oeste, con casi 250 km de longitud. Este sistema montañoso se prolonga al oeste de Cabo Cruz por debajo del mar a lo largo de 617 km en dirección a Guatemala (dorsal de los caimanes) y sus puntos más elevados conforman las Islas Caimán y el Banco Misterioso.

El grupo orográfico de Sagua-Baracoa es el más oriental de Cuba. En su parte norte está formado principalmente por montañas de rocas ultrabásicas y volcánicas, mientras que por el sur, está constituido mayormente de calizas y areniscas. Su punto culminante está en la Sierra de Cristal, con 1`325 m de altura. En este grupo existen altiplanos notables como el Yunque de Baracoa y la meseta de Pinares de Mayarí. La mayoría de sus ríos desembocan en la costa norte, aunque el río Toa, orientado de oeste a este, es el más importante y supera los 105 km de longitud con un abrupto perfil longitudinal, pequeños saltos de agua, y particularmente caudaloso luego que se le une el río Jaguaní.

El grupo de Maniabón es un sistema montañoso muy erosionado cuya base está formada por serpentinitas y rocas volcánicas sobre las que aparecen los cerros calizos como ejemplos notables de carso cónico. Las alturas de Camagüey están formadas por un gran afloramiento de serpentinitas, rocas volcánicas y graníticas, y el amplio peniplano que las rodea, presenta pequeñas elevaciones aisladas de rocas ultrabásicas, volcánicas y gabroides. Hacia el norte, las calizas forman las sierras de Cubitas y Camaján, y por el sur, las alturas de Najasa, Guaicanamar, etcétera.

El grupo orográfico de Guamuhaya (Escambray) tiene 80 km de largo; está constituído por calizas cristalinas y esquistos micáceos. Su punto culminante es el Pico San Juan, con 1`156 m de altitud. El río Agabama divide al grupo en dos partes, la del este se denomina Alturas de Trinidad y al oeste las Alturas de Sancti Spíritus. Las alturas septentrionales de Las Villas están divididas por el río Sagua la Grande; a ellas pertenecen las sierras de Jatibonico, Meneses, Bamburanao, Purio y otras donde algunos ríos, como el Jatibonico, han formado impresionantes abras que luego abandonaron para tomar un curso subterráneo. Al oeste del río Sagua la Grande, otra cadena de elevaciones calizas forman las alturas de Sierra Morena, Jumagua y Mogote, aunque estas últimas han sido casi sepultadas por los arrastres del río antes mencionado.

Las alturas septentrionales de Habana-Matanzas están constituidas por pequeñas elevaciones calizas paralelas a la costa, como son las de Cojímar, Sibanimar, Santa Cruz, y Puerto Escondido. Son elevaciones cortadas por varios ríos que desembocan en la costa norte. Al sur de estas alturas costeras se alinean las de Camoa, Jaruco, Pan de Matanzas, etcétera, que junto a las anteriores forman un anticlinal cuyas cimas fueron destruídas por la erosión. El punto culminante de estas alturas es el Pan de Matanzas con casi 400 m de altitud. Las alturas de Bejucal-Madruga-Limonar, están al centro de las provincias de la Habana y Matanzas, y son una cadena de elevaciones bajas que atraviesan los poblados de Bejucal y Madruga, y que llegan a los alrededores del poblado de Limonar. Su extensión es de 150 km y su punto culminante es la Loma del Jacán, con 309 m de altitud.

La Cordillera de Guaniguanico está dividida en dos grandes secciones por el río de San Diego de los Baños. Al este se encuentra la Sierra de los Órganos y las Alturas de Pizarra, y al oeste, la Sierra del Rosario. La Sierra del Rosario tiene una morfología muy variada, con cuchillas y colinas de roca caliza, arcillosas, arenizcas, gabroides, ultrabásicas y volcánicas. Todas sus laderas del sur son una gran falla rectilínea de 120 km de largo, en la cual los ríos han hecho abruptos y estrechos valles. Por el norte, las pendientes están inclinadas hacia el mar en forma de espolones y colinas con valles más abiertos y anchos que los del sur. Su punto más elevado es el Pan de Guajaibón que alcanza los 728 m de altitud.

La Sierra de los Órganos es uno de los ejemplos más notables de carso cónico (de mogote) del mundo. Gran cantidad de estas elevaciones están taladradas por cavernas y ríos subterráneos. La disolución ha formado numerosas "poljas" de gran fertilidad, como en Hoyo de Potrerito y el Valle de Viñales. Este sistema muestra cadenas paralelas de mogotes rodeados, tanto al norte como al sur, con lomas arcillosas, pizarrosas y de arenisca, por donde los ríos tienen una compleja red fluvial. El punto más prominente de estas lomas es el Cerro de Cabras, con 484 m de altitud.

Los llanos de Cuba tienen en general un origen común, han sido formados por procesos de disolución cársica, deposiciones fluviales y denudación. En la mitad meridional de Pinar del Río estas llanuras se formaron gracias a los arrastres de aluvios de las montañas y están constituidos principalmente por arenas que han cubierto las formaciones más antiguas. Desde Artemisa hasta Cienfuegos se extiende una llanura cársica cuya característica es el diente de perro, aunque este se encuentra cubierto en gran medida por tierras fértiles. Desde el este de Trinidad y casi hasta el centro de la provincia oriental, está la Gran Llanura Cársica, unida a un extenso peniplano serpentinoso originado por la denudación subaérea. Finalmente, está la llanura del Cauto-Alto Cedro, formada por los arrastres fluviales de los ríos que descienden de todas las vertientes montañosas que lo rodean. Esta llanura se extiende desde el Golfo de Guacanayabo hasta la Bahía de Nipe, y está formada por aluviones que cubren los calizos.

Clima: La ubicación del archipiélago cubano, como parte del arco antillano (próximo al Trópico de Cáncer), está en el límite septentrional de la zona intertropical, rodeado de mar y muy cerca de centro y norteamérica. Esto es lo que obliga a dividir a nuestro clima en dos subregiones climáticas sobre la base de un análisis dinámico. (1) La subregión del Caribe oriental, caracterizada por vientos alisios relativamente lluviosos, con grandes diferencias de humedad entre las vertientes de barlovento y sotavento, e incluso con la existencia de pequeñas franjas semidesérticas; y (2) la subregión del Caribe occidental, con clima de sabana tropical en la cual la influencia de las masas de aire árticas y polares se hacen notables en invierno.

Los picos máximos de radiación en Cuba ocurren entre abril y julio, con valores del orden de los 20 $MJ \cdot m^{-2}$ y los mínimos en enero, con cifras inferiores a los 12 $MJ \cdot m^{-2}$. La insolación alcanza una media anual de 2`900 horas/luz en las costas y 2`500 horas/luz en las montañas. El régimen térmico medio anual en los llanos es de 24°C, mientras que en las costas de la región oriental es de 26°C, pero en julio, este oscila entre los 26 y 28°C en todo el territorio. En enero el comportamiento térmico de la subregión occidental fluctúa entre 20-22°C, y en la oriental entre 22-24°C, excepto en las montañas, en que está por debajo de 20°C. El período invernal comienza en la segunda quincena de noviembre y su duración es de 150 días aproximadamente con temperaturas que han llegado a alcanzar los 2°C (5% de probabilidad). En verano, el máximo de la temperatura del aire es de 38°C y esto, ocurre generalmente en áreas de la costa sur y en el interior de la isla. Las velocidades del viento llegan a alcanzar valores significativamente altos (entre 45,8 y 34,2 m/s) cuando están asociados generalmente a múltiples disturbios de carácter tropical (ciclones, huracanes, etc.), y la dirección, en todo el territorio, prevalece del primer cuadrante.

La humedad relativa del aire alcanza sus valores extremos en las primeras horas de la mañana y la tarde. A las 7:00 horas, las máximas alcanzan el 95% en el interior de la isla y en las zonas montañosas. A las 13:00 horas, los valores se invierten llegando hasta un 60% sobre todo en el interior y la costa sur. La precipitación media anual es de 1`375 mm con dos períodos bien definidos en el archipiélago: el lluvioso (mayo-octubre), donde se registra el 80% del total; y el seco (noviembre-abril). En la zona de Sagua-Baracoa esta distribución porcentual se altera debido a la influencia de su orografía que prácticamente iguala ambos períodos. La fecha más probable para el inicio de la temporada lluviosa, es entre la primera y la segunda quincena de mayo, y la duración de este período oscila entre 140-180 días. Las precipitaciones máximas siempre han estado asociadas al paso de huracanes y ciclones, donde los valores han sobrepasado los 350 y 450 mm. Ejemplos notables de estos casos son: el huracán Flora (1963), y los ciclones Frederick (1979) y Alberto (1982). Los niveles de evaporación oscilan entre los 2`300 mm (máximos) en las costas, y los 1`200 mm (mínimos) en la Gran Piedra, a 1`092 m de altitud.

Partiendo de un análisis tipológico del clima y considerando las precipitaciones como un factor de suma importancia, hemos de advertir tres tipos fundamentales de condiciones climatológicas dentro del archipiélago: (1) un clima montañoso, con humedad alta y estable, baja evaporación y temperaturas frescas; (2) otro clima propio de los llanos interiores, con humedad relativamente estable, alta evaporación y temperaturas muy cálidas, y (3), un clima de las zonas costeras y cayos, con muy baja humedad, alta evaporación y temperaturas sumamente cálidas.

Flora y vegetación: Los avances en el conocimiento de la botánica cubana han sido notables en los últimos años. La mejor prueba de ello, es la gran diversidad de temáticas que hasta la fecha han sido abordadas y la profundidad cada vez mayor que en ellas se percibe (Capote et. al., 1989). Sin embargo, en el criterio de la mayoría de nuestros botánicos, nuestra flora continúa aún insuficientemente conocida, especialmente en lo que a los grupos inferiores se refiere. En nuestra vegetación se reconocen diferentes formaciones botánicas según los criterios de varios autores. Estas clasificaciones (Avila et. al., 1979; Borgidi, Muñiz y del Risco, 1979; Capote y Berazain, 1984; y Areces —en prensa—), difieren unas de otras en algunos detalles que, para el caso particular de este libro, he intentado respetar, pero, sin restringirme a un sólo autor o grupo de autores en específico. Así, y siguiendo los criterios de Capote y Berazain (1984), he considerado como formaciones botánicas naturales aquellas que aún conservan características afines a su origen, y como vegetación secundaria, las asociadas con diferentes afectaciones antropogénicas. Partiendo de esta base, he intentado comentar en cada una algunos aspectos de su descripción fisonómica, características ecológicas, especies representativas y zonas de distribución.

● Los bosques pluviales (pluvisilvas) de Cuba, sin elementos caducifolios, se desarrollan en zonas húmedas y se subdividen en dos unidades básicas: Las pluvisilvas de llanura; con tres estratos arbóreos, de 15-20, 20-25, y 28-35 m de altura, y con abundancia de epífitas y lianas, cuya especie más típica es el Najesí (*Carapa guianensis*), pero que está muy poco representada en Cuba. Las pluvisilvas montanas, son mucho más importantes tanto por su frecuencia como por su ubicación orográfica (400-900 m s.n.m.); poseen dos estratos arbóreos que varían entre 8-15 y 20-25 m de alto donde existen los helechos arborescentes, los arbustos y las herbáceas. Entre sus localidades más representativas están la Sierra de Imías, la Sierra Maestra y la Sierra del Escambray; el Valle del Jiguaní (como excepción) está cubierto por pluvisilvas desde los 250 m s.n.m. pero, como regla general, estos bosques comienzan desde los 350 ó los 400 m por la falda norte de las montañas, y entre los 800 y 900 m por sus laderas del sur (Alturas de la Francia en la Sierra Maestra).

- El bosque nublado tiene un estrato arbóreo entre 8-12 m de alto y un denso estrato arbustivo donde abundan los helechos, orquídeas y briofitas; en él se destaca el Barril (*Cyrilla racemiflora*), aunque sobre los suelos lateríticos predominan el Arrayán (*Myrtus communis*) y varios Acebos (*Ilex spp.*). Su ubicación orográfica comunmente está entre los 1`600-1`900 m s.n.m., por lo que sólo aparece en las mayores alturas del noreste del oriente de Cuba (Sierra de Moa y Pico Galano), y también en los picos Suecia, Cuba y Turquino, de la Sierra Maestra.

- El bosque siempreverde (mesófilo) posee árboles cuyas hojas tienen entre 13-25 cm de longitud. Su estrato arbóreo está entre los 15-20 m de alto, con algunos árboles y palmas emergentes entre los 25-30 m de alto. Abundan en él, epífitas, lianas, arbustos y herbáceas. Una de sus especies más representativas es el Júcaro Amarillo (*Buchenavia capitata*). En suelos menos ácidos es frecuente el Quiebra Hacha (*Pseudocopaiva hymenaefolia*). Su ubicación orográfica está entre 300-800 m, y esta formación se reconoce en los bosques de Gran Tierra, en Baracoa.

- El bosque siempreverde seco (micrófilo) tiene árboles siempreverdes y deciduos con hojas entre 1-6 cm de longitud. Cuenta con dos estratos entre 5 y 10 m de alto y gran abundancia de epífitas, lianas, arbustos en parte espinosos, cactáceas columnares o arborescentes, y otras suculentas y herbáceas. Ubicados generalmente sobre calizas costeras, son muy comunes en ellos el Coronel ó Carey de Costa (*Krugiodendron ferreum*), y la Yanilla (*Picrodendron macrocarpum*). En Punta de Maisí y Cabo Cruz existen estos montes secos, pero uno de los más extendidos hacia el interior es el ubicado al este de la Bahía de Guantánamo.

- El bosque semideciduo tiene algunas variantes según el tipo de suelo en el que se encuentre. Existe uno regional que es el típico de toda Cuba, pero que en la actualidad está prácticamente destruido en toda la isla por causas antrópicas. Aunque algunos botánicos lo ubican en ciertas localidades, otros opinan que estos remanentes no pueden ser considerados típicos porque siempre están en alguna medida alterados, y con sus especies maderables subrepresentadas. Esta unidad, que en sentido general tenía entre un 40-65% de elementos caducifolios en su estrato superior, con escasos arbustos y herbáceas, poco desarrollo de las epífitas y gran abundancia de lianas, ha desaparecido en su forma original. Una segunda variante de este semideciduo se desarrolla sobre las llanuras cársicas sublitorales, en localidades como la Península de Guanahacabibes, sur de la Isla de Pinos, Ciénaga de Zapata (sobre el carso del litoral), y cayos del Archipiélago de Sabana-Camagüey. Tiene dos estratos arbóreos, de 8-10 y 12-15 m de altura, y especies representativas como el Jocuma (*Mastichodendron foetidissimum*) y el Cuyá (*Bomelia salicifolia*). La tercera variante se desarrolla en llanuras bajas con drenaje deficiente como el que gradualmente aparece detrás de los manglares. Ejemplos llamativos de este bosque se pueden ver al sur de la provincia de Camagüey y en el lado norte de la Sierra de Cunagua; sus especies típicas son el Júcaro (*Bucida buceras*) y la Palma Cana (*Saval parviflora*). Una última unidad ó variante de este bosque, lo constituye el complejo de los mogotes, muy bien desarrollado en la Sierra de los Órganos y con tres subdivisiones bien notables: la del "Pie de Monte", en la base de los mogotes, con la Palma Real (*Roystonea regia*) como uno de sus elementos más sobresalientes; el "Monte Clivícola", que es el del paredón de estas elevaciones, con predominio del Ceibón (*Bonbacopsis cubensis*); y el "Monte Culminícola", que es el de la cima del mogote, con el Roble Caimán (*Ekmanianthes actinophylla*) y el Protocán (*Spathelia brittonii*) como especies más representativas.
- El bosque de ciénaga posee un estrato arbóreo de 8-20 m de alto con elementos deciduos asociados a las epífitas, y con elementos de manglar si se encuentra en suelos ricos en materia orgánica como los de la Península de Guanahacabibes, Ciénaga de Zapata (Maniadero y Santo Tomás), costa norte de Matanzas, Camagüey y sur de la Isla de Pinos (Ciénaga de Lanier). Especies representativas son las Clavellinas (*Salix ssp.*) y el Bagá (*Annona palustris*).

- Los bosques de pinos (pinares) tienen un estrato arbóreo acicuifolio, uno arbustivo y un tercero herbáceo, pero con pocas epífitas y lianas. En la región oriental de Cuba (sobre suelos lateríticos), abundan los pinos endémicos (*Pinus cubensis*) y (*Pinus maestrense*); en el occidente (sobre arenas blancas) el pino macho (*Pinus caribaea*) unido a (*Pinus tropicalis*). En la Sierra Maestra estos pinares se ven en forma de manchas, mientras que en la Sierra de Moa, estos aparecen de forma más extensa y continua. También se observan pinares sobre suelo pizarroso en Matahambre (sobre arenas cuarcíferas), al oeste de Pinar del Río; o en la zona de Los Indios, en Isla de Pinos, mezclados con la Palma Barrigona (*Colpothrinax wrightii*).
- El matorral costero es una unidad compuesta generalmente de arbustos y árboles emergentes achaparrados con elementos deciduos, espinosos y frecuentemente con aspecto de bosque arbustoso. Existen abundantes especies suculentas del (*Pilososereus*) y palmas xeromorfas como (*Coccothrinax ssp.*). En el sur de Oriente, entre Guantánamo y Maisí, se localizan muy buenos ejemplares de este matorral. Lo mismo ocurre al norte de Holguín, en cayos del Archipiélago Sabana-Camagüey (en franjas estrechas), y al sur de la Península de Guanahacabibes y Cabo Corrientes. El matorral que existía en las terrazas que llegan hasta el oeste de la Bahía de Matanzas (Alaín, 1953), han desaparecido producto de los numerosos asentamientos humanos.
- Los charrascales son matorrales con un estrato arbustivo denso de 4-6 m de alto, con emergentes de hasta 10 m y la existencia dispersa de lianas, epífitas y herbáceas desarrollados sobre rocas ultrabásicas. Son propios de lugares húmedos y sus especies más importantes son el Arraiján (*Myrica shaferi*) y el Cactus (*Phyllanthus myrtilloides*). En la Sierra de Moa los charrascales pueden estar asociados a los pinares.
- Los cuabales son también matorrales xeromorfos muy similares a los charrascales, sólo que se hallan en zonas de menor pluviosidad, con menor altura de estrato arbustivo (2-4 m) y apenas entre 4-6 m en sus elementos emergentes; entre sus representantes está el Abrojo (*Acacia daemon*) y el Cactus (*Melocactus actinacanthus*). Ejemplos importantes de cuabal existen alrededor de las ciudades de Holguín y Camagüey, en los "Peladeros del Jauco" en Guantánamo, en las "Lomas de Galindo" en Matanzas, en los alrededores de Bahía Honda y en "Loma Peluda" en Cajálbana, provincia de Pinar del Río.

- Los bosques de galería ó ripícolas tienen un estrato arbóreo entre 15-20 m de altura y un estrato arbustivo con herbáceas, lianas y epífitas. Esta formación está condicionada al curso de los ríos y arroyos y según el tipo de suelo, su composición varía notablemente. Estos bosques aún están desarrollados a lo largo de algunas secciones de ríos cubanos como el Canímar, Hatiguanico, Sagua, Hanábana, Damují, Agabama, Zaza, Jatibonico del Norte y del Sur, Caonao, San Pedro, Najasa, Saramaguacán, Cauto, Mayarí, Sagua de Tánamo, Moa, Yateras, Jaguaní, Toa, Duaba y Yumurí, entre otros.
- Los manglares o bosques de mangle, tienen un estrato arbóreo entre 5-15 m de altura, tienen raíces zancudas y carecen de estrato arbustivo. Se ubican en la mayoría de nuestras costas bajas y cenagosas, y en la desembocadura de algunos ríos, como el Cauto y el Hatiguanico, pero sólo los cayos son los mejores ejemplos de manglares y sus representantes más notables son el Mangle Rojo (*Rhizophora mangle*) y el Mangle Prieto (*Avicennia nitida*).
- Los herbazales de ciénaga y zonas pantanosas, con o sin acumulación de turba en el sustrato, donde abunda la Cortadera de Ciénaga (*Cladium jamaicense*) y el Macío (*Typha angustifolia*), tienen localidades naturales en la Ciénaga de Zapata y la Laguna del Tesoro, y artificiales, en casi todas las presas y embalses que han sido diseminados por la isla.

Finalmente, el complejo de vegetación secundaria, que en la actualidad ocupa más del 80% del área territorial del archipiélago cubano, es el resultado de la tala excesiva e indiscriminada de los bosques originales de diverso tipo. Este complejo se divide en dos subunidades diferentes: (1) los cultivos heliófilos (cañaverales, cítricos, arroceras y agrícolas varios), y (2) los pastizales y sabanas dedicadas al pastoreo, con algunos palmares, cayos de monte, o simplemente árboles aislados.

Fauna: El origen de la fauna cubana ha sido objeto de diversas opiniones científicas. A principios de siglo se planteaba un origen continental con una dispersión ocurrida a través de "puentes" que unieron nuestra isla con los continentes vecinos. Otra teoría sugería que nuestra isla había estado unida al norte de Suramérica para ocupar luego la posición actual, llevándose en este desplazamiento la fauna que había colonizado el territorio; una tercera opinión, se basa en la evolución independiente de los terrenos continentales con posterioridad al Eoceno Superior, no existiendo territorios emergidos con anterioridad que pudieran garantizar la existencia de formas originales salvo en contadas excepciones, y una cuarta muy aceptada en base a los táxones endémicos de baja motilidad o de comportamientos sedentarios; es el caso de la "vicarianza", la cual habla del desplazamiento de tierras que existían donde hoy se encuentra Centro América, pero que no tenían relación con la actual.

Teniendo en cuenta lo anterior, parte de la fauna autóctona cubana debe ser el resultado de colonizaciones procedentes del continente e islas vecinas en períodos posteocénicos, pero también es muy factible que estas colonizaciones se vieran favorecidas por la existencia temporal de terrenos emergidos entre Cuba y el continente como puentes de acceso al territorio. Tampoco se debe excluir la posibilidad de que algunos de los elementos faunísticos sean relictos de períodos anteriores al Eoceno y que sobrevivieron (en algunos islotes diminutos) los dinámicos procesos geológicos que lo caracterizaron. El registro fósil, además de pobre, permanece muy poco estudiado, no conociéndose restos de fauna terrestre anterior al Mioceno Tardío, aunque ocasionalmente se hayan señalado (sin comprobar) edades miocénicas y pliocénicas en diversos hallazgos paleontológicos.

La fauna terrestre del archipiélago tiene en la actualidad un aproximado de entre 14`000 a 15`000 especies conocidas que se caracterizan por: (1) desbalance taxonómico, debido a la ausencia total de grupos supragenéricos característicos de las áreas continentales vecinas; (2) desequilibrio, considerablemente alto, entre los grupos de vertebrados e invertebrados, donde los primeros son notablemente escasos; y (3) un alto grado de endemismo presente. Estas tres características se deben a la naturaleza oceánica de un archipiélago donde, aparentemente, un reducido número de inmigrantes ancestrales pudieron trasponer la barrera marina llegando fortuitamente en diferentes edades geológicas y por diversas vías (Alayón, inédito).

Sin embargo, y pese a la importancia faunística de Cuba, el nivel de conocimiento sobre esta es pobre debido a múltiples factores y de muy diversa índole. Por razones históricas, la alfa taxonomía ha sido la dirección fundamental de los estudios faunísticos en el archipiélago cubano durante más de medio siglo, y actualmente, se intensifica este desbalance si lo comparamos con los estudios zoogeográficos y ecológicos. En otras palabras, el mundo científico de Cuba es ante todo, un mundo formado más por taxónomos que por ecólogos, y que han trabajado con un nivel de descencia adecuado pese a las dificultades que han existido. Ahora bien, los taxónomos cubanos se han dedicado principalmente a describir nuevas formas, sin que hasta la fecha haya existido una revisión importante a nivel de grupo, ni ninguna idea revolucionaria sobre las relaciones evolutivas de los mismos. O sea, ha habido más taxónomos porque es mucho más fácil progresar en ese campo, mientras que nuestros ecólogos no han contado con los éxitos esperados, pues para desarrollar cualquiera de las disciplinas de la ecología, se necesita un apoyo material que jamás ha existido.

Por ello, puede afirmarse que la investigación científica sobre la fauna a nivel de comunidad y poblaciones no existe para los vertebrados terrestres, ya que no se han realizado estudios autoecológicos en especies escogidas, a no ser en aquellas de marcado interés económico. La inmensa mayoría de los datos de carácter ecológico relativos al hábitat, abundancia, distribución y reproducción versan, en sentido general, sobre la avifauna, pero están dispersos (producto del síndrome de *perish* que padecemos) en varios cientos de publicaciones de caracterización y taxonomía, y como base a estudios de inventario de nuestros recursos naturales.

Mientras que el estudio de la taxonomía de la avifauna y los mamíferos cubanos prácticamente ha tocado su fin, en los reptiles, y sólo desde 1992 a la fecha, se han descubierto unas 7 nuevas especies y seguramente existen poblaciones aún por descubrir. Los peces dulceaquícolas apenas despertaron el interés de nuestros zoólogos hace sólo nueve años. Esto es alarmante desde el punto de vista científico si tenemos en cuenta que se trata de un importante grupo de vertebrados donde todavía queda mucho por aclarar a nivel subespecífico. La disponibilidad de información sobre la distribución de las especies de vertebrados endémicos no es completa, ya que excluye (por desconocimiento) a la mayoría de los cayos del archipiélago y a estos peces. No obstante, en la tabla I del apéndice de este libro, es posible señalar algunas de las áreas con índices de endemismo superiores al 10% (Alayón, inédito).

Los moluscos terrestres, por ejemplo, es el grupo con mayor proporción de especies endémicas y para él se sugiere (por inferencia y falta de datos), que las zonas con suelo cársico se incluyan como áreas potencialmente importantes en la ocurrencia de endémicos. Otro tanto ocurre con otros invertebrados como los insectos que, por su complejidad y número, sólo permiten suponer que hacia las zonas montañosas estos se encuentren con mayores índices de endemismo. Algunos biótopos costeros, pantanosos y cavernícolas, también representan áreas donde se pronostican altos potenciales endémicos para los artrópodos, pero en la forma tan acelerada en que estos ecosistemas van desapareciendo, no parece posible asegurar su importancia futura o inmediata.

La fauna cavernícola de Cuba posee una rica variedad de especies troglófilas, principalmente habitantes del guano de murciélago. Dentro de esta biocenosis, algunos grupos de artrópodos, como los dípteros, ácaros, blatópteros y coleópteros, suelen formar grandes comunidades, principalmente en las llamadas "cuevas de calor". Un mamífero asociado de forma obligada a este hábitat es uno de nuestros murciélagos (*Phyllonicteris poeyi*), el cual puede llegar a saturar el espacio de la cueva. Además de los murciélagos, también existen otros vertebrados de la fauna hipógea, como son los peces "ciegos" (*Lucífuga sp.* y *Stygicola sp.*) relacionados con las formas marinas de las grandes profundidades, y por algunas especies trogloxenas de peces, anfibios y aves.

La existencia de formas extremistas de nuestra fauna, en cuanto a sus dimensiones, es notable. Entre los "enanos" tenemos al zunzuncito (*Mellisuga helenae*), la ranita (*Eleutherodactylus limbatus*), el murciélago mariposa (*Natalus lepidus*), el alacrán enano (*Microtityus fundorai*) y la mariposa licénida (*Brephidium exilis*). Entre los "gigantes", están el rarísimo almiquí (*Solenodon cubanus*), que es uno de los mayores insectívoros conocidos, el murciélago pescador (*Noctilio leporinus*), y el aparentemente localizado carpintero real (*Campephilus principalis*) que algunos, yo incluído, consideran ya extinto, pero que de existir, sería el segundo mayor del mundo. En nuestra fauna fósil se reportan también gigantes de consideración; tal es el caso de los estrígidos de género (*Ornimegalonix*) y (*Tyto*), el catártido (*Antillovultur*) y el accipítrido (*Megalohierax*), pero la validez de esta diversidad de fósiles es discutible siempre que los registros sean tan escasos, fragmentarios y poco atendidos (MacPhee, 1996).

La fauna cubana no sólo es de interés para la zoología nacional, puesto que, por su relación con los territorios vecinos, también cobra importancia continental para la comprensión del fenómeno zoogeográfico de la región caribeña. Las características intrínsecas que se derivan de su origen y evolución son muy notables. En primer término, resalta la extrema pobreza de mamíferos; un segundo rasgo típico son los procesos de radiación adaptativos (fenómeno recurrente de muchos grupos faunísticos cubanos), y una tercera característica de importancia, es el extremo grado de endemismo y localización de muchas de nuestras formas animales.

Muchos elementos autóctonos de nuestra fauna (miriápodos, isópodos, escorpiones bútidos, etc.) tienen relación con sus afines suramericanos, mientras que otros, como los peces dulceacuícolas, moluscos terrestres, recinuléidos, escorpiones diplocéntridos y aves, están relacionados con Norte y Centroamérica. Respecto a las Antillas, Cuba también tiene relación faunística con Bahamas, Islas Caimán, Jamaica, Española, Puerto Rico y Antillas Menores.

Cuba está exenta de especies de animales de alto peligro para el hombre. No existen serpientes venenosas, así como tampoco grandes depredadores salvajes. Nuestras arañas y escorpiones son de poca virulencia, el Majá de Santa María (*Epicrates angulifer*), que es la mayor boa del país, no es ofensiva, y los cocodrilos, cada día están más restringidos, consumidos o exportados. La pobreza de mamíferos silvestres determina que los parásitos y enfermedades que puedan afectar al hombre carezcan prácticamente de reservorios naturales, encontrándose estos fundamentalmente en los animales introducidos.

Pero como hemos sugerido antes, la fauna cubana dista mucho de estar bien conocida. Esto se demuestra con la gran cantidad de nuevos táxones descritos recientemente y que incluye a todos los grupos de animales presentes en el archipiélago. En algunos casos existen grupos que han duplicado su número de especies y esto es sumamente triste, pues la explotación irracional de nuestro entorno natural va cobrando un sinnúmero de víctimas, entre las que están, como es lógico, las especies aún desconocidas por la ciencia. En la tabla II del apéndice, puede apreciarse el nivel de conocimiento con que cuenta nuestra fauna cubana (Alayón, inédito).

Antropización: Las características ambientales del territorio cubano están irremediablemente condicionadas por su desarrollo histórico, económico y social, y por las influencias negativas que éstas han ejercido sobre su naturaleza. Sus principales efectos negativos están dados por la explotación irracional de los recursos naturales, la continua degradación de sus componentes, y la utilización anárquica que padece todo nuestro espacio territorial. Con el triunfo de la Revolución en 1959, no se emprendió ningún tipo de cambio en la caótica situación ambiental que ya existía desde el siglo XIX. Por el contrario, a los problemas ya existentes se unió entonces la necesidad de desarrollar la economía a costa de los recursos naturales. Por otra parte, el desconocimiento elemental del manejo de los recursos, motivó los daños que actualmente existen, y que se incrementan de manera irreparable.

Basándonos en el Nuevo Atlas Nacional de Cuba de 1989 (como la única fuente de información con estadísticas publicadas sobre su naturaleza), y a pesar de la censura que dentro de esta obra controla la información en materia de conservación, es posible extraer algunos datos de importancia. En la distribución territorial de estrés ecológico en el archipiélago, aparecen como nulos todos los asentamientos humanos con altos valores demográficos (2% del territorio nacional), y como altas y ecológicamente estables, las zonas montañosas y costeras del archipiélago (10% del total). Para los autores de esta obra, la Península de Guanacahabibes, sur, este y oeste de la Isla de Pinos, algunas zonas de la Sierra Maestra, la mayor parte del grupo Sagua-Baracoa y la mayoría de los cayos del archipiélago, son zonas de alta estabilidad ecológica. Sin embargo, más del 90% del territorio cubano tiene en realidad, gran afectación con niveles muy bajos de estabilidad.

Tomemos, por ejemplo, el caso de nuestros ecosistemas naturales y seminaturales, que están cada vez más limitados debido a la horrible utilización agropecuaria en todo el territorio, y cuya expansión hacia las zonas montañosas y costeras se hace cada vez mayor, a pesar de las condiciones fisiográficas que dificultan su explotación. El 60,5% del territorio está dedicado a actividades agropecuarias y de éste, el 59,6% está fuertemente afectado, sobretodo, por el cultivo de la caña de azúcar donde se utilizan altas dosis de fertilizantes químicos. Del resto de las tierras cultivadas el 5,7% se ha afectado por nuevos asentamientos humanos, obras hidrotécnicas y viales (estas últimas incluyen más de 26`000 km de carreteras, caminos o terraplenes, construídos durante el régimen castrista hasta 1990). Algo similar ocurre con la cobertura boscosa cubana (18% del espacio territorial), que incluye nuevos bosques con características monotípicas, repoblados en años en que los tecnócratas cubanos copiaban los programas de la Europa del Este (1960-1980). Entre los territorios montañosos con mejores características silvícolas, la Sierra Maestra hoy cuenta con un 60% de superficie desforestada, el grupo montañoso de Nipe-Sagua-Baracoa, con un 45%, las montañas de Guamuhaya, con un 39% y la Cordillera de Guaniguanico con un 19%.

Los recursos hídricos del país también han sido muy dañados, principalmente por la descarga indiscriminada de residuales líquidos y sólidos vertidos desde los asentamientos humanos (17,8%), y la industria azucarera, química y alimenticia (43,3%). Las provincias más afectadas en orden decreciente son: Las Villas, La Habana, Oriente, y Camagüey. Sobre la actividad industrial hay que decir que las emisiones de residuales líquidos, sólidos y gaseosos ocurren por la carencia casi total de sistemas apropiados para el tratamiento de los mismos, y que en este análisis se excluye todo tipo de extración minera y las industrias de productos para la construcción.

En resumen, pero muy escuetamente, el medio ambiente cubano está afectado fundamentalmente por la contaminación de sus aguas, la erosión y salinidad de sus suelos, la continua desforestación de sus bosques naturales, el incremento no planificado de los nuevos asentamientos humanos (sin sistemas de alcantarillado satisfactorios), la contaminación del aire con influencia puntual, y sobretodo, por la ausencia de una política de verdadera protección e interés por la conservación de su naturaleza, así como por la falta de educación ambiental que padece la población en general.

El sistema

Sistema actual de conservación de la naturaleza.

"...como selva después de grande incendio, en las grietas de cuyos troncos calcinados brillan en vez de sol de día, fugitivas chispas. "

José Martí

En cuba, tengo que aclararlo, conservar no quiere decir lo mismo que evitar que el sustrato, las plantas y los animales desaparezcan frente a la agresión del desarrollo. Por el contrario, conservar significa mantener el poder aprovechando todo lo posible los recursos naturales sin dejar nada en el camino, ni nada como herencia para el futuro, a no ser la más desoladora destrucción de la isla. Para lograr este objetivo, el sistema de conservación de la naturaleza cubana ha estado maquiavélicamente concebido. Pero no hablamos de 1981, que fue cuando salió la archifamosa ley de interminable título, agobiante texto, y ningún sentido, sino de épocas tan tempranas como principios de los años 60, cuando la reforma agraria, a modo de preámbulo, nos enseñó con su improductividad lo que le sucedería después a nuestra tierra.

Pensar que la destrucción del medio ambiente se intensifica sólo desde fines de 1989, y por culpa del derrumbe del comunismo mundial, o por la crisis económica que actualmente atraviesa Cuba, sería un razonamiento de ingenuos. Lo que ocurrió a partir de esa fecha no fue más que el inicio del fin de un sistema. Fue desde entonces que Fidel Castro, como el eje central de una concepción hipócrita de conservación, hizo pública su intención de explotar todas los reservas naturales que quedaban en Cuba lo más rápido posible. Para ello, contó con la participación de su caótico sistema de empresas, institutos y ministerios que durante años le apoyaban devastando el archipiélago. A partir de entonces, por citar un par de ejemplos, fue cuando entraron en acción la Dra. Rosa Elena Simeón y el "Plan turquino", típicos engendros del despojo anticubano. Con estos ingredientes (una veterinaria incondicional y un plan contra Cuba), Fidel logró atacar todos los ecosistemas silvestres cuya explotación aún no era masiva. Con ellos, permitió exterminar lo poco que nos quedaba de belleza natural, y bajo la descarada justificación de salvar las "gloriosas conquistas del socialismo" o lo que es lo mismo, alargar temporalmente su presencia en el poder.

En 1990, después de 30 años de explotación continua, no quedaban en nuestra patria zonas vírgenes cuya protección no fuera más que una palabra de propaganda dirigida a encubrir su vulnerabilidad ecológica. Los suelos más fértiles habían comenzado a agotarse desde aquella utopía llamada reforma agraria, y por culpa del sobrecultivo, los planes de urgencia quinquenal, la contaminación química, la salinidad, y la erosión. El gobierno "revolucionario" había pavimentado miles de kilómetros de tierras aptas para la agricultura sin tener en cuenta que hacía carreteras por las cuales no circularían autos, o había llenado de presas el espacio territorial sin contar, en muchos casos, con que apenas quedaba agua para embalsar. Paralelamente a esto, la destrucción de los bosques aumentaba su ritmo socialista y Cuba, hacía ya mucho tiempo que no era esa *"tierra más fermosa que ojos humanos hayan visto"*, sino una isla que, como pellejo de puerco calcinado, llenaba de paisajes surrealistas su geografía.

Desde principios de la década del 60, se transformaron numerosos hábitats con la ayuda de los tecnócratas. Por ello, a finales de los 80 ya se habían extinguido algunas de las especies autóctonas de la isla, y cientos de especies marinas desaparecían durante largos períodos de tiempo. Por ejemplo, la incesante captura de tiburones, crustáceos y otras especies típicas de nuestros mares deterioró tanto sus poblaciones, que no es absurdo afirmar de que llevaron un ritmo de explotación similar al padecido por el guacamayo cubano (Ara tricolor), o sea, como la de esa ave vistosa que en tiempos de la colonia, los colonizadores cazaron y sirvieron como alimento a sus soldados.

Hoy, después de constatar los pésimos efectos del periodo castrista, podemos afirmar que un considerable número de especies siguen desapareciendo, que los procesos de extinción van más acelerados que como ocurrieron con la paloma migratoria norteamericana (Ectopistes canadensis) (Garrido y García, 1975), y que ellos se aceleran cada día más. No olvidemos que Cuba sigue bajo el peligro que implica tener a un pueblo sin educación ambiental y dispuesto a trabajar a ritmo de contingente. Si a lo anterior agregamos las repetidas intenciones nucleares de Castro, y la manera tan irresponsable en que las utiliza para intimidar, entonces, no es absurdo afirmar que los misiles de 1962 pasaron a la historia como uno de sus decires, mientras que el proyecto electronuclear de Juraguá (termonu-clear inactiva momentáneamente), aún puede traernos los problemas de contaminación radioactiva que jamás pensamos tener en la región.

A todas estas amenazas macroecológicas de efectos imprevisibles, añádanse otros factores que, como subproducto, atañen directamente a la población humana de la isla. La miseria generalizada, la destrucción total de las ciudades, la ausencia de agua potable y de servicios sanitarios, los basureros a cielo abierto (muchos de estos en las propias calles de La Habana), la ausencia de infraestructura médica, y el creciente y silenciado consumo de alcohol, drogas, y el ejercicio de la prostitución son, por citar algunos, incuestionables realidades del contexto actual de Cuba. En la década del 90, desde que la isla abrió sus piernas a una extraña suerte de "capitalismo de subsistencia", estos problemas han penetrado en la sociedad sin que su población tenga el tiempo necesario de adaptarse a ellos y sin la plasticidad que permitiera atenuar su efecto. Así mientras la represión marxista-leninista se hace más denigrante e implacable, Castro sólo se preocupa por ocultar la destrucción lenta de sus propios fundamentos. La crisis económica lo tiene hace unos cuatro años de rodillas, pero de rodillas, ha comenzado a vender su feudo con todo los cubanos dentro. Ahora, cuando esta subasta política es harto conocida, muchos aspectos del micromundo científico y sus desastres ecológicos ni siquiera son imagina-bles. Veámoslo entonces desde su sistema de conservación.

Toda la política ambiental cubana estuvo dictada por la COMARNA (Comisión para el Aprovechamiento de los Recursos Naturales), en la ACC (Antigua Academia de Ciencias de Cuba y hoy llamado "Ministerio de la Ciencia, la Tecnología, y el Medio Ambiente"), esto quiere decir, que está en manos de la Dra. Simeón, a la que conocerán más tarde, y a la que mencionaré brevemente en otros textos. Pues bien, esta señora fue elegida como su presidente por el Consejo de Ministros y por ende, por el mismísi-mo Castro. Desde la COMARNA, me afirmó Antonio Perera (comun. pers.), se coordinaban las actividades (fin de la comunicación personal) destructivas de 15 ministerios, así como de los institutos que se reparten los subsistemas que le convengan. Es decir que, a nivel local, las Comisiones Provinciales del Medio Ambiente dependen de un centralismo flexible para promover las acciones vandálicas y ecocidas a lo largo de todo el territorio que debieran proteger.

Cada subsistema está dividido en unidades (áreas) sobre las cuales, supuestamente, se aplican medidas de protección, pero la responsabilidad de estas unidades descansa en el Ministerio de la Agricultura (MINAGRI), que debe hacer de cada zona forestal, pesquera, o terrestre un área de producción intensiva. Así, el MINAGRI explota gran parte del territorio, pero delega la responsabilidad de sus fracasos a otros ministerios o institutos entre los que están el Ministerio de Cultura y el Instituto Nacional del Turismo (INTUR). Por ejemplo. La CAMARNA designa dentro del área protegida como "paisaje natural de Cayo Coco" un área para le explotación turística, de la cual se desentiende inmediatamente para que el INTUR destruya su naturaleza como mejor le plazca.

De esta forma, el MINAGRI, y dentro del cual está la Dirección Nacional de Silvicultura (DNS) y la Empresa Nacional de Protección de la Flora y la fauna (ENPFF), no tiene autonomía para proteger el medio. Por el contrario, dentro de estas instituciones, lo que opera son los intereses que les permiten hacer uso de los recursos de manera anárquica e independiente a los sordos oídos de la Simeón. Ahí está el Instituto Nacional de Desarrollo y Aprovechamiento Forestal (INDAF), en cuyas oficinas radica el Cuerpo Nacional de Guardabosque (CNG) y que es una dependencia que expide todo tipo de permisos inservibles (con la firma de Beatriz Mulkay) para investigar dentro de las mal llamadas "areas protegidas". En segundo lugar, y dirigida por el tristemente célebre Guillermo García Frías, está la empresa antes mencionada (para muchos conocida como Flora y Fauna) que es donde se realizan las mayores transacciones lucrativas con elementos vivos o muertos de la naturaleza cubana. Una empresa que le permite al gobierno dedicarse a la exportación de caballos de carrera, o a la venta de los gallos de pelea que después de 1959 fueron considerados "lujos-lacras" de la dictadura de Batista, pero que ahora son animales "sacros" para la economía de Fidel. En fin, una empresa que también importa toda clase de animales sin respeto a los reglamentos aduaneros internacionales, sin control veterinario ético, con el apoyo de algunos científicos maleables (como hace el despreciable hidalgo de la ecología oportunista Vicente Berovides), para no tener que rendir cuentas a nadie.

Luego, la "Administración Forestal" del MINAGRI se guía por el santo deseo de un viceministerio que comprende 3 departamentos: Silvicultura, Protección Forestal y Fauna. Pero a su vez, hay una unidad separada (Ordenación Forestal) que es la que lleva a cabo los inventarios forestales, para dar a conocer cuál área aún puede ser talada y cuál fue talada ya. Le siguen los Órganos del Poder Popular (OPP), que también tienen comisiones (del botín) del medio ambiente diseminadas por todas la provincias del país,

son números, hasta las personas), ley 33/81: es decir, "Ley de Protección del Medio Ambiente y el Uso Racional de los Recursos Naturales" (ACC, 1983). Sin embargo, resulta sospechoso (y mucho, a juzgar por los términos en que esta ha sido escrita), que ello pretenda ser logrado. Su aparición ocurre 23 años después que el gobierno tomó el poder político (o sea, que estuvo aplazada más de dos décadas hasta que vio la luz), y desde entonces, sin ningún tipo de premuras, mantiene inoperativas a las secciones III y IV que forman parte de ella. En otras palabras, las secciones que la dejan sin efecto ya que ellas contienen las sanciones que debían impugnarse ante cualquier violación legislativa. O sea, que en Cuba existe una ley con número y nombre para proteger a la naturaleza, pero totalmente vacía de contenido y por ende, imposible de aplicar.

A lo anterior hay que sumar que el papel de las autoridades para enfrentar transgresiones contra la naturaleza está inmerso en la confusión total. Por ejemplo, si cortar un árbol no es un delito perseguible en Cuba, disentir sobre una poda ya es algo cercano a la disidencia. La protesta ecológica señala más al denunciante que al infractor. De ahí que los pocos ecólogos que aún subsisten en Cuba sean perseguidos con la misma tenacidad criminal con que la dictadura persigue a los disidentes políticos. Otro ejemplo: cuando Graeme Gibson (escritor canadiense dedicado a organizar grupos de observadores de aves en Cuba) comenzó a escribir un texto de protesta donde explicaba a Faustino Pérez y a Jorge Santamarina lo acelerada que iba la destrucción de los bosques de la Ciénaga de Zapata, el despacho de la Simeón le redujo drásticamente el circuito de observación de aves. Peor aún, cuando una turista lastimosa protestó en la Empresa Forestal Integral (antigua EFI) de la Ciénaga de Zapata porque un campesino llevaba 50 pichones de cotorras (Amazona Leucocephala) para venderlas a los rusos, los caciques locales la acusaron de ingerencia en los asuntos internos de la nación.

Hace poco, un especialista alemán de la IUCN me preguntaba desde Jamaica como era posible que mis datos de Berlín (Wotzkow, 1994), fueran diametralmente opuestos a los dados por especialistas cubanos a su organización (Perera y Rosabal, 1982). Este alemán, que se refería evidentemente al informe oficial de Cuba a la IUCN, no podía imaginar lo absurda que me resultó entonces su pregunta, pues uno de los autores, en el portal de su propia casa, fue el que me facilitó la información que yo utilizaría como crítica en mi conferencia en el extranjero (Antonio Perera, comun. pers.) Información que a él le resultaba imposible de dar oficialmente, pero que dejaba en mis manos como una vía para denunciarla de inmediato. Como es lógico, esta explicación a un alemán libre, o recientemente libre (no sé) debe haberle resultado inexplicable, máximo, cuando supo que venía del mismo que elaboró el informe para su organización. Y es que es muy difícil entenderlo si no se comprenden en detalles los procesos destructivos del sistema, y mucho menos, si no se deja pasar un poco de tiempo para ver como el segundo autor de aquel informe, desertó poco después en Puerto Rico y vive hoy, si no estoy mal informado, en Suiza.

Por eso, es que he pensado lo imprescindible que resulta describirlo comenzando por el propio Fidel Castro (no hay forma de excluirlo) y posteriormente, pasando revista a ese sistema del cual mencionaré algunos de sus monstruos, la misteriosa historia de una de sus instituciones científicas, la lucha interna generada para destruir a un prometedor museo, y comentando brevemente los datos oficiales de un par de informes que el gobierno introdujo para engañar a medio mundo en dos documentos internacionales en materia de conservación.

Un colono destruye y rebautiza a Cuba.

"No habrá mal que dure cien años pero conozco uno, la Castroenteritis, que dura ya treinta y tres. Es una enfermedad del cuerpo (te hace esclavo) y del ser (te hace servil) y la padecen nativos y extranjeros —algunos de los últimos con extraña alegría."

Guillermo Cabrera Infante

Desafortunadamente no hay manera de excluirlo, al menos no por el momento, y por ello, al hablar del sistema de conservación de la naturaleza en Cuba hay que hacerlo, en primer lugar, describiendo a su destructor intelectual. Ahora bien, si digo "intelectual" no es porque crea que Castro no destruye con sus manos, sino porque como más cruelmente lo hace es con su firma. O sea, firmando decretos, leyes y otros documentos que sentencian a muerte a nuestra tierra. Con esas manos delicadas que tiene, cierto es que Castro no ha tocado mucha o casi ninguna naturaleza después que bajó de la Sierra Maestra. Desde entonces, esas femeninas manos apenas tocan las langostas que se come en Cayo Piedras, y después que su amigo Rubén Torres fuera excomulgado del plan turístico de Cayo Largo del Sur. Sin embargo, sabido es que la tala generalizada, la construcción de presas, los pedraplenes, los diques y muchos otros proyectos descabellados provienen de él, aunque luego sean ejecutados por un ejército de tecnócratas a su entera disposición. El llamado "Plan Turquino", por ejemplo, es otro de los programas con los cuales los hermanos Castro han acelerado más que nunca el apocalipsis ambiental de Cuba. Gracias a su puesta en práctica se incentivó la agricultura migratoria y otros males de los que hablaré en detalles posteriormente.

Pero, ¿quién es este señor todopoderoso, y cómo lo definen los escritores del exilio? ¿Cómo poder clasificarlo para que, con apenas unas líneas, nos sea posible lograr la imagen de semejante monstruo y conocer sus atributos principales? Para Carlos Alberto Montaner, Castro es *"un ejemplar bien acabado de la peor fauna política de la Cuba profunda."*

(Montaner, 1983), pero esta magnífica definición no nos dice mucho y se queda un tanto limitada en el contexto de este libro. Así las cosas, creo necesario describir a Castro dentro de una nueva clasificación, quizás no tan concisa como la anterior, pero seguramente más acorde al perfil naturalista de mi texto.

Entonces, Castro es, sin lugar a dudas, un pesticida; un subproducto humano que ha vertido su veneno sobre los cubanos y la isla durante casi cuatro décadas. Un pesticida diseñado para erradicar físicamente a todo cubano indeseable para él, y especialmente, aquellos que hoy proliferan dentro de la especie *Homo sapiens*, pero a los que él ha catalogado como variaciones criollas de los ecologistas *Homo ecologicus*, los apáticos *Homo apoliticus*, los gusanos *Homo vermiculatus*, los inconformes *Homo inconformis*, y con dos subespecies a las que él necesita mantener en cautiverio *Homo vermiculatus disidentus* y *Homo inconformis subversivus*. De esta forma, el pesticida nombrado Castro, elimina todo lo que le estorba y para ello, cuenta en su composición tiránica con altas porciones de plomo, elevadísimas dosis de bromuro, y un gran número de agentes retardados. Como si se tratase de un magnífico y elaborado herbicida, Castro ya terminó su revolución, y después de acabar con todo, destruye hasta las montañas, pues ya no le hacen falta. Luchando al lado del Castropesticida muchos se han convertido en conquistadores absolutos de la naturaleza. Junto a él se lo han llevado todo, pero alejados de él, nada.

Otro de los rasgos que caracterizan a Castro es su infinito deseo de descubrir cosas, pero no hablo de un descubridor original, sino de uno que da risa. Si Cristóbal Colón pudiera (bajo alguna sofisticada fórmula celestial), regresar hoy al Caribe, le sería virtualmente imposible reconocer la Isla de Cuba. La transformación del archipiélago ha sido tal, que le resultaría improbable identificarlo desde su primera villa de Baracoa. Ni siquiera asociándola a los nombres originales lograría ubicarse, pues Castro, el pesticida-padre, lo ha rebautizado casi todo, y en los pocos casos donde no le fué posible cambiar un nombre, agregó otro.

Así, a Santiago de Cuba la nombró "la ciudad héroe", y a la Isla de Pinos, "Isla de la Juventud", sin que hasta ahora, en esta última, alguien haya podido explicar las causas de semejante rejuvenecimiento. De esta manera, Isla de Pinos, más envejecida que nunca, ha perdido un gran número de nombres originales, pues el revolucionario jesuíta rebautizó casi todos sus poblados para hacerlos nuevos (Gerona hoy se llama "Nueva Gerona"), o para eliminar de ellos cualquier alusión a nombres de santos. De esta forma,

Santa Fé es hoy "La Fé", Santa Bárbara "La Demajagua", Santa Ana "Paquito Rosales", San Pedro "La Reforma", San Juan "La Victoria", y allá, al centro de la isla de Cuba, a la ciudad de Santa Clara la dejó en Villa. Además, quitó todos los nombres que en Isla de Pinos le sonaran yanqui y a Mac Kinley le puso "Los Colonos", mientras que a Jacksonville lo nombró "Cocodrilo".

Como que le fue imposible rebautizar Cuba, no sólo cambió el nombre de sus seis provincias originales, sino que las convirtió en catorce para tener más chance. A provincias como la de Oriente la fragmentó hasta que ya no tuvo más nombres que poner. Sin embargo, y en contradicción con su tendencia antigringa, el jesuita rebautizó uno de esos pedazos territoriales con el nombre de "Granma", debido a la nostalgia fetichista que lo une al yate de recreo que lo trajo para gobernar. De esta manera, la histórica ciudad de Bayamo, ya no está en Oriente sino dentro de su nueva "abuelita", y ello, a pesar de que a muchos le resulte ridículo e incluso chocho.

Sin embargo, aquí no acaba todo, pues tal parece que Castro, como mismo le ocurre a muchos hombres inseguros, sufre un patológico celo del pasado y una desconocida neurosis de identidad con la geografía cubana. Entonces vemos cómo le resulta necesario cambiar los nombres de ciudades, pueblos, avenidas y edificios cuya historia al parecer le duele. Por eso, a Victoria de las Tunas (donde los cubanos perdieron una batalla frente a los españoles), la dejó en "Las Tunas", al conglomerado de la Habana del Este, la mala conciencia le obligó a llamarlo "Ciudad Camilo Cienfuegos", por despecho a Carlos III, nombre de una de las principales avenidas de La Habana, él la renombró "Salvador Allende" y gracias a su congénita habilidad de ser hipócrita, llamó "Avenida Independencia" a la calzada de Boyeros, al Habana Hilton "Habana Libre", y así, etcétera, pero, *ad infinitum*.

Quizás algunos de ustedes se pregunten cuál es el valor que tiene, en un libro sobre la naturaleza, el que yo me ponga a hablar de estos cambios de nombres. Muy sencillo. Si menciono estos rebautizos ello se debe al valor que implica poder asociar a las localidades naturales que antes existían (como bosques o maniguas costeras), con lo que queda de ellas, o con lo que ahora son áreas cultivadas, cooperativas de producción y asentamientos humanos. Es el valor que permite poder asociar sitios que en realidad ya no son los mismos de antes; áreas que han cambiado tanto, que ni siquiera un escritor como Guillermo Cabrera Infante, tan al tanto de Cuba, podría saber a que lugar hace referencia. Por ejemplo, hablar de las maniguas costeras de

Cojímar es imposible si no se tiene en cuenta que sobre ellas Castro construyó Alamar y cientos de edificios para unas 120`000 personas. Llamar "Habana" a lo que de esa ciudad queda, sería dar una imagen muy poética sobre unas ruinas que, como los sueños de Calderón, ruinas son. Así, pero aplicable a muchas localidades naturales que ya no existen, vale la pena mencionar sus verdaderos nombres, ya que la literatura científica generada en el pasado las menciona reiteradamente.

La laguna de Ariguanabo, por ejemplo, era antaño un reservorio natural que en octubre se llenaba de aves migratorias. Juan Cristóbal Gundlach, uno de los más conocidos naturalistas del siglo XIX en Cuba, se refería a este embalse como una localidad privilegiada para la observación de halcones peregrinos (*Falco peregrinus*) (Gundlach, 1893; Iraizoz, 1949), aves que yo pude observar por última vez en el otoño de 1981, poco antes que el gobierno la drenara e hiciera desaparecer para siempre. Allí, en la gran "ceiba de la cangrejera", hoy derribada y convertida el área en una ranera para consumo del turismo, había un posadero utilizado por estos halcones desde hacía más de una centuria. Ni el histórico árbol de ceiba (*Ceiba pentandra*) nombrado por el alemán, ni la importante laguna visitada tantas veces por él, sobrevivieron un año a mi penúltima visita. En 1984, la laguna era un inmenso pastizal, y la ceiba fue hecha astillas en función del criadero para la rana toro (*Rana catesbiana*) antes mencionado.

Otro ejemplo concreto es el de Cayo Piedra al noroeste de Cayo Largo del Sur, que no sólo fué rebautizado como "Cayo Farito", sino que se convirtió a mediados del 80 en un coto de caza para las tropas de guarda-fronteras desplegadas en la región. Las iguanas (Cyclura nubila) que estudiamos en 1982 fueron cazadas hasta que algunos se percataron que podrían atraer a los turistas. Desde entonces, Cayo Piedras, primeramente rebautizado "Cayo Farito", pasó a llamarse "Cayo de las Iguanas". Así, hablando de una misma localidad podemos leer sobre la abundancia de iguanas de Cayo Piedra (Perera, 1982), pero sólo si sabemos que hablamos de unos pocos individuos que sobrevivieron en "Cayo Farito" hasta que un guía turístico comenzó a alimentarlas con pan en el hoy llamado "Cayo de las Iguanas".

Igualmente, sabemos que existió un área boscosa en la Ciénaga de Zapata que se nombraba "Los lechuzos", pero si el lector quisiera visitarla, se encontraría hoy con un potrero ocupado por vacas raquíticas y enfermas de micosis debido a la humedad. Finalmente, el valor de estas sinonimias aclaradas radica en preocuparnos por el destino de bosques como los de la

"Reserva de la Biosfera de Cuchillas del Toa", pero para hacerlo antes de que sus riquezas naturales desaparezcan bajo las aguas embalsadas por la hidroeléctrica en construcción. De lo contrario, si esto ocurre mientras aún escribo el libro, si acaso habría que hablar de las aguas contaminadas de la represa "Kim-Il-Sung" (el nombrete es mío). Por eso, y porque no es justo que nadie se vuelva loco frente a un mapa buscando los nombres originales que yo menciono en este libro, les prometo aclarar, en el caso de algunas localidades claves, la sinonimia con el nombre castrista, pero mejor aún, les recomiendo informarse en el único libro serio de geografía cubana que existe, y que muy a pesar de Antonio Núñez Jiménez fue escrito por Leví Marrero. Ahora bien, para el caso de las que hoy ya resultan imposibles de encontrar, les juro que sólo hablo de ese archipiélago que todavía, gracias a Dios, sigue llamándose archipiélago cubano.

Castro, cacique absoluto de una Cuba gobernada a modo de palenque, actúa desatinadamente para convertir al "verde cocodrilo" en una irónica metáfora. Además, dentro de sus laboratorios destinados a las brujerías económicas, la antigua Academia de Ciencias ha formado un numeroso séquito de ecófagos que por extraña coincidencia ya no se llaman científicos. Sí, hasta los científicos han cambiado de nombre y lo que antes era un Doctor en cualquier rama de la biología, ahora se les llama "militares de las ciencias". Por eso, el mundo científico de Cuba es un reino donde muchos hombres simples han dejado a un lado la ética y la honestidad para hacerse viles sustentadores de las ideas de su cruento líder. En la Cuba posterior a 1959, la mediocridad lo invade todo y créanlo o no, todo científico es un soldado que, sin haber llegado a conocer la naturaleza, debe ayudar a destruirla participando activamente en la conjura.

Allí, como bien dice un amigo ecologista, si a alguno se le ocurre cambiar algo sin que su idea tenga algún padrino poderoso, enseguida le crean la imagen de "**persona conflictiva**". Si un proyecto de investigación ha sido creado bajo un criterio propio, le llamarán entonces "**liberal**". Si su inteligencia despunta en otro sentido a la establecida por el núcleo del partido, le acusarán de "**lidercillo**". Si se reclaman los recursos imprescindibles para llevar a cabo el trabajo o la investigación, le considerarán "**ambicioso**". Si solicita lo que le corresponde, le gritarán "**súbdito de la ganancia**", pero si al final su actitud se mantiene férrea a pesar de las calumnias, entonces ese pobre alguien es ya casi un "**disidente**", está próximo a perder el empleo, listo para ser llamado "**gusano**", y no apto para realizar ningún tipo de investigación dentro del sagrado patrimonio de "papá mono".

Estas, entre muchas otras razones, son las causas por las cuales las ciencias cubanas no prosperan, porque nunca se podrá alcanzar el prestigio a partir de la capacidad individual de trabajo, sino por la declaración escrita y/o demostrada de sometimiento a las indicaciones que señala el pesticida. Esto es algo a lo que Castro llama "la línea del Partido", pero que no es más que la abstracción total de sus caprichos e ideas personales. En el "Ministerio de la Ciencia, la Tecnología y el Medio Ambiente", radica el centro operativo de ese sistema de conservación de la naturaleza. Pero aclaro, que es el cuartel general de Rosa Elena Simeón, y de todos los ecófagos que trabajan en perfecta armonía para destruir a Cuba con una única premisa que reza: *"aquí, el que sabe sabe, y el que no sabe, es jefe"*.

La cenicienta en su palacio.

"...donde nace el entusiasmo, nace la censura: en cuanto se levanta un asta por el aire, ya están los hombres buscando hacha, pero en este combate quiere la Naturaleza que las malas pasiones se cansen antes que la virtud, y que el hombre desdeñoso triunfe. "

José Martí

La Academia de Ciencias de Cuba, inmediatamente después de haber ocupado el Capitolio Nacional y de haber sido entregada a las manos incapaces de un capitán que se hizo espeleólogo buscando refugios para Castro (hablo de Núñez Jiménez por supuesto), comenzó a trabajar para reducir el conocimiento de las ciencias cubanas en relación a su flora y fauna y para apoyar la economía del gobierno. El período en el que Núñez Jiménez llevó a cabo su mandato estuvo plagado desde entonces de atrocidades sin límite. Gracias a él, el gobierno destruyó los bosques más recónditos para ocultar en ellos miles de unidades militares, o transformó las mejores cuevas del país con el fin de garantizar el parqueo a los blindados del ejército.

Además, algo que no puede ser pasado por alto durante el reinado del señor Jiménez, son las numerosas detenciones con las cuales quitó del medio a los científicos cuyos conocimientos ponían en peligro su campaña destructora. Uno de los ejemplos más conocidos, fue lo ocurrido a Gilberto Silva Taboada, un joven que por aquel entonces se especializaba en murciélagos y al que el capitán de los refugios envió a la cárcel todo un año después de una simple discusión. Según el propio Silva, Núñez Jiménez lo metió en prisión sin acusación alguna, sin hacerle juicio, y en 1989, cuando me lo contaba, todavía no me sabía decir por qué.

Luego, cuando Jiménez decidió dedicarse a plagiar libros de geografía (recuérdese cómo plagió la magnífica geografía de Leví Marrero), la ACC quedó por un breve lapso de tiempo bajo la dirección de Miguel L. Jaume, un malacólogo muy interesado por la naturaleza al cual despojaron de su cargo justamente por eso. Cuando lo visité en su casa del municipio Playa, ya Jaume era un viejito que sin apenas fuerza mostraba una gran sabiduría; por ello, o quizás por temor a mi explosiva juventud, no quiso contestar entonces a mis preguntas sobre su destitución como director de la Academia, y en la que lo dejaron como súbdito encargado del Museo de Ciencias. En aquel año (principios de 1981), y dentro de su garaje convertido en biblioteca, Jaume sólo se atrevió a decirme con una mueca en forma de sonrisa: *"dicen que estaba loco, y que quería volar el edificio del capitolio con mis experimentos sobre el jabón"*. Así, sin saber por qué, también comprendí que Jaume había sido destituido por su amor a la ciencia, y que para asumir la presidencia de la Academia había que tener garra, pero mucha, e incluso más que aquellas destructivas que mostró Wilfredo Torres, su sucesor, y al que la ciencia debe el triste capítulo de la ley 501 y con ella, la desintegración de todos aquellos institutos donde los especialistas realmente trabajaban.

Fue entonces, que la ACC pasó a las garras de la Dra. Rosa Elena Simeón, una despreciable señora que ascendió al poder de las ciencias cubanas y al Buró Político del Comité Central gracias a su habilidad para matar puercos. Para los que no conocen su historia, eso de matar puercos parecerá algo así como matar toros; sin embargo, la realidad es otra, pues para hacer lo que hizo ella no necesitaba coraje, ni público, y mucho menos, ningún arte. La veterinaria Simeón, sólo mató todos los puercos de Cuba como si se tratara de una misión al estilo de James Bond (el agente de las películas, no el ornitólogo). Además, lo ordenó con gran satisfacción pues aquella matanza tenía un doble propósito: el de acusar a la CIA y al gobierno norteamericano de introducir enfermedades infecciosas en la isla (versión elaborada, como siempre, por la omnipotente seguridad cubana y su colono principal), y el de confiscar (durante varios años consecutivos) la carne a la población, para venderla enlatada más tarde en África.

Ahora bien, contrario a esta versión de factura *"gedosiana"* que hablaba de la aparición de la fiebre porcina africana (motivo en el que se apoyó para sacrificar los puercos antes mencionados), y al igual que ocurrió con la ícterohemoglobinuria vasilar bovina (que aquejaba fuertemente a la masa vacuna de Cuba en 1979), estas dos enfermedades fueron consecuencia de las insuficientes medidas sanitarias que aquejaban al sector pecuario cubano y al que el gobierno nunca prestó la atención debida. Sin embargo, la Simeón, miembro activo del "órgano" y deseosa de poder, consideró más ingenioso y político acusar a los Estados Unidos antes que asumir pública-

54

mente ningún tipo de error (o responsabilidad) sobre una desgracia claramente doméstica y puramente nacional. En otras palabras, sirviéndose de su perverso intelecto, se aprovechó de la epizotia para cubrir su negligencia.

Para algunos es sabido que, durante aquellos años, Castro estaba ensayando (muy mal) la misma escuela económica de Chicago que tanto había criticado a Pinochet. Desde entonces, y con el fin de eliminar para siempre de Cuba las fiestas de Nochebuena, se apoyó en la Simeón para exportar con premura toda la carne que tuviera brucelosis, tuberculosis, y cualquier tipo de enfermedades infecciosas hacia los países "afro-hermanos". Sumado a esto, luego surgió la idea de confiscar y sacrificar masivamente los animales sanos que quedaban, pero que fueron catalogados como "enfermos potenciales" (eran privados) y claro está, ello le permitió al máximo líder suministrar más alimentos a las tropas cubanas en Angola y durante un largo tiempo. Así, y sólo así, fue que la artífice de aquel entramado de alta política pudo recibir su recompensa, y mientras la miseria de los cubanos era vendida en latas a precios estratégicos, la premiada señora, a la que muchos llaman cenicienta por el color cenizo que le produce el vitíligo que cubre su piel, ya mudaba sus agendas de trabajo desde el mediocre Instituto de Ciencias Agropecuarias, hacia su flamante palacio; un centro al que entró con pie de plomo para dirigir, lo más nocivamente posible, el rumbo de las ciencias.

Esta anécdota es la verdadera historia de su ascenso, pero ya verán después cómo ejerció el poder esta mujer desde su dorado trono. Ya explicaré, en detalles, algunas de sus conjuras más conocidas, algunas de sus intrigas más efectivas (incluso, para perjuicio de algún que otro histórico comandante de la Revolución), algunas de sus decisiones más nefastas, y todo lo que, directa o indirectamente, pudo lograr desde su posición y a pesar de ser una académica mediocre. La Simeón vio en las ciencias una suma de poder y de ganancias, o como un número, a través del cual podría ocultar cualquiera de sus más burdos defectos personales: desde su carencia total de ética, hasta su falta de inteligencia y pobre imaginación. A ella deben los científicos cubanos el estancamiento profesional al cual los obligó, y por su culpa, ningún especialista cubano pudo superar el papel desempeñado por los naturalistas aficionados del siglo XIX, gente que tenían menos recursos, que muy pocas veces contaron con el apoyo estatal, pero que eran libres y por ello, podían estudiar con entera libertad lo que quisieran.

Al genio absoluto de la Simeón se debe el hecho de que las ciencias en Cuba cuenten con una línea de trabajo única y de que toda la actividad científica se haya perfilado hacia una idea fija. Los nuevos "sabios" cubanos, los que se iniciaron y aún permanecen bajo la axila protectora de esta cenicienta, sólo necesitan aportar cifras estadísticas de valor económico para que sus investigaciones puedan ser premiadas. En realidad, muchos de los científicos de la Cuba actual son copistas (a empujones) de un naturalismo arcaico, pero lo aclaro, son los peores copistas que hayan existido, porque lo hacen mal, porque no entienden lo que copian, y porque no cesan de atacar a los que generan las ideas que ellos luego hacen suyas. Los otros, los verdaderos naturalistas cubanos o extranjeros que existieron en el siglo pasado, o los que aún quedan en el presente, están en peligro de extinción. Al creer firmemente es sus derechos y teorías, nos han estado transmitiendo mensajes sobre las maravillas de una naturaleza que se destruye. Por eso, bajo el reino de la Simeón, desde Charles-Eugène Jeanneret a Felipe Martínez Arango (olvidados por el despecho), hasta Miguel Jaume y Pastor Alayo, (detestados por su perseverancia), hay muchos otros ejemplos que aún no son visibles a los biólogos cubanos.

Así de triste, la cenicienta continúa destruyendo desde su palacio. Es decir, desde una institución al servicio y por el desarrollo de las ciencias de la intriga, y que cuenta con la más sofisticada tecnología para convertir científicos en tarados con diploma. Allí se crea la ciencia en Cuba, allí se inventan los datos más alentadores del país; en el antiguo Capitolio de la Habana se agrupan hoy los mayores chacales de la política ambiental de Castro. Ellos son el mejor ejemplo al que acudir para explicar las razones de este libro, y en el análisis que haré de ellos, ustedes podrán encontrar las respuestas que les permita comprender por qué Cuba cuenta hoy con más recursos naturales en un periódico que en la realidad. De esta forma, Simeón es sólo un ejemplo, entre muchos otros, al que intentaré desenmascarar en las páginas que siguen.

El Instituto de Zoología: ¿ciencia o militarismo biológico?

"¿Qué piel es más sedosa que la de la serpiente? ¿Qué lengua es más fina que la de la zorra? ¿Qué dientes brillan más que los del lobo? La Naturaleza, para hacer más meritoria la virtud, ha hecho amables y seductores a todos los que atentan contra ella... "

José Martí

El Instituto de Zoología (IZ) y lo ocurrido dentro de él, es un ejemplo típico de cómo funciona la malintencionada mafia de directivos científico-socialistas. Un ejemplo común de cómo esos grupúsculos y adoradores de Castro se han tomado el derecho de dirigir las ciencias como si se tratara de una granja orweliana: en contra de la población, del entorno natural, y de todos los recursos que si no hubiesen sido destruidos, aún nos permitirían hablar razonablemente de futuro. El Instituto de Zoología fue, sin embargo, un centro entre los 150 dedicados a las dudosas y oscuras investigaciones en Cuba. Pero allí fue donde laboré durante un período lleno de grandes tensiones políticas y bajo constantes discusiones conceptuales. Un instituto del cual fuí expulsado 16 meses más tarde, y la institución que he elegido como modelo para explicar la militarización de las ciencias en la *"tierra más fermosa... "* que Castro destruyó.

Las razones que motivaron mi expulsión, y sólo para aclararlo, fueron dos: la primera estaba relacionada con la correspondencia científica que yo mantenía con algunos especialistas norteamericanos, mientras que la segunda, era mi protesta por la cacería de brujas que la dirección del centro desató contra investigadores negados a los propósitos de un proyecto militar dentro del instituto. Desde entonces, y aún cuando mis críticas al castrismo tenían otra dirección, fue allí donde estas se consolidaron definitivamente contra el sistema en que vivía, y contra la política ambiental que en él se practicaba. En el Instituto de Zoología fue donde comencé a actuar contra el régimen, donde mi postura política se hizo coherente hasta que tuve que dejar Cuba, y aclaro, a la que dejé por estar en los archivos de la Seguridad del Estado, inmerso varias veces en un estercolero de pseudo-científicos, y traicionado por los que parecían ser amigos o colegas de trabajo.

Fernando González, médico de profesión, había sido nombrado director del instituto poco tiempo antes de yo llegar. Sin embargo, el Dr. González sabía de zoología lo mismo que un zapatero de computadoras. Su conocida servilidad al régimen fue entonces lo que le valió, no sólo para dirigir el instituto, sino para llevar a cabo dentro de él, quizás su función, aquel frustrado proyecto para militarizar la ciencia. Por ello, este macabro personaje comenzó a estructurar, por orden directa de Fidel (y bajo su supervisión y visitas personales), el "Frente Biológico del Instituto" (FBI). Una idea que pretendía desarrollar la guerra biológica contra el territorio de los Estados Unidos a través del envío de enfermedades infecciosas inoculadas en ácaros u otros ectoparásitos reimplantados en las aves migratorias. Un proyecto en el cual claramente co-participaba el Instituto de Medicina Tropical "Pedro Kourí", y para el que trabajaron indirectamente un gran número de investigadores.

La Dra. Rosa Cornide, que desde hacía algunos años venía realizando estudios biomédicos con fines científicos, nunca había encontrado ayuda de la dirección hasta que, a mediados de 1981, obtuvo el apoyo de Fernando. Por ello, de la noche a la mañana se transformó su laboratorio en una verdadera fábrica para producir leptospiras. No puedo siquiera imaginar que Cornide supiera lo que se gestaba, pero si sé que, desde entonces, los investigadores del instituto Pedro Kourí comenzaron a viajar al campo con los colegas más ingenuos que quedaron en el Instituto de Zoología. Algunas veces eran los especialistas Mario Fernández y Omar Fuentes los que invitaban a Jorge de la Cruz para investigar sobre los arbovirus en los murciélagos (Cruz y Silva, 1984), pero otras, las que parecen ser los viajes más concretos y objetivos, eran emprendidos por un numeroso grupo de para-médicos del instituto Kourí, a los que la Dra Cornide ayudaba, quizás, ingenuamente. Así, de cada una de estas búsquedas de patógenos naturales, salían nuevas posibilidades para el proyecto de González-Castro. Las investigaciones dirigidas a encontrar en la naturaleza el *Mycobacterium tuberculosis*, o el complejo *Avium-intracellulare* (Cornide et. al., 1987), fueron a partir de 1982 la esencia de un instituto que antes sólo se preocupaba por conocer profesionalmente la fauna.

Desde 1981 hubo una intensa actividad de cambios en la dirección del centro, y a juzgar por los "cuadros" seleccionados y los puestos a los cuales eran asignados, no cabe duda que Fernando buscaba la total garantía de apoyo y confidencia. Los ascensos que beneficiaron al Dr. Agustín Egurrola y al técnico Noel González Gotera acuñaban de hecho su total conocimiento. El primero, nombrado Jefe del vivario del Frente Biológico, era un veterinario que llevaba años lucrando con la venta de perros Dobermann a los que alimentaba con los recursos del instituto, mientras que el segundo, un técnico sin otra especialidad conocida que la de principiante en osteología, fue elevado al rango de Jefe del importantísimo Departamento de Colecciones. Luego, los dos comenzaron a informar a la dirección todas las manifestaciones de inconformidad que surgieron a partir de sus respectivos nombramientos, pero además, con estos "cuadros", González encontró la vía para desviar el presupuesto de todo el instituto hacia el FBI.

Controlado en lo esencial el desvío de los fondos institucionales hacia el mencionado frente en enero de 1981, Fernando priorizó el control sobre la "incomprensión política" de los investigadores. Para ello, utilizó otras dos probadas comunistas, Inés García y Marbelia Rosabal. Inés había sido expulsada de una escuela para niños con trastornos mentales a los que aplicaba métodos de Makarenko (léase que les daba golpes), y ahora, su papel en Zoología era el de controlar los expedientes científicos, las relaciones internacionales, y el de revisar la correspondencia de cada uno de nosotros para redactar informes con destino conocido. Marbelia, sin trabajo claramente definido, y mucho más incapaz que Inés (pero eficaz), era una oficial de la seguridad disfrazada de humilde empleada. Su tarea, aunque simple, era aún más clara: olfatear, humillar y delatar a todos los intranquilos y gusanos.

Así iban las cosas complicándose mientras los comentarios de pasillo se transmitían de boca en boca, hasta que Fernando pidió apoyo a la Academia de Ciencias para controlar la rebelión. Entonces, fue que llegó desde la cede central de la ACC, y firmada por Wilfredo Torres, la aprobación de una ley llamada "la 501". Una ley que permitía expulsar a todo aquel que no fuera políticamente confiable y gracias a la cual Fernando pudo deshacerse de un total de 25 investigadores que dejaron al instituto sin personal especializado ni razón para existir. Así, científicos graduados o autodidactas como Fernando Guerra, Giraldo Alayón, Luis Roberto Hernández, Reynaldo Carnero, Luis F. de Armas y muchos otros, tuvieron que abandonar el centro no sin antes obtener una propina por sus protestas.

O sea, llevándose consigo expedientes políticos que les dificultarían encontrar un nuevo empleo. A finales de 1982, el tradicional sentido naturalista del instituto había dejado de existir, y sus investigaciones perfilaron hacia los oscuros resultados "biomédicos" de extrema prioridad. Al quedarse la institución vacía, Fernando González, Wilfredo Torres, e incluso Fidel Castro, se percataron de que nadie, por genio que fuera, podría llevar adelante y sin personal la misión de terrorismo internacional que preparaban. Pero, como que la guerra biológica era una orden priorizada por Fidel, y a mantener en el más estricto secreto, Fernando no fue destituido, sino enviado como Director a un nuevo centro para el Abasteci- miento de Animales de Laboratorio (el tenebroso y harto conocido CMPAALA), en el cual le fuera posible seleccionar sus empleados desde un inicio. "Cuadros" era lo que necesitaban desesperadamente para hacer realidad los planes militares del perverso líder; pero, ni la experiencia del Instituto de Zoología podía repetirse, ni el "máximo" estaba dispuesto a perder más tiempo del debido. Hacían falta "soldados de la ciencia"; jóvenes incondicionales listos a acatar cualquier orden sin discutir, y dispuestos a trabajar como esclavos sin ocuparse mucho en qué lo hacían.

Cuando esto estaba a punto de ser una historia perdida en el olvido, el instituto antes mencionado ya había sido destruido y el de Botánica (IB) se hallaba en desintegración. Cuando la injusticia ocurrida en Zoología ya ni se comentaba, la Dra. Simeón había obtenido la antes mencionada recom- pensa, ya ocupaba la presidencia en el Capitolio Nacional, y ya se preparaba para llevar adelante sus nuevos retos imposibles de igualar. Especialista en intrigas, sabía que unificar científicos en Cuba (como en cualquier parte del mundo) era fomentar los celos y la división entre los profesionales. Con ellos a modo de arma, le sería fácil realizar una purga aún más fuerte dentro del sector científico cubano. Y así fue que, entre 1986 y 1987, se creó el Instituto de Ecología y Sistemática (IES); un centro que, por estar dedicado a las "tareas priorizadas", muchos todavía confundimos con una estación agronómica para el estudio de la caña de azúcar.

Dos años después, cuando la "madre patria" llegó a su fin, los llamados "colaboradores soviéticos" emprendieron el retorno a la naciente Rusia en busca de mejores oportunidades de trabajo. Esto dejó abandonado al sector "científico-técnico" cubano que, desde 1988, ya había comenzado a ver menguados sus presupuestos institucionales. La crisis económica fue tal, que el mismísimo Castro comenzó a dudar sobre el valor hegemónico del monocultivo del azúcar, al que había dedicado más de 30 años y cerca del

70% de las tierras fértiles cubanas, y del cual continuábamos dependiendo por los siglos de los siglos...

El presupuesto del IES, al igual que el de muchas otras instituciones, no escapó a esta realidad y tuvo que paralizar en el acto muchos de los planes temáticos que investigaban sobre la caña de manera priorizada. La Dra. Simeón, que siempre supo que el híbrido IES (Botánica y Zoología) estaba herido de muerte por la ausencia de científicos reconocidos internacionalmente, también sabía como agenciárselas para resolver el pequeño inconveniente. Además, convencida de su papel de ser útil al régimen, sabía que tenía que actuar rápido si quería mantener el poder alcanzado. Por ello, después (siempre después) de las palabras de Fidel contra el azúcar, nombró a Pedro Pérez director del centro. Una decisión que en principio resultó incomprensible (Pérez era considerado por algunos un hombre de ciencias; los pobres!), hasta que se supo que sería Ada Camacho quien lo ayudaría a gobernar "detrás de la fachada", pero sin la sonrisa de Consuelo Vidal, y al estilo Martín Bormann.

Expliquémoslo más claramente. El IES, como todo el sistema en general, necesitaba de hombres nuevos sin enemigos declarados entre sus trabajadores. Entonces, si se pretendía obtener recursos financieros para continuar la farsa, no era estúpido ni contradictorio agrupar nuevamente a los intranquilos expulsados con sus conocidos contactos internacionales en un centro cuya dirección no les había levantado ronchas. Si ella (la Simeón), era capaz de lograr la concentración de científicos de renombre, esto le abriría puertas en el mundo capitalista. Si esta premisa se lograba dentro de un instituto atractivo y relevante, ello le permitiría atraer tecnología, recursos y dinero, a la vez que controlaba a unos rebeldes que, disgregados a lo loco, se hubieran dedicado a generar por cuenta propia sus criterios.

Así cayeron en la trampa los primeros; gente como Jorge de la Cruz, (acarólogo), o José Fernández Milera (malacólogo) a los que no habían expulsado del IZ con la 501, y que no se cansaban de contarme jubilosos lo contentos que se sentían de trabajar en el IES. En 1990, ambos me repetían que este Instituto era diferente a Zoología, que allí podían estudiar a gusto sus "bichitos" y que nadie se metía con ellos. Pero había otros, especialistas como Luis F. de Armas (al que no sólo habían aplicado la 501, sino al que habían humillado en Zoología porque su mujer era religiosa), que no sólo regresaron, sino que cantaron odas de alegría, y jugaron un juego masoquista que apenas comprendían. La euforia fue tal, que Rafael Alayo, un entomólogo a quien Marbelia Rosabal había mezclado, confiscado, y desorganizado la colección entomológica de su padre, también gritó sus hurras, y no sólo hurras, sino que aceptó puestos directivos y se volvió tan tiránico como la Camacho. Entonces, cuando yo visitaba el IES por motivos de trabajo, Alayo Jr. me decía que yo no podía revisar la literatura en la biblioteca, *"porque yo no era confiable y porque habían órdenes de "arriba" que así se lo indicaban"*. El pobre, que ahora se encuentra en el exilio en Chequia, porque sus dudas eco-políticas ni siquiera le permitieron elegir mejor.

Aquellos antiguos desterrados de Zoología se mezclaron nuevamente con la vieja guardia que los había maltratado, o con la nueva generación de investigadores simeonistas donde estaban Julio Novo (herpetólogo), Esteban Godínez (ornitólogo), o personajillos como Alberto R. Estrada (el ladrón), Laredo González (recién graduado de biología y aguerrido militante de la UJC), etcétera. Pero la evolución del Instituto de Zoología recibida como herencia de la Academia de Ciencias, y posteriormente transmitida al Instituto de Ecología y Sistemática aún no ha terminado. Muchos de aquellos colegas crédulos (Jorge de la Cruz, por citar un ejemplo) hoy viven en el exilio, y los otros, los que fueron engendrados por Fernando o la señora Simeón (Hiram González y Alfonso Silva Lee, por citar otros), continúan con su oportunismo cambiando de oficina entre una institución y otra, o protegidos en alguna finca puertorriqueña, pero siempre destrozando lo mejor.

Al parecer, todavía son pocos los que se han dado cuenta del fenómeno, y los mismos, los que aspiran a trepar más alto hacia la cúspide de la pirámide del sistema socialista de las ciencias. Sin embargo, cada día aumenta el número de los que se percatan de que en Cuba no les queda nada por hacer. O sea, los que saben que no podrán hacer nada por la naturaleza en un país gobernado por semejantes engendros directivos. Los que en 1987 aún pensaban que algo era posible (yo entre ellos), intentamos desvincularnos del sistema y guarecernos dentro de un museo perteneciente al Poder Popular, pero esta nueva institución pereció, como era de esperarse, en la mismas garras de otros militares científicos. Una historia similar y diferente que por supuesto les explicaré a continuación.

El MNHN y la apertura plagiada a Gilberto Silva.

"El vivo vive del bobo y el bobo de su trabajo"

Refrán popular

El Museo Nacional de Historia Natural (MNHN) era una dependencia que la Academia de Ciencias de Cuba (ACC), en tiempos de Wilfredo Torres, había desechado por improductiva algunos años antes. Las sobras, como allá se dice, fueron recogidas por el Poder Popular, cuyo presidente nacional fue el hoy extinto comandante Faustino Pérez (que descanse en paz), quien se decidió a rehabilitarlo. Debido a que la antigua administración siempre quiso eliminar todo aquello que pudiera ensombrecer su gestión económica, el museo fue uno de esos centros que, después de la administración de Miguel L. Jaume, perdió dos tercios de su área y dejó de cumplir su sentido educativo. Más aún, se convirtió en un espacio dentro del Capitolio Nacional que se mantenía subutilizado, lleno de monstruos a medio disecar, con nombres equivocados en casi todos los especímenes mostrados, y en otras palabras, un centro cultural desinformativo y por tanto, un ejemplo típico y modelo de la Revolución.

Sin embargo, cuando este centro se independizó de la Academia, Gilberto Silva, aquel especialista al que Núñez Jiménez metió en la cárcel, ya era uno de los más reconocidos científicos cubanos que se tomó en serio el trabajo de activarlo como un centro científico y didáctico de verdadera utilidad popular. Fue entonces que, bajo su incuestionable carisma, logró reclutar a varios ex-miembros del extinto Instituto de Zoología que no habían caído en la trampa del IES, o que aún se mantenían renuentes a participar de aquella farsa. Luego, y con el apadrinamiento (imprescindible) de altos dirigentes del Poder Popular (Faustino y Jorge Santamarina), Silva Taboada comenzó a entablar y fomentar los contactos con los colegas norteamericanos para facilitar el incremento de sus visitas, así como la vinculación de estos a los planes de investigación. O sea, contrario a lo anterior, el centro, ahora llamado Museo Nacional de Historia Natural

(MNHN) empezó a producir ciencia y a ganar prestigio dentro del sector científico.

Mientras tanto, una historia de locos sin dinero había comenzado en el IES y se había hecho extensiva en todas las dependencias (institutos) de la ACC. Pero era la época en la que ya todos se halaban los pelos, y en la que nadie sabía cómo llevar a cabo las investigaciones sin presupuesto. Era aquel invierno de 1989, en el que los científicos querían continuar con sus proyectos, pero en el que cada centavo era destinado con incertidumbre a los temas económicos de máxima prioridad. Fue el año decisivo en el que muchos de los planes sistemáticos, ecológicos, o de caracterización poblacional adquirieron la categoría de tareas "postergables", y en el que surgió un dilema que dejó a los pocos científicos honestos con la boca abierta: o aceptaban ser utilizados como instrumentos para atraer fondos de los norteamericanos, o se quedaban sin producir y con las neuronas en eternas vacaciones. Ese fue el año en que muchos, justificándose con la disyuntiva económica, dejaron la ética a un lado, y acabaron por plagiar el modelo que Gilberto había implantado en el museo.

Como es lógico, la Dra. Simeón no se sentía contenta con el avance científico que el MNHN estaba cobrando fuera de su feudo, y mientras copiaba la iniciativa "aperturista" de Gilberto y la ponía en práctica en el IES, iniciaba también las presiones en el Comité Central del Partido para que Faustino, apoderado de un museo "nido de gusanos", lo devolviera a su control. A mediados de 1990, los avances en la infraestructura y las investigaciones del MNHN eran tan evidentes, que el celo de la Simeón se hizo incontrolable. Producto de donaciones de algunos especialistas extranjeros, el Museo contaba con recursos para realizar expediciones al campo, mientras que el IES, por ejemplo, aferrado todavía al esquema militante tradicional, apenas podía rodar los viejos jeeps fuera del perímetro urbano. La táctica seguida por Gilberto Silva para favorecer los estudios faunísticos, botánicos y geológicos, hacían lucir opaca y obsoleta la política de trabajo de la flamante Simeón. Por ello, apareció una resolución de la Academia, por la cual, desde entonces, sus súbditos también podrían invitar a los norteamericanos y participar con ellos en "estudios conjuntos".

Esta mágica resolución hizo que los norteamericanos, históricamente considerados unos "hijos de progenitoras descarriadas" por gente como Ada Camacho, Esteban Godínez, Hirám González, etcétera, fueran llamados desde entonces "respetables colegas". Y claro está, estaban tan ávidos de investigar en la Cuba prohibida hacía ya 33 años (el embargo científico era hacia USA y no al revés), que cayeron en la trampa de la Simeón sin percatarse de que perdían el control sobre el destino de sus donativos. De esta forma, los dólares, la tecnología y los conocimientos, comenzaron aquel mismo año a cubrir el déficit presupuestario de las investigaciones de la caña, así como el de otros planes de los cuales citaré algún ejemplo más adelante. Todo, pero muy diferente a lo que ocurría en el MNHN, parecía un proceso de apertura científica, con la única diferencia de que los detestados gringos pagaban (en el IES) por un sandwich el precio de ocho, y por cada uno de sus viajes (gasolina y alojamiento), el precio que hacía falta para tres.

Bajo el programa denominado "Laboratorio para las Migraciones", y para cumplir con el ejemplo prometido, la Smithonian Institution, la Universidad de Pennsylvania, y el Servicio Canadiense de la Fauna, comenzaron a subvencionar económicamente las viejas ideas de Castro y otras tantas de la Simeón. Concebido el apoyo financiero de esas instituciones para estudiar el paso de las migraciones de las aves a través de Cuba, el desvío de la información a Fernando González (vía Hirám González) y a los especialistas del Instituto de Medicina Tropical (vía Naomi Cuervo), continuaba propiciando el sueño de la guerra bacteriológica. De igual forma, los nuevos medios técnicos adquiridos se ponían a disposición del estado mayor de la Fuerza Aérea (vía Esteban Godínez), para proteger de las aves a los aviones militares. Pero hay más, pues las computadoras, la información y el combustible pagado por norteamericanos y canadienses, comenzaron aquel año a servir de apoyo financiero a los estudios entomológicos de dudosa aplicación agrícola, y quién sabe, a cuantas chucherías más.

Entonces hagamos el ridículo, y sin contar con la información anterior, o desconociendo totalmente el caso de Zoología, o peor aún, dudando de la veracidad de mis afirmaciones contra la política oportunista de la Simeón y su batallón, pensemos que aquel enmarañado sistema pretendía garantizar los estudios y la protección de la naturaleza. Si pudiéramos creerlo por un instante, al siguiente lo dejaríamos a un lado. Un complejo e incomprensible grupo de instituciones de nombres tan irónicos como la "Empresa para la Protección de la Flora y la Fauna", contaban con los mecanismos para prohibir la filtración de datos hacia el exterior, para silenciar las opiniones de los verdaderos especialistas, para dificultar los viajes de los extranjeros al campo, y para evitar la publicación con resultados relevantes a las que ellos catalogaban de "información clasificada". En fin, aquello era un sistema que parecía aperturista y activo en nóminas, pero que jamás permitió ni la cooperación activa con los norteamericanos, ni la protección que requería la naturaleza.

Tanta rapiña, y tantos intereses al estilo "Don Jacinto Benavente", tampoco resultó del todo malo para los científicos norteamericanos, pues los más astutos como S. B. Hedges, R. Thomas, G. Wallace y Jonathan Losos, que "colaboraban" con personajes como Lourdes Rodríguez Cretino (en realidad se apellida Chetino), fueron a Cuba a colectar numerosas nuevas especies, para aumentar con ejemplares frescos las colecciones de sus instituciones, o para obtener datos de valor ecológico para sus carreras profesionales. Sus preocupaciones sobre la conservación de la naturaleza cubana, aunque seria y sincera en muchos casos, jamás tuvo el impacto esperado debido a que sus sugerencias y planes jamás prosperarían en un país perneado de científicos con miedo.

Por otra parte, si meditamos acerca de los viajes que han realizado varios especialistas a Cuba, no nos pueden quedar dudas de que el IES y la Simeón han logrado miles de dólares y alta tecnología, a cambio de permitir ver algunas montañas sin pajaritos dentro de nuestra geografía. Tengamos en cuenta, por ejemplo, el último viaje de John McNeely (especialista en la búsqueda de especies raras) a la Sierra Cristal, y donde gastó cerca de 70`000 dólares para buscar al carpintero real (*Campephilus principalis*), que a nadie, excepto a algunos científicos, le interesa. Gracias a él, podremos comprender el masoquismo al que están dispuestos algunos norteamericanos. McNeely, quien me comentaba por teléfono el disgusto de su última experiencia, quien todavía tenía deudas que pagar a sus patrocinadores, y quien aún no se había recuperado de los traumas administrativos sufridos en Cuba, continuaba mostrando señales de optimismo. Este norteamericano, luego de tres viajes e intensa búsqueda, y que aún no ha podido ver al carpintero real, y mucho menos los equipos que le robaron los guías de campo en su última expedición, todavía cree en la Simeón, y todavía afirma que regresará muchas otras veces a su paraíso de ladrones en busca de nuevas desventuras.

Sin embargo, y a pesar de las diferencias que caracterizaron al MNHN y el IES, la situación actual en esta política de "cooperación" resultó cada vez más explicable, pero sólo por algunos meses. Mientras que el museo compartía profesionalmente el resultado y sus intereses con los colegas del norte, el IES aprovechaba el extremo masoquismo de estos y el oportunismo de sus empleados. Para ello, la Academia creaba nuevas leyes que le permitieran robar más dinero a los embelezados ecologistas, mientras reducía la cooperación de ellos con los especialistas del museo. Así, se llegó incluso a crear disposiciones que perjudicaban la libre circulación de los especialistas del MNHN a todas las áreas controladas por la Academia, o estableció cuotas de entrada en ellas de hasta 250 dólares por persona si no se era colaborador de la Academia. Para entrar a la reserva de la biosfera de la Sierra de Cristal, por ejemplo, y aún sin garantías de poder ver al carpintero real, la ACC cobraba altas sumas de dinero como único modo disuasorio de atraer la cooperación de los norteamericanos hacia sus instituciones.

Cuatro años más tarde, y ya estando en el exilio, me llegaban las noticias del museo por la vía de Miami. Rubén Regalado, un magnífico etólogo que en 1990 se había radicado exitosamente en la Florida, me explicaba que la Academia de Ciencias seguía intensificando sus presiones para absorber y mantener bajo control al MNHN. En 1994, Riberto Arencibia, un joven que se especializaba en arqueología, llegaba a Miami para no regresar jamás a su puesto de trabajo en el museo, y a él, le siguieron todos los que no lograron sobrevivir la mediocridad que luego invadió aquella institución. En 1995, entre deserciones y traiciones (morales) el museo pasó a ser nuevamente una propiedad de la Simeón, pero lo aclaro, esta vez con la ayuda del mismísimo Gilberto Silva.

Sí, allí Silva hizo valer muy pronto su antiguo nombre de "el capitán araña", pues desde que comenzó a sentir la presión de la Academia, nunca dio la cara en ningún proyecto. Ya en 1993, Gilberto Silva era considerado por sus propios colegas como el "Fuché" de la ciencia, es decir, el que empujaba a los demás a pelear, pero sin que él tuviera que darse golpes. Aprovechándose de su amistad con Graeme Gibson, aquel año Gilberto se embolsó más de 2`000 dólares de la cuenta que el museo había abierto en Canadá, y con ese dinero, pudo viajar fuera de Cuba en varias ocasiones. Las honestas relaciones científicas que el personal del museo tenía con los norteamericanos, Gilberto Silva Taboada las tiró por tierra llevando a cabo los más inverosímiles trucos que lo caracterizaron luego como otro corrupto neo-comunista.

Por ejemplo, el dinero donado al MNHN por un cubano que trabajaba en la Smithsonian Institution, y que debía ser destinado a la compra de un jeep Toyota, Gilberto lo destinó a comprar uno ruso, so pretexto de que ese tenía piezas de repuesto en Cuba. La realidad, es que en la transacción, Silva Taboada se embolsó 500 dólares. Además, utilizando el dinero del RARE, Gilberto Silva desvió los fondos de esa organización (que pretendía ayudar a los científicos cubanos) para llevar a cabo viajes de placer a la Península de Guanahacabibes. Viajes al que él llamaba de investigación, pero que a juzgar por sus participantes (su nueva amante y directora, Jazmín Peraza, la hija de esta, la secretaria, y los maridos respectivos) más bien parecía un viaje destinado a desarrollar una orgía silvestre, ya que en ella ningún verdadero especialista estuvo autorizado a participar.

Gilberto Silva, aquel agrupador de los científicos a los que cantó melodías de sirena como si él fuera una de ellas, aquel que parecía que había puesto todo su interés en hacer del museo algo útil a la población y a Cuba, cedió a sus 64 años ante el empuje de la Simeón, cedió ante el peso de los dólares, ante las demandas de su "joven amada", ante las intrigas del séptico Alfonso Silva Lee, y comenzó, como en aquellos tiempos de Zoología, a dar crédito a cualquiera que lo amenazara y finalmente, perdió prestigio ante la comunidad internacional dadas las arbitrariedades que por miedo e interés propio realizó. Algo después, Luis Roberto Hernández, uno de los mejores entomólogos del país y jefe del Dpto. de Investigaciones, tuvo que quedarse en uno de sus viajes por Europa dada la amenaza de ser juzgado si regresaba a Cuba; los acontecimientos que lo indujeron a ese exilio involuntario, bien merecen sin embargo, un libro aparte.

Al igual que ocurrió en el Instituto de Zoología, lo que allí quedó no fue más que otra dependencia desintegrada, degradada, y sin investigadores honestos, otra vez adjunta al nuevo Ministerio de la Simeón. Giraldo Alayón, un aracnólogo que había sobrevivido algunos meses en Zoología denunciando a Pastor Alayo por sus creencias religiosas, ahora lo hacía nuevamente en el museo denunciando a todos. Después de 27 años de estudiar arácnidos, Alayón se hizo "ornitólogo" a fin de coger botín económico en los viajes de búsqueda del carpintero real. Gracias a su homosexualismo profesional, Alayón se convirtió luego en Presidente de la Sociedad Cubana de Ciencias Biológicas, y desde entonces, ya sea con invertebrados o con vertebrados, Alayón lucra a costa de su maltratado país.

Si uno piensa en esta historia, o en la suerte que sufrieron los verdaderos investigadores desde 1980 hasta hoy, de seguro que no habrá muchos que todavía crean que al Estado cubano (ni a nadie allí) le interesa proteger nuestra fauna. Si extrapolamos esto a otras dependencias desactivadas de la Academia, llegaremos igualmente a una sola conclusión: en Cuba, el medio ambiente ha sido destruido por culpa de una política de "miedo ambiente" y oportunismo, desarrollada en beneficio propio a tales efectos.

Informe oficial a la IUCN:
la falsedad como un escudo.

"Las pasiones son leones; pero con qué facilidad
se convierten en chacales. "

José Martí

A modo de pronóstico, o quizás por querer anticiparme a los cambios morales del ser humano, es que a veces incluyo exergos como este. A algunos pudiese parecerles que no tienen relación con el texto, pero en cambio, a otros tanto les llegará, que puede que se sientan ofendidos. En este caso, me refiero a Antonio Perera, un antiguo investigador que hoy ha devenido un nihilista de butaca de los más encumbrados en el sistema destructor de la naturaleza en Cuba. Sin embargo, compartí con Toni muchísimos e importantes momentos de mis inicios como estudioso de las aves. El fue mi jefe directo en el Instituto de Zoología y yo, su ayudante en las investigaciones sobre la iguana (*Cyclura nubila*) que realizábamos en Cayo Largo del Sur. A pesar de esto, después de desaparecer el Instituto y convertirse en parte del funesto IES, tal parece que Perera optó por la ciencia administrativa antes que el enjambre de mosquitos.

Así, Antonio Perera, a quien no considero un extremista, evidentemente ha comenzado a pensar muy distinto a lo que yo recuerdo de él. En Zoología, y con sólo 24 años, Toni era bien consciente del desastre ecológico que se llevaba a cabo en todos los cayos del Archipiélago de los Canarreos, y más, era uno de los primeros en protestar contra las injusticias que en aquel instituto se cometían a diario contra todo tipo de trabajadores. Entonces, mi antiguo colega dejó a un lado la ética y sus principios, o ha adquirido una paciencia sin límite para no decir jamás lo que piensa. Por eso el exergo, pues él es uno de los que confeccionó el informe oficial que Cuba entregó a la Unión Internacional para la Conservación de la Naturaleza (IUCN), para que esta organización publicara las maravillas que ese documento dice de nuestro sistema de conservación.

Lo primero que debo decir del informe de la IUCN sobre Cuba, es que me resulta un ejemplo mágico de oportunismo de la conciencia, una cartilla de despojos y mentiras, y un texto tan próximo a la realidad de la naturaleza de la isla, como lo es el corazón electrónico de esta computadora al interés de mi hermano carpintero. Es decir, para cualquier ser humano amante de la vida silvestre, este informe de la IUCN es como el paisaje cubano actual, indigerible. Está tan plagado de datos falsos como de omisiones. En él se afirma que *"La primera medida, para la protección ambiental de Cuba, fue el "Plan de Repoblación Forestal del Ejército Rebelde", (Ley 239 de abril de 1959); que proponía la creación de 9 Parques Nacionales y estimulaba el turismo"*. Pero, ¿cómo puede protegerse el ambiente estimulando el turismo sin ningún tipo de educación ambiental de base en la población?, o es que, ¿acaso olvidamos que después de 1959 los primeros turistas de Cuba fueron los campesinos analfabetos que armaban un palenque dondequiera? ¿Cómo puede hablarse de preservar las bellezas estéticas con ejemplos tan horripilantes como el "Cordón de la Habana", que no fue otra cosa que la siembra masiva de café para destruir todos los jardines que parecieron excesivamente bellos a las nuevas concepciones del gobierno? Desde el mismo inicio de este documento comienza la falsedad, y en él, se ignoran todas las leyes que intentaron proteger la naturaleza ya desde el siglo XIX.

Si fuera cierto que *"en 1968 el gobierno implementó un proyecto para la Protección de la Naturaleza en Cuba, detallando la política de protección al medio ambiente y los recursos naturales"*, entonces también es cierto que el plan del 59 se quedó inválido durante 9 años. Por otra parte, si Cuba estuviese participando seriamente en el "Plan de Acción de Bosques Tropicales" (PABT) de la FAO, un plan que comenzó en 1989, bajo el control del Ministerio de la Agricultura, ¿cómo explicarnos el uso masivo de los bosques para hacer carbón y cocinar? La única respuesta, la mía, sería un tanto suspicaz, pero no hace falta, pues la encontramos entre líneas dentro del propio documento de la IUCN, donde se dice que se apoya el plan para luego *"interpretar los lineamientos globales del PABT en función de los intereses específicos nacionales"*. Intereses que comprenden el uso irracional de la masa forestal a fin de satisfacer la demanda de combustible que el gobierno no es capaz de facilitar a la población. Además, la prueba de la censura generalizada en materia de conservación de la naturaleza, y de la cual ya he hablado antes, la expresa el propio documento cuando dice: *"La información de la extensión de implementación de este plan no está disponible actualmente"*.

Con el acta N° 1204 de 1967, surge el Instituto Nacional de Desarrollo y Aprovechamiento Forestal (INDAF), una dependencia que apareció para compartir la responsabilidad destructiva del sistema de protección de la naturaleza y para "implementar regulaciones" de las cuales, el documento de la IUCN no pudo citar ni siquiera una de ellas. Lo mismo ocurre con la ley N° 27 de 1980; otro juego abstracto de usar palabras para "designar áreas de inviolable protección" (pero) de múltiples usos. La Sierra Maestra, es una de estas zonas donde los "múltiples usos" han hecho estrictamente violable su protección. Así, la famosa ley N° 33 de 1981 (que ya mencioné anteriormente, y a la que tendré que referirme muchas veces más) *"no cuenta* (según dice este informe), *con definiciones claras de categorías de manejo, cuyas regulaciones y demarcación deben darse en actas legislativas individuales para proveer el entendimiento de cada área".* ¿Alguien sabe de ellas?

No, lo único que se conoce es que los creadores de esta ley de papel sanitario son maestros de la prosa hueca; ellos dicen: *"con la Ley de 1981 se creó un Sistema Nacional para la Protección del Medio Ambiente y el Uso Racional de los Recursos Naturales que, unifica las políticas sobre la protección dentro de un sistema comprensivo* (que nadie entiende, pero, sigo citando)*, compuesto por subsistemas para la protección de los recursos específicos y que incluye el subsistema para la protección terrestre de la flora y la fauna* (de la marina ni se acuerdan)*, que incluye una gran parte de la Red Nacional de Áreas Protegidas..."* etc, etc, etc, pero si alguien lo entiende, por favor que me lo explique. Nadie, ni las feísimas iguanas que estudiaba Antonio Perera, tienen la culpa de que este texto sea más feo que ellas.

Cuba es signataria de la "Convención sobre la Protección de la Flora, de la Fauna y de las Bellezas Escénicas de los Países de la América" desde 1940. Eso dice este documento de la IUCN, pero entonces, ello está en contradicción con la parte donde afirma que: *"Antes de la revolución, ninguna política gubernamental para la protección o uso racional de los recursos existía..."* Otra malintencionada falsedad radica en los convenios que el gobierno subscribe con sospechoso retraso. Por ejemplo, el firmado durante la Convención de Cartagena, 29 años después del triunfo de la Revolución, y cuando ya Cuba no puede reexportar petróleo a Nicaragua. Únicamente así, el gobierno firma un protocolo para combatir el derramamiento de crudos en el mar. Sólo después de no poder derramar más crudos en el mar, la Cuba socialista se hace una imagen preocupada en el ámbito internacional, pues ya no puede seguir malversando los recursos con los que no cuenta. ¡Eso sí que es fácil!

Pero antes, y específicamente el 24 de marzo de 1981, cuando Cuba ratificó la Convención sobre la Protección del Patrimonio Mundial (World Heritage Convention), no inscribió ningún sitio a proteger dentro del tratado (IUCN, 1990). En ese momento, el interés del gobierno estaba centrado en obtener y utilizar los fondos de la UNESCO (The Washington Post, 1997) y nada más. Ahora, con la construcción de la hidroeléctrica dentro de la Reserva de la Biosfera de "Cuchillas del Toa", vemos cuán serias pueden ser este tipo de inscripciones para el patrimonio mundial. Dedicar más espacio a desmentir las afirmaciones gubernamentales de este informe me resulta como discutir sobre la dignidad: al hacerlo, lo único que se logra es comenzar a perderla. Por eso, da pena la forma en que actualmente se comporta Toni, y también da espanto Rosabal, quien después de haber desertado en Puerto Rico, ahora trabaja en Suiza, aparentemente, para la IUCN.

Curioso, la última vez que vi a Rosabal fue en 1989, cuando de regreso de Santiago de Cuba ambos tomamos el mismo avión. En aquel entonces, el súbdito de Guillermo García Frías me explicó (delante de John McNeely) el desastre que estaba ocurriendo en la Sierra Maestra producto de la tala y la introducción de animales exóticos que llevaba a cabo un cacique militar. Sorprendente, la última vez que hablé con Antonio Perera fue en el portal de su casa a finales de abril de 1992. En aquella ocasión, él me dio todos los datos sobre la introducción de especies nocivas al medio para que yo los hiciera públicos en Berlín. En ninguna de estas ocasiones, en las que creo que me hablaron con sinceridad, pude notar cuán deformados estaban sus pensamientos, y mucho menos, cuanta doble moral cabía en ellos. Parece que el miedo se pega, y si es así, ya sabrá Perera (pues Rosabal ya no lo hace) cuanto tiempo deberá trabajar para el comandante García Frías, a no ser claro está, de que haya intereses propios de chacales imposibles de ignorar.

Universalidad de la Ciencia: ¿qué es eso?

"Algunos Estados también han tenido reservas en ratificar o aceptar algunas de estas Convenciones Internacionales, argumentando estar restringidos a leyes domésticas... y en orden de preservar algunos valores colectivos. "

ICSU

Cuba, hay que reconocerlo, aparece dondequiera, y después que Castro tomó el poder está en todo, en misa y en procesión, aunque para muchos es sabido que la Cuba castrista es sorda y además atea. Es decir, que de nada le vale acudir a misa si no escucha lo que en ella se dice, y de menos le sirve ir en procesión, si antes de unirse al grupo ya está cogiendo el camino equivocado. Cuando uno analiza esto, llega a la conclusión de que al régimen cubano lo único que le interesa es salir en titulares, aparecer en cualquier documento aunque el contenido, o mejor dicho, la razón de su participación, esté vacía de sentido. Así el preámbulo, advierto que no voy a hacer un examen exhaustivo de este documento del Consejo Internacional de Uniones Científicas (ICSU), entre otras cosas, porque no hay forma de entender qué hace Cuba ahí metida y mucho menos, con el inepto de Carlos Gómez al frente de su comité directivo. Al parecer, lo que les gusta a los suecos es que alguien les tome el pelo, pues de lo contrario, grandes han de ser las dosis de mentiras que ese Comité admite, para que Cuba les derogue sus frágiles criterios.

Si la naturaleza humana de la Dra Simeón no fuese, como lo es, todo un asco, tendría ahora que saltar, sorprenderse y jurar, que ella desconocía, al igual que el 99% de los científicos cubanos, que Carlos Gómez era miembro de una Unión de Científicos que exige la libertad de expresión, asociación, ideas políticas, y derechos humanos (ICSU, 1996). Más aún, dudo que haya algún científico honesto y modesto (¡miren qué clase de requisitos!), que sepa del contenido y la existencia del documento titulado UNIVERSALITY OF SCIENCE: Handbook of ICSU`s Standing Commitee on Freedom in the Conduct of Science. Yo, personalmente, lo recibí en el exilio y gracias a un colega que, acosado por el sistema y sin libertad de expresión, tuvo que decidir quedarse fuera de Cuba unos meses atrás. Pero veamos algunos de los puntos que contempla este documento donde Cuba, a juzgar por la presencia de Carlos Gómez, tiene más que un voto de confianza.

El Consejo Internacional de Uniones Científicas en favor de las comunidades científicas del mundo afirma la naturaleza universal de la ciencia como un derecho de los científicos para asociarse libre e internacionalmente en la actividad científica. En su estatuto N° 5, se lee: *"... en respeto al derecho y la responsabilidad de los científicos, la ICSU, como cuerpo internacional no-gubernamental* (he aquí el problema)*, debe observar y apoyar activamente el principio universal de la ciencia. "*. Mi pregunta es: ¿cómo lo hacen en Cuba?, pues harto conocido es que los científicos de la isla, tarde o temprano, se han visto obligados a abandonar el país por culpa de la persecución a la que son sometidos si intentan defender o protestar por la destrucción del patrimonio natural. En mi opinión, la ICSU es una organización tan preocupada como ingenua desde su estatuto N° 5. Para probarlo, baste que siga entonces con algunas de las declaraciones de principio que lo hacen inválido en Cuba, o lo que es lo mismo, que lo convierten en un documento a incinerar, o en un mejunje hechicero para ser guardado en las más profundas arcas del despacho de Gómez y la Simeón.

Los términos de *"libertad de asociación, expresión, información, comunicación y movimiento en relación a las actividades científicas internacionales"* son vocablos prohibidos en Cuba; lo mismo ocurre con esas bellas palabras con las que continúa el documento de la ICSU: *"sin ningún tipo de descriminación sobre la base de factores como la ciudadanía, la religión, las creencias, las ideas políticas"* etc, etc, etc. Para expresarlo de una forma clara será mejor utilizar las palabras de Carl-Johan Groth, Relator Especial de la ONU y en las que deja muy precisos los problemas de los derechos humanos que se sufren en Cuba. Él afirma: *"Continuó igualmente la práctica de las autoridades de dejar en libertad, antes que su condena haya llegado a término, y con la condición de que abandonen el país, a algunas de estas personas en favor de las cuales gobiernos e instituciones extranjeros mediaron ante el Gobierno cubano. Algunas de ellas rechazaron este ofrecimiento y permanecen aún en prisión. "*(Groth, 1995).

Luego, si uno lee detenidamente la forma en que el estatuto concluye: *"ICSU debe organizar y respetar la independencia de las políticas internas de la ciencia... y no permitir que ninguna de esas actividades sean afectadas por planteamientos y acciones de naturaleza política.* ", hasta un niño de pecho se daría cuenta de la manera directa en que este documento se autolimita. Con esas frases la ICSU le da el derecho a Gómez para callarse el texto, para secuestrarlo, o para mantenerlo escondido en su casa en vez de hacerlo público entre los científicos cubanos. Así, como que las ciencias en Cuba están vinculadas a la política del Estado, y como el ICSU debe respetar la política interna de cualquier país, ello los excluye de opinar sobre aquellas actividades de naturaleza política que contra los derechos humanos limitan la libertad de expresión de los ecológos cubanos. O sea, que si los suecos de la ICSU fueran como su compatriota Groth, este párrafo lleno de contradicciones jamás hubiese sido redactado.

Contrario a lo que pudiera esperarse en una unión internacional que aboga por el derecho científico, Carlos Gómez resulta elegido miembro del comité directivo de esta organización no gubernamental. Sin embargo, y al mismo tiempo, Gómez forma parte en Cuba de un sistema cerrado de totalitarismo científico que no permite ni tolera ninguna ONG dentro del territorio cubano. Quizás por eso, habría que clasificar a la ICSU además de ingenua, de mediocre. Incluir estas líneas en el estatuto N° 5 resulta una vileza contra la mayoría de los científicos que en Cuba desearían hacer públicas sus denuncias. Un ejemplo: cuando alguien logra salir de Cuba a pesar de los complicados y selectivos mecanismos del Dpto de Inmigración, y publica una crítica contra la política ambiental del gobierno (como hice en Berlín en 1992), ese individuo está, según una parte del estatuto de la ICSU, *"actuando bajo el derecho a la libertad de movimiento y expresión de los científicos "*, pero, al tratarse de un cubano, y también según el estatuto, para Cuba este científico se ha comportado incorrectamente, pues, *"ha cuestionado los asuntos internos de la política científica "* de Cuba.

A grandes rasgos, la ICSU tiene como estatuto cinco una premisa tan inválida como la ley cubana N° 33/81, sólo que dicho estatuto opera correctamente dentro de los países libres, mientras deja en desamparo a los científicos cuyos gobiernos elaboran designios internos que no son de su incumbencia. Con palabras más fuertes diría que, la ICSU tiene la deshonra de contar con un cubano promotor de censuras como Carlos Gómez en la dirección de su comité, pero además, actúa con indecente complicidad a la hora de limitar la circulación de los científicos cubanos, acepta que la información científica sea controlada y secuestrada por los funcionarios del Estado (este documento es un ejemplo), permite la discriminación científica por ideas políticas, anula libertad de expresión de la mayoría, y finalmente, permite la violación de todos los derechos humanos que, en el caso concreto de Cuba, jamás ha respetado los artículos (ICESCR N° 6), (ICCPR N° 12) y (ICCPR N° 19 (2)). Y todo ello, *"porque debe respetar los asuntos y las políticas internas..."* que Carlos Gómez, como es lógico pensar, les ha impuesto como condición.

De esta forma, y como advertí desde el principio, no vale ni siquiera considerar la validez de esa "Universalidad de la Ciencia" elaborada en Suecia y contra los países como Cuba. Hacerlo sería como discutir sobre los derechos humanos que el pueblo de Cuba reclama desde hace tanto tiempo y en todo tipo de foros internacionales. Hasta la fecha, los que han intentado salir de Cuba para criticar la política ambiental del gobierno sólo han podido hacerlo una vez. Los pocos que han regresado han sido expulsados, o han perdido el derecho a su puesto de trabajo (violación del Art. 6 de la ICSU); muchos de los que creyeron que podían hacerlo no han podido salir de Cuba nuevamente (Art. 12 de la ICSU), y aquellos que salieron y luego desearon mantener su libertad de expresión (creyéndose con derecho según el Art. 19 (2) ICSU), han tenido que optar por el exilio y no regresar jamás.

Mientras haya "uniones" como esta, lo primero y más necesario sería, sacarlas de Suecia. Para que una organización de este tipo tenga razón de existir, habría que sacarla del país que practicó por tantos años la Eugenesia (purificación de la raza por castración impuesta) violando repetidamente los derechos humanos de sus propios ciudadanos (Jost, 1997). Entonces, también haría falta que contara con personas responsables y no con gente como Gómez; es decir, con miembros que no estén atados de manera jurada a la línea política de su gobierno, y que sólo tienen como objetivo desdeñar el derecho internacional que para los científicos se pide. Por eso, lejos de sentir orgullo por la existencia de ICSU, habría que sentir vergüenza por el país donde radica, por las condiciones que se aceptan dentro de ella, y por incluirlas dentro de los estatutos y para limitarla firmemente. A la vergüenza que genera lo anterior, súmenle el desprecio que produce la tinta malgastada desde Suecia; un país que ha deportado a miles de cubanos, muchos de ellos investigadores, y que no encontraron allí ningún principio o respeto por el derecho humano.

Los suelos

La anarquía y los palenques se roban el espacio

"El perfecto idiota no acaba de medir toda la distancia que existe entre el verbo deber y el verbo ser, la misma que media entre el ser y el parecer. Nos pinta al Estado como un Robin Hood, pero no lo es. Lo que le quita a los ricos se lo guarda y lo que le quita a los pobres, también."

Carlos Alberto Montaner

La ejecución de construcciones en Cuba es una fiebre caracterizada por un ascenso sostenido de la temperatura, y por una productividad e influencia económica digna de diagnosticar en coma. A comienzos de la década del 60, el valor de la producción presentó promedios anuales que oscilaban entre 200 y 300 millones de pesos, y en el quinquenio 1981-85, el incremento de las goteras y las demoliciones superó los 2`054 millones de pérdida. La productividad por trabajador se elevó de 2`080 pesos en el quinquenio 1971-75, a 7`119 pesos en el quinquenio 1981-85, pero el índice estaba asociado a la cantidad, es decir, la productividad anticualitativa. Tras estas cifras, lo primero que encontramos es que la base material y humana en la Cuba socialista no son apropiadas para el desarrollo de la actividad constructiva.

El parque existente en maquinaria y equipo pesado se aplicó principalmente para mover tierra de un lado a otro, o para remover escombros de los continuos desplomes de edificios en las diferentes ciudades. La acelerada destrucción de la ciudad de La Habana, por ejemplo, deshumanizó cientos de edificaciones que, de haber sido atendidas a tiempo, todavía darían albergue a miles de familias que fueron desplazadas hacia los palomares que la Revolución llama "edificios de microbrigadas". Pero veamos qué nos dice el gobierno de Cuba al respecto. *"Desde el punto de vista geográfico, lo más representativo en la construcción de viviendas lo constituyen los grandes conjuntos construidos por el Estado, a partir de sistemas de prefabricado en su mayoría, que han transformado el paisaje tanto urbano como rural del país."*

Semejantes engendros estéticos tienen un nombre. El famoso arquitecto, e impulsor de la tecnocracia urbanística de La Habana se llama Jorge Félix, y con cuyo hermano, Alberto Cordovéz, vive ahora en Miami robando terrenos y falsificando firmas a tal efecto. Tal es el monstruo que nos deja de herencia el socialismo, y tal el desarrollo al que el gobierno suma millones de dólares sin restarle el territorio mal utilizado, ni los acueductos sobresaturados, ni los excrementos que flotan a su suerte en las calles de La Habana. Si a este "cuadro" de alta calificación sumamos en millones, los dólares utilizados para la capacitación profesional de miles de trabajadores, entonces ya tenemos los elementos necesarios para analizar esas transformaciones cualitativamente impeorables que sufrió, por ejemplo, el este de la Habana. En efecto, las 25`000 familias desplazadas al antiguo y bello reparto de Altahabana son nada, si las comparamos con las 60`000 que las "micros" de Cordovéz amontonaron sobre un ex-bello litoral cubierto antaño por una magnífica manigua costera (Alain, 1953). Ahora, gracias a este tecnócrata, se tiran desde allí, y muy económicamente, todos los desperdicios humanos al mar. Esto es de lo que trata esta actividad humana del trabajo en forma de contingente, y de la "eficiente productividad" constructiva de la Cuba actual.

Si pensamos en los trabajos de tipificación, racionalización y normalización de los proyectos, así como las condicionantes de espacio y tiempo sobre la que se crea la base para el acelerado desarrollo de los sistemas de prefabricado, no es muy difícil pensar en su calidad y estética. Desde 1970, esos trabajos de tipificación se hicieron tan típicos que yo diría idénticos, y se racionalizaron tanto que apenas cabían las camas dentro de los cuartos. Llegaron a estar tan sujetos a una norma, y a ser tan característicos en su diseño, que debían concluirse en tiempo record con las mismas grietas en cada uno de ellos. Cuando en 1984 se produjeron casi un millón de metros cúbicos en paneles prefabricados, el sistema Girón se destacó entre los fundamentales. Su nombre no viene, sin embargo, de la playa que lleva el nombre, sino de la similitud en el relieve de sus paredes con aquella costa bombardeada hace ya algunos años. Pero veamos qué nos dice el régimen en sus panfletos estadísticos.

"La década del 70 marca el inicio de los nuevos requerimientos en obras para la educación, al aplicar el concepto de escuela en el campo y vinculación estudio-trabajo. Estos nuevos requerimientos obligaron a un cambio en los conceptos de construcción de escuelas, ya que incluyen albergues, dormitorios y todos los servicios para satisfacer la necesidad de

educación, vivienda y alimentación del escolar. "(...) "La educación media vinculada al trabajo agrícola creó una especialización territorial de carácter educativo, al asignar a determinados municipios la función centralizadora de la educación media. Por ejemplo Sandino, Jagüey Grande, Sola, Contramaestre y la Isla de la Juventud (léase Isla de Pinos), *donde se construyeron verdaderos complejos educacionales con el Sistema Constructivo Girón".(...) "De más de 1`620 instalaciones educativas construidas en el período 1970-84, sin considerar las de enseñanza superior, el 72.4% se realizaron con este sistema y el 54.4% son instalaciones que cuentan con albergues escolares".*

Claro está, el sistema prefabricado Girón fue usado principalmente en edificaciones sociales. Eran una especie de paneles de concreto sin acople imaginable, y en los que luego se rellenaban las endijas con un cemento diferente para que jamás pegasen, o para que jamás evitaran las famosas filtraciones. Ejemplos sociales de estos "girones" constructivos, podemos encontrarlos en las Escuelas Secundarias Básicas en el Campo (ESBEC) que brotaron por la campiña cubana mejor que los cultivos; en los hoteles interprovinciales donde había que reubicar a los turistas en medio de una noche tormentosa, o en la flamante Escuela de Cine Latinoamericano, donde García Márquez ha tenido que invertir en reparaciones al techo casi lo mismo que gana con alguno de sus libros.

Ahora bien, no podemos olvidar que la producción de cemento (unos 16.2 millones de toneladas anuales) se destinaba, sin ningún tipo de restricciones, a construir refugios. Después que Castro se dio cuenta que los americanos no lo invadirían jamás, la Central de Juraguá parece haberle facilitado nuevas razones para refugiarse. Esta temible bomba de tiempo parecía poder concluirse de un momento a otro en 1989 y entonces, so pretexto imperialista y atemorizando al pueblo con los yanquis (una especie de "Coco" que atemoriza al cubano imbécil), y que por entonces hacían sus acostumbradas maniobras en Guantánamo, comenzó a abrir hoyos por doquier. Así se fueron, taponeando los ríos subterráneos, los millones de toneladas de cemento del 90. Si uno no lo recuerda por la prensa, o no vivió aquella experiencia, no se dará cuenta nunca del efecto botarate que significaba la construcción para la economía nacional. Pero si consideramos que la construcción consume un alto porcentaje de las inversiones cubanas desde que Fidel tomó el poder, y que estas se han distribuido anárquicamente por todo el territorio, no es ilógico pensar que los tecnócratas las consideren una expresión (la cara visible) del desarrollo económico y social del país.

Por ejemplo, para Castro y sus colaboradores, la Isla de Pinos está más desarrollada porque, dentro de sus bosques constantemente destruidos, hay unas 60 escuelas del tipo Girón que antes de 1959 no existían. Sin embargo, no se tiene en cuenta que después de 1990 ya no hacen falta, pues a raíz de la ola de suicidios que aniquiló a muchos estudiantes por la falta de alimentos, los africanos fueron mandados de regreso a casa para reducir la tasa de saltos desde el tejado de aquel modelo prefabricado. Entonces, el gobierno tuvo en cuenta las paredes levantadas, pero no habló nunca de la utilidad de las mismas. Creo, y casi estoy seguro, que es un gran rollo para el gobierno meter dentro de las estadísticas la utilidad de algo tan engorroso, pero además, debe ser algo innecesario para los planes desarrollistas y la propaganda del Estado. Por eso, y en relación a las escuelas y al incremento del suicidio de los estudiantes en la isla, podemos afirmar que el sistema constructivo Girón tuvo más utilidad antipersonal que todos los edificios altos que a lo largo de 400 años se hicieron en la capital. Los trampolines, hay que reconocerlo, están ahora mejor repartidos, y en vez de ofrecer un horrible espectáculo a los ciudadanos capitalinos, o de permitir un romántico lanzamiento humano desde el tope de un edificio colonial, el show queda para disfrute exclusivo de las escasas cotorras de Isla de Pinos; si es que quedan, claro.

Pero no seamos extremistas y dejemos las microbrigadas y las escuelas a un lado. Hay construcciones de otro tipo: fábricas, hospitales, parques, carreteras, estadios, hoteles, etc, que representan una inversión que sigue creciendo como la fiebre y para perjuicio de la economía. Entre las más destacadas fábricas de Cuba, pudiéramos citar, si no lo consideran perverso, la fábrica de baterías que existe al lado de la Escuela Vocacional Lenin. Entre los hospitales más renombrados, estaría entonces, el peor remodelado: el Ameijeiras. Entre los parques, el Lenin, y el Parque Zoológico Nacional. Entre los estadios, el que Castro construyó a toda carrera para los panamericanos del 89. No quedan dudas que esto es una verdadera transformación territorial. Pero, ¿qué producen?, ¿cuál es el sentido inversionista? Analicémoslo, porque de este análisis vendrá el sentido de la utilidad que los lectores deberán extrapolar a todas las construcciones efectuadas en el período 1959-1998.

Comencemos por la fábrica de baterías. Está ubicada, al igual que la escuela Lenin, en medio de los potreros vacunos de Calabazar, a los cuales se les robó más espacio del necesario. Desafortunadamente no produce nada, no hay materia prima para que se pueda poner en marcha y por tanto, La Habana, que está más oscura que una gruta, no vende o saca provecho a este rubro tan necesario en la actualidad. La fábrica fue construida para que los alumnos de la escuela antes mencionada, y donde estudiaron algunos de los hijos de Castro, la pusieran en funcionamiento gratuito, pero si no estoy mal informado, ya en 1980 trabajaba a media capacidad. Por tanto, lo que se produzca en ella ahora no es gracias a la Revolución, ni para el pueblo. Eso, si es que acaso existe, será ahora co-propiedad de algún español, y lo comprarán en dólares los otros españoles para ver el cuerpo oscuro de sus mulatas en medio de un apagón. Sin embargo, a juzgar por las velas que todos en Cuba siguen comprando, eso no deja de ser subjetivo de mi parte.

Sobre los hospitales, como era de esperarse, el gobierno revolucionario tiene su propia opinión: *"En relación a las construcciones para la salud, al inicio de la década del 60 se terminaron siete grandes hospitales, y posteriormente se han construido 21 hospitales urbanos, 68 hospitales rurales y están 8 hospitales urbanos en ejecución."* Pero el Hospital Ameijeiras, como ya lo dije, no fue construido por la Revolución a pesar que ella se lo adjudique como una obra revolucionaria. Pues bien, después de haber servido de laboratorio cubano para los transplantes de corazón, y después de confirmarse que el corazón cubano era semejante al de los extranjeros, el inmenso inmueble pasó, de la fase de pruebas, a la actividad práctica. Sin embargo Castro, tan gentil como loco, no le cobra nada a algunos de sus extraños pacientes. Alain Delon, por ejemplo, se operó allí la vista y donó un parque de ambulancias por conciencia. Pero, ¿qué podrá donar el boxeador Mohamed Alí, que tuvo que viajar a Cuba para verse el mal de Parkison porque no tenía el dinero necesario para tratárselo en Estados Unidos? La respuesta es una para todos los hospitales cubanos. La salud se paga con propaganda y esto, desde el punto de vista de un burro miope en cualquier departamento de economía no es rentable.

El Parque Lenin, con un kilómetro promedio entre una cafetería y la otra, ocupa unas 5'800 hectáreas de terreno destinado a vender (cuando hubo) chocolate criollo. Distrajo la atención de unos miles de cubanos cuando Joan Manuel Serrat dio allí su último concierto, pero eso fue a principios de los 70 y desde entonces, jamás se han vuelto a cobrar entradas en el anfiteatro greco-castrista-leninista. El Parque Zoológico Nacional lo mismo. Con 8'300 hectáreas ocupadas desde principios del 70, jamás ha podido abrirse al público como se abre un zoológico normal. Su cacique propietario era el "ilustre" Abelardo Moreno Bonilla (más conocido como "El Tigre" debido a que le robaba la carne a los felinos para consumo familiar), que desde aquellos años lo único notable que allí propició, fueron los numerosos shows en que los estudiantes de veterinaria perecían espectacularmente en las fauces de un león, o la posterior iniciativa de vender a los turistas la carne del felino a 8 dólares por filete.

No, no se trata de una revancha administrativa por los jóvenes veterinarios muertos, ni tampoco es un exceso de leones lo que promueve su matanza para la venta. El problema real es que el pueblo de La Habana se ha metido noche tras noche a cazar sus costosos ejemplares para consumo doméstico. Así, los animales estaban desapareciendo sin dejar rastro hasta que un infortunado bribón amaneció al lado de un árbol con las costillas rotas por las patadas que le propinó un avestruz (Struthio camelus). Desde entonces, y a partir de sus confesiones y mala suerte, los animales son vendidos al mejor postor. Dígame señor turista, ¿qué animal le gustaría destrozar a mordiscos?, no se preocupe, enseguida se lo cazamos, o, ¿prefiere cazarlo usted mismo? Repito, esta es la rentabilidad de 14`100 hectáreas de espacio territorial: un peso por persona por un concierto añejo, y 8 dólares por un filete, tan añejo como el concierto de Serrat. ¡Gracias Cataluña!

¡Carreteras! Esta palabreja debe venir de Jamaica o Puerto Rico donde hay una carretera paralela a dos metros de la otra. Parece una especie de fórmula mágica. Carreteras para transportar las mercancías, carreteras para desplazar los productos, para hacer viable (esta suena incluso más linda) el mercado interno, o la famosa "cadena-puerto-transporte-economía-interna". Algo así es difícil de cuestionar, excepto claro está, si no hay mercancías, ni vehículos en los cuales desplazarlas, y entonces mucho menos si no hay mercado interno, ni barcos en el puerto. No obstante estas válidas e ignoradas excepciones, Castro mandó a hacer "a ritmo de contingente" la autopista nacional, una obra que de haberse completado, le robaría al territorio fértil del país unos 42 millones y medio de metros cuadrados (¡casi 43 km cuadrados de territorio en una sola carretera!). Pero, ¿para qué sirve? ¿Qué productos tan voluminosos se transportan por una autopista de cuatro vías?; ¿de qué ancho son los camiones que transitan en Cuba? y la mejor de las preguntas: ¿quién va a repararla y mantenerla en buen estado?

Ni Suiza, cuyo movimiento y transporte es 2`400 veces superior al de Cuba, ha pensado en ampliar sus funcionales autopistas de dos vías, y esto, sin contar que no le hace falta, que no hay embotellamientos, y que la circulación no sufre peligro alguno. Le siguen a las carreteras los estadios, pero advierto, aquí voy a ser breve. Cuba es el único país del mundo que construye estadios para utilizarlos una sola vez, o para luego dedicarlos a entrenamientos. Por tanto, como que el deporte es gratuito, la inversión de capital en un centro deportivo más que nula, es negativa. Crea un déficit ascendente. Recuerdo que cuando Fidel terminó el estadio panamericano en el litoral norte de la Habana, dijo por la televisión que quedaría como centro de entrenamiento internacional. Pero me niego, me niego a continuar ocupando el disco duro de esta inocente computadora con semejantes idioteces.

Hoteles. Veamos lo que dice el tecnócrata cubano de su sistema constructivo de hoteles: *"Otros grupos, menos numerosos pero también importantes, se destacan: la construcción y reconstrucción de hoteles con un gran incremento en los últimos años debido al aumento del turismo internacional; la construcción de bases de campismo popular; el crecimiento diversificado de instalaciones deportivas, que contaba en 1959 con 951 instalaciones y en 1985 se disponen de 9`046, fundamentalmente en zonas rurales, y los innumerables centros de servicios, sobre todo en las nuevas zonas de urbanización".* Pero aquí, si queremos hacer honor a la verdad hay que comenzar diciendo que en su inmensa mayoría, los hoteles cubanos están vacíos y que por tanto, producen muy poco.

Por ejemplo, un amigo suizo recién llegado de Cuba, me trajo la lista que le había hecho una empleada de la lavandería del Hotel Morón, en ella usted puede leer: carsosiyos 2; payuelos 4; camiseta 2; chores 3; jinés 2, etc, etc. Si este es el personal calificado de un centro de atención al turismo internacional, no quiero ver como se prepara la comida dentro de la cocina, y mucho menos saber sus efectos devastadores para el estómago del cliente. Pero si esto es lo que ocurre dentro de un hotel, ¿qué pasará dentro de una base de campismo? Bueno, pongamos otro ejemplo de la perspectiva productiva del trabajador socialista. Lo que sigue, ocurrió en un hotel "mixto" de Varadero, pero si no doy nombres, es para no delatar a mi cubano relator. El Sr. Español X llegó a una pequeña oficina donde se encontraba una mulata sentada en un buró, y he aquí la conversación: Buenos días / Buen día / ¿Usted quién es? / Yo, soy la secretaria del núcleo / ¿Qué es el núcleo? / ¡El núcleo del Partido! / ¡Ajá!, y ¿cuál es su trabajo? / ¿Mi trabajo?, coordinar las actividades políticas del personal cubano / No, no, usted no me ha entendido, yo le pregunto ¿cuál es su trabajo en el hotel? / Ya le dije, coordinar las.../ No, no, yo lo siento mucho, pero si usted no limpia, o no sirve, o no prepara cuartos, dígale a su jefe que yo no la quiero aquí, yo necesito esta habitación para producir y usted, sus actividades, las hace fuera del hotel, y en horas libres de los trabajadores. Este es el ejemplo de la productividad que puede generar un espacio construido por la Revolución para un hotel. Lo demás imagínenselo ustedes solos.

A estas obras que ya he analizado, deben añadirse un gran número de construcciones cuya representación cartográfica pretende dar una idea positiva de la utilización territorial que tiene esta transformación cuantitativa del paisaje cubano. Además, deben tenerse en cuenta todas esas obras que para la Revolución son *"las obras más representativas"*. Entonces podrán ver representadas en el Atlas de la isla, y de donde he tomado todos estos textos, solamente las *"más importantes desde el punto de vista de la construcción"*, tales como vaquerías, centros de crías y centros de destete, *"que en total suman* (estoy citando) *4`300 unidades, de las que el 43.8% se realizaron con sistemas tipificados de construcción. Además, se añaden 124 unidades extensivas de destete; 971 unidades para el desarrollo de hembras y 1`141 unidades para cría de vacas, de las que 142 cuentan con instalaciones; 578 centros de novillos; 1`375 instalaciones de mejora y ceba y los centros de sementales. Se han construido además 22 grandes cebaderos y 66 instalaciones de preceda. En el sector porcino se han construido 41 cebaderos, de los que 26 son típicos; 100 centros porcinos, de cría y multiplicadores, de los cuales 17 son típicos, además de 14 centros genéticos. Existe un total de 359 establecimientos avícolas construidos después de 1959. En ellos se agrupan alrededor de 6`200 naves, sin contar las instalaciones genéticas, las de otras producciones y las plantas de incubación. El área total fabricada abarca 4`340.8 millones de metros cuadrados. En ellas predominan los conjuntos de 10, 16 y 20 naves, con dimensiones de 9 por 90 m. Recientemente se están desarrollando conjuntos más ligeros que agrupan 10 naves de 12 por 100 m cada una."* ¿No les da risa?

Sigamos riéndonos, o torturándonos, ya no sé. *"Entre las instalaciones construidas para el sector agrícola se deben destacar 733 centros de acopio, cuya presencia resulta muy significativa en el paisaje; 14 centros de beneficio de cítricos ubicados en los territorios productores; más de 17`500 aposentos para el beneficio del tabaco, que se agrupan en las comúnmente llamadas casas de tabaco, 974 ranchos de tabaco rubio, en los que se han introducido elementos de dimensionamiento y materiales que optimizan los procesos de secado. Un elevado número de obras de este* *tipo se han construido para los agricultores pequeños que no se incluyen en las cifras mencionadas. Para el beneficio húmedo del café se construyeron 214 centros, 12 de beneficio seco, 3 grandes centros para el café de exportación y otro está en proceso de construcción; y 5 centros de beneficio de cacao".*

Parece ser, después de este modesto listado revolucionario, que la utilización del territorio es algo anárquica e improductiva, y que Cuba ha perdido un espacio que bien podía haberse dedicado a otras cosas. Pero si a estos esfuerzos constructivos de corte doméstico sumamos el hecho de que *"la expresión geográfica de la producción de construcciones trasciende las fronteras nacionales, pues es uno de los sectores donde los principios de internacionalismo se manifiestan con gran significación, por su repercusión en países donde los constructores cubanos han realizado obras tanto de carácter productivo como social."* A todos nos quedará una ardentía horrible en los ojos, o un deseo cuasi irrefrenable de gritar "pobre África".

Ahora bien, y pidiéndole excusas a todos, no quisiera cambiar de tema sin antes finalizar con un texto típico (como el sistema prefabricado Girón) sobre los especialistas de la construcción cubana. No se trata de letras con cifras pues ya les he dado bastantes, sino de letras que intentan explicar el sentido de las cifras que ya he citado. Un párrafo al que yo daría un premio Nobel bajo la categoría de "prosa hueca". Veámoslo: *"El triunfo revolucionario de enero de 1959 marca el inicio de una transformación total en la estructura territorial de las inversiones, y es por ello que la expresión sintética lograda por la cartografía al analizar la distribución territorial del acumulado de obras realizadas, es un elemento útil para evaluar las transformaciones y la perspectiva de los procesos territoriales. En esta sección se muestran, de manera global, los aspectos más representativos de la distribución sectorial de las obras construidas, de los cambios a lo largo del período, considerando como fechas de referencia a 1970 y 1983, y del significado cuantitativo y cualitativo de la fuerza de trabajo en el sector. El análisis de los coeficientes de localización por grupos de obras permite evaluar, a partir de la correlación con la distribución de la población, el tipo de distribución de las obras construidas en esos años".* Claro está que para ello incluso existe un mapa, pero, ni yo soy sádico, ni ustedes se lo merecen.

La fantástica industria agropecuaria.

*"Aquí estoy, amargado por la farsa. Hablaré y me
celarán. Escribiré y me morderán. Acusarán a mi
ciencia de fantasía, y a mi fantasía de ciencia. "*

José Martí

La agricultura cubana después de 1959, ha constituido un desafuero
mal encaminado en funciones económicas, una utopía sin valores
respetables para el PIB (Producto Interno Bruto) del país. Sus
excesos territoriales son increíbles si los comparamos con la productividad
que de ellos se logró, pues es, relacionado con el comercio, uno de los
sectores más improductivos. La ganadería, por ejemplo, ha dado tradicionalmente mejores frutos que la industria azucarera y esto, teniendo en cuenta
que la caña de azúcar fue destinada a un mercado seguro y a la exportación.
A partir de 1959, la transformación en la estructura de la propiedad de la
tierra fue un proceso que consolidó la anarquía de los suelos. Si mirásemos
con perspectiva y realismo lo antes dicho, veríamos que las leyes de
Reforma Agraria sólo incrementaron la improductividad y el monocultivo
de la caña. Lo que antes era un simple cañaveral, o un potrero de vacas
cuidado por sus dueños, ahora era una cooperativa cañera, o una granja del
pueblo, la cual nadie quería atender con esmero puesto que nada ganaba de
ella.

La "socialización" de las tierras no fue más que el abandono paulatino
de las mismas, o el despojo que el campesino sufrió para que el gobierno
alcanzara la meta de un millón de hectáreas en las llamadas Cooperativas de
Producción Agropecuaria (CPA). Cooperativas donde sólo se sembraba
caña, tabaco, café, y casi ninguna hortaliza, pues no estaba en la demanda
externa. Si hacemos memoria, tendríamos que recordar cómo desaparecieron
rápidamente aquellas Cooperativas de Créditos y Servicios (CCS), o
aquellas Asociaciones Campesinas que el gobierno eliminó hasta hacerse
con el 80% de las tierras nacionales, y de cuya cifra excluyo (yo), el uso
agrícola de las zonas cenagosas para la ganadería, o el de las montañas para
la producción de café y cacao, para la extracción de madera, o para la

implantación de los absurdos asentamientos antimigratorios. Con el proceso de socialización en la agricultura después de 1959, la estructura de poseedores (léase poseedor) ha cambiado bruscamente. A principios de la Reforma Agraria el 43% de la tierra pertenecía al sector no estatal (esto fue en 1967), en tanto que en 1985 el Estado ya se había apropiado del 75% que antes había dado al campesino.

Si pensáramos en la gran transformación ocurrida al suelo cubano después de 1959, tendríamos que decir que la actividad de la tala dentro de la masa forestal ha sido incesante. Su destrucción intensa ha permitido que las áreas agrícolas ganaran extensión, mientras que los bosques perdían el nivel adecuado para mantener su biodiversidad. Desde el punto de vista desarrollista de la actividad citrícola, por ejemplo, esta ganó entre 1966 y 1973, unas 21`700 hectáreas en espacio, área que se le quitó (vale que lo aclare) a los bosques naturales del Norte de la Ciénaga de Zapata (Ciénaga Occidental de Zapata) e Isla de Pinos (Ciénaga de Lanier).

Si consideramos el cultivo del arroz, veríamos que el esfuerzo destructivo del gobierno ha eliminado gran parte de los humedales que existían en el sur de Pinar del Río, Las Villas y Oriente. La apropiación de nuevas tierras que produjo la guerrita diplomática con China a finales del 60, acabó con las ciénagas y las lagunas costeras naturales de Alonso de Rojas, el Jíbaro, y la desembocadura del Cauto. Entonces, si contrastamos la campaña anti-cigarro de Fidel Castro, con el incremento de la producción de tabaco (de 8`000 toneladas en 1970, a 44`600 en 1980), veríamos que no sólo nos han dejado sin pulmones, sino también, sin los bosques de palmeras que eran el pulmón natural de las sabanas arenosas de Pinar del Río.

Como que es un renglón exportable, el sector estatal controla más del 85% de la actividad citrícola. Esta producción se apoya en la creación *in situ* de numerosos centros de la enseñanza media, (¡más construcciones!) que la Revolución construyó para abaratar su recogida. A esta situación, observable como ejemplo típico en Jagüey Grande, se suman muchísimas otras en relación con otros frutos. Esto se debe a que la ineficiencia del campesinado cubano en la Revolución es la consecuencia directa de la expropiación de sus tierras. El campesino está desinteresado en cosechar órdenes y por ello, cultivos tan tradicionales como el café, tienen que ser recolectados por los soldados del Ejército Juvenil del Trabajo (EJT) en las zonas montañosas donde este ha sido recientemente incrementado. El "Plan Turquino", en este caso, ha puesto al servicio de la agricultura muchas áreas que antes eran bosques y que ahora, el gobierno clasifica como "zonas productoras" del oriente, centro y occidente de Cuba.

La responsabilidad de estas transformaciones agropecuarias corresponden a la ganadería. Ramón Castro y sus vacas lecheras, ocupan grandes áreas del territorio nacional (cerca del 30 % de la superficie total dedicada a la agricultura), y si estas 100 empresas de leche, cría, y ceba no son una continuidad del latifundio, que venga Dios y que lo vea el mismo. Ramón ha llegado a meter vacunos en los pantanos periféricos del arroz, y sopretexto de utilizar al máximo el terreno, ha destruido las raíces de la vegetación original con los pisotones de sus famélicos ungulados. Camagüey, con 22,5%, unida a la provincia oriental, agrupa más de la mitad de la superficie dedicada a la ganadería estatal vacuna. Según el gobierno, el país cuenta con unos cinco millones de cabezas vacunas, y los promedios de carne obtenida se mantienen en las 300`000 toneladas con una producción de leche que, según ellos, sobrepasa las 920 mil toneladas anuales. Pero, ¿dónde están que no las vemos?

En un viaje realizado a las provincias orientales en 1995, un colega mío (omito su nombre) observó algo muy extraño en la masa vacuna de la región guantanamera. El hecho era que a casi todas las vacas les faltaba el rabo como si se tratase de una enfermedad congénita, pero que no era tal. Preguntando a los campesinos obtuvo entonces la respuesta: como que el gobierno incrementó el control sobre estos bovinos, enviando a la cárcel, o matando a tiros a todo aquel que fuera sorprendido matando reces, los nativos se han estado conformando cortándoles la cola para hacer "rabo encendido" y con el único fin de no caer dentro del artículo de la ley que los condenaría por el sacrificio ilícito de ganado.

Otro de los grandes hacendados revolucionarios es el comandante Guillermo García Frías que contaba, a mediados de los 80, con un 5% (sólo de caballos) de los 774`200 equinos censados en el país. El resto, en su mayoría "privados", eran animales de trabajo (se incluyen burros y mulos) a disposición del sector pecuario de Ramón. A pesar de que no existen datos confiables sobre el poder real de adquisición de García Frías, se sabe que controla el pie de cría y todos los rebaños de pura sangre que existen en las áreas especializadas (Escaleras de Jaruco, Cubanacán, Artemisa, y Managua). Sin embargo a estos équidos, cuyo desarrollo y cría está relacionado con su venta y exportación, habría que compararle el caso de la avicultura.

El gallinero cubano ha menguado tanto, que ya casi no existen gallinas como fuente doméstica de alimentación. Las instalaciones con fines industriales, según las fuentes del gobierno, han multiplicado la producción de huevos y carne de ave como propiedad estatal, pero ha dejado sin derecho la posibilidad en el sector privado. Si este avance productivo fuese cierto, y pese a que el gobierno publicó la suma de 113`000 toneladas de carne en 1985, (o sea 10,27 kg per cápita), ese régimen amante de las estadísticas no hubiese tenido (como lo hizo) que importar aves de Suramérica para no desnutrir totalmente a la población, pues, de las vacas de Ramón, ya se sabe, el cubano no se comía tan siquiera un pelo.

Por otra parte, la crianza de cerdos fue una de las actividades más retrasadas, (recuerden a la Simeón). La raza criolla, que era mayoritaria en el rebaño cubano antes de la matanza mencionada bajo pretexto de la fantasmagórica fiebre porcina, era sustentada con una alimentación a base de palmiche y desperdicios de alimentos, pero fue eliminada y exportada como ya he explicado. Después de privar a los campesinos de sus puercos, el Estado se hizo con el control absoluto de la producción porcina. Se distribuyeron por el país unos 146 establecimientos especializados en la cría, reproducción, pre-ceba y ceba, y a los que ahora se alimenta con unos 826,8 miles de toneladas de pienso líquido. Este dato, quiero que lo piensen, nos da una idea de lo avanzada que va esta cría en Cuba.

Los logros revolucionarios de la ganadería en su conjunto, nos hablan solamente de los resultados en la aplicación de medidas encaminadas al mejoramiento genético y los sistemas de cría, pero hasta la fecha, la genética sólo ha producido engendros aislados como "Ubre Blanca" y la explotación de una sola vaca, como todos podrán imaginar, no alcanza para servirle leche a todos los niños de Cuba. Esto quiere decir que si la población cubana (los adultos deberían también tener derecho a un vaso de leche), se tomara la leche de la vaca favorita de Castro, cada cubano alcanzaría a 0,000009 porciones de litro al día. En otras palabras, si el pueblo de Cuba depende de los avances de la ingeniería genética cubana, nuestro desayuno sería equivalente al fondo de un dedal cubierto de leche, y a una miga de pan que la absorbería totalmente dado su inmenso tamaño comparativo. Para que entonces hablar de las condiciones sanitarias, o de la infraestructura de las vaquerías cubanas si yo las viví como técnico veterinario en olfato propio.

Por su aporte como renglón exportable y por su importancia en la industria farmacéutica fundamentalmente, los productos apícolas han tenido un amplio proceso de expansión. Sin embargo, la deforestación amenaza con hacer de la palabra "expansión" algo así como "ilusión tropical en el prado de las flores". Las brigadas de apiarios que atienden las colmenas en los bosques de Santo Tomás, y sólo por citar un ejemplo, apenas se llevan sus picadas, y la búsqueda desesperada de las especies melíferas en floración es comparable al hallazgo del romerillo (*Bidens pilosa*) en el desierto del Sahara. No obstante, la tenacidad socialista y el espíritu de contingente, ayuda a mantener la imaginación obrera acorde a los rendimientos durante el año: nula. Y es lógico que así sea, pues a juzgar por lo ocurrido en todo Jagüey Grande, no hay lugar para llevar a cabo tan siquiera la trashumancia de las colmenas.

En la actividad silvícola, y aunque me extiendo más en la sección que dedico a los bosques, es de señalar el inadecuado papel de las Empresas Forestales Integrales, y esto, sin contar con la atención especial al estilo Atila que reciben las tierras desforestadas (sin repoblación y sin productividad), en los conucos para lo cual fueron devastadas. La coexistencia de cultivos asociados a las diferentes formaciones forestales, apenas garantiza la caza y la destrucción continua de los nidos de las aves en el tiempo libre de estos trabajadores agroforestales del EJT. Los recursos forestales de Cuba, según los tecnócratas de sombra, o lo que es lo mismo, los indolentes cortadores del bosque cubano, contaban con 1`500`000 hectáreas de superficie al triunfo revolucionario. Este recurso, como es sabido, le permitió a Fidel Castro esconderse de los aviones de Batista en la Sierra Maestra. Pues bien, a partir de entonces, se orientó y organizó la deforestación masiva con vistas a evitar otro alzamiento similar. Así, el Escambray fue talado y repoblado de eucaliptos (*Eucaliptus recinifera*), para que los Migs pudieran ver desde el aire a una hormiga en movimiento.

El rescate de este recurso, según lo entienden los revolucionarios, es recontar la masa forestal y sumarla a la talada, de manera que cada año, la casuarina (*Cassuarina equisetifolia*) sembradas en todo el país, los eucaliptos del Escambray, o las tecas (*Tectona grandis*) de otros rincones de la isla, arrojen cifras positivas. Tales sumas (existente+talado+sembrado) han elevado la repoblación a 2`700`000 hectáreas de superficie, incluyendo la existente en cayos, que se cuentan cada año como si fuesen nuevas. La realidad es que el 72% de los bosques que aún quedan, o sea, menos del 12 %, son inaccesibles al bulldozer de momento, y el 13% del área deforestada, unido al 15% restante que nunca tuvo bosques, no es posible de reforestar por diversas causas. Las provincias de mayor superficie deforestada desde 1959 son: Pinar del Río (para el tabaco), Oriente (para la minería y el café),

Matanzas (para los cítricos), Isla de Pinos (para hacer lápices) y Camagüey (para el turismo); siendo las de menor extracción Las Villas, y La Habana, porque ya no tienen prácticamente nada que cortar.

Las obras de riego abarcan una amplia gama, lo único negativo es que el riego, hoy por hoy, es una actividad imposible de llevar a cabo en un país sobrepoblado de presas vacías y microembalses secos. La construcción de embalses y la instalación de riego que antes de la Revolución cubrían un área de 160ʼ000 hectáreas, en 1985 aumentaron cinco veces, pero sólo si llovía. Así, y para no extenderme mucho en un tema que abordaré cuando discuta sobre el empobrecimiento de las aguas, baste decir que son los ciclones y huracanes, los que permiten que estas cifras sean contabilizadas o creíbles después que una de estas perturbaciones afecta la isla.

De cualquier forma, la caña de azúcar consume un 50% de estas aguas, y seguida por el arroz, con un 15%, estas son las áreas que mayor salinidad tienen producto de la mala planificación del sistema de riego. La transformación del drenaje natural ha permitido la intromisión del agua marina en el manto fréatico, pero si a esto añadimos que es del sistema subterráneo de donde más se extrae agua en la época de seca, llegamos a la conclusión de que la caña se está regando actualmente con agua de mar, y el arroz se inunda, de vez en cuando, con agua salobre. Pienso que esto se hará más barato a corto plazo, y espero que Fidel se de cuenta que ya no hace falta utilizar las reservas estancadas, sino meter directamente el tubo en la costa más próxima, y encender la bomba para extraer el agua y las cifras a su antojo.

La aplicación de fertilizantes se ha elevado considerablemente en los últimos decenios, recibiendo las mayores cantidades la caña de azúcar, los tubérculos y raíces, las hortalizas y otros cultivos como el plátano, el tabaco y el café. En ellos, la antigua aplicación manual ha sido sustituida desde 1959 por el empleo de máquinas y aviones. Por citar un ejemplo, los 9ʼ000 tractores existentes antes de 1959, fueron sustituidos por 68ʼ000 tractores rusos para la aplicación de fertilizantes o pesticidas químicos. Sin embargo, desde que la crisis del petróleo paralizó casi todos estos equipos motorizados, la contaminación de los suelos se ha reducido considerablemente. Esperemos que la crisis continúe por algunos años, y que a mis críticas sobre el paleolítico que hoy vive Cuba, pueda mañana agregarle un sonoro "¡vivan los bueyes!". De momento, todas aquellas áreas que históricamente se contaminaban con pesticidas desde los aviones AN-2, ahora están más o menos en reposo. Pero no cantemos victoria, pues los bosques bajos que hoy pudieran posibilitar el empleo y el uso de maquinarias o accesorios agrícolas con tracción animal, están siendo desmontados para la agricultura y turismo, en los cuales ya se ha hallado cómo resolver la aplicación de estos venenos.

Desafortunadamente, la formación de personal "calificado" en las diferentes categorías y niveles del trabajo agropecuario permite el uso de la obsoleta tecnología de manera más agresiva. Ello conduce a la transformación casi inmediata de cualquier ecosistema, o de la estructura natural de cualquier unidad silvícola. Es decir, el incremento y aplicación (son como los pesticidas) de los técnicos de nivel medio y los obreros calificados en todo el país, permite el cumplimiento de los objetivos productivos y por ende, los tecnócratas pueden encontrarse no sólo en las ciudades importantes, sino también en las zonas más intrincadas de la geografía nacional. De forma paralela, existe un sistema de estaciones, subastaciones y unidades dedicadas a emplear a estos energúmenos en la industria agropecuaria, y por ello, se hace obvio, no les será posible pasar por alto las metas establecidas en la aplicación de herbicidas, fungicidas, y otros coctelitos de ellos derivados.

Por todo lo anterior, se puede afirmar que la incorporación y el objetivo de todas estas instalaciones van modificando drásticamente el paisaje cubano, mientras que ocupan un lugar privilegiado y alarmante en todas las acciones encaminadas al uso irracional de los recursos térreos y forestales. Así, la mal llamada industria agrícola, sólo destruye los bosques para no sembrar nada en esas áreas; y la ganadería, crea nuevas extensiones para producir un pasto que difícilmente sea comido por las pocas vacas que aún quedan. El resto, esas tierras que han sido transformadas para la construcción de gallineros, plantas de cebas, pre-cebas y demás instalaciones inhabitadas, resta cada vez más espacio a una tierra que antiguamente, y en manos privadas, producía el doble en un menor número de hectáreas. Sin embargo, esto es nada si lo comparamos con la minería y el impacto que ella produce sobre nuestros suelos.

Resulta extremadamente aburrido la forma en que comienzan todos los textos estadísticos del gobierno. En cualquiera de ellos usted podrá leer siempre la misma frase: *"Antes del triunfo revolucionario de 1959..."* y luego, algo así como que todo era malo, y, *"después de 1959..."* todo bueno. Sin embargo, tanto "roba" el cántaro a la fuente..., que llegado el momento de la verdad, no les queda otra alternativa que publicar algunos datos. De ellos, es que salen entonces los mapas y finalmente, la posibilidad de darnos cuenta del desastre realizado por estos defensores del "antes" y el "después".

En palabras más claras, tanto la industria agrícola, como la ganadería y sobretodo la minería revolucionaria han acabado con nuestros suelos.

Para probarlo, baste echar un vistazo a los mapas revolucionarios de 1989, y de los que incluyo sólo un trío en el apéndice de este libro (Mapas 1-3). Téngase en cuenta que en ellos no se incluyen aquellos yacimientos que aún faltan por explotar a plena capacidad, y que hoy son los más prometedores proyectos de la minería revolucionaria. O sea, de la extracción "posterior a 1959", de productos polimetálicos de Santa Lucía en Pinar del Río, el níquel y el cobalto de Mayarí-Nicaro-Moa-Baracoa, el caolín, el cuarzo y el mármol de Isla de Pinos, la caliza, la marga y la arcilla de Gibara, Siguaney y Santiago de Cuba en Oriente, y claro está, el petróleo y el gas al norte de La Habana, Matanzas y Camagüey.

El aire

Asma por la libre: el cupón para la asfixia

> *"Incidentes como el chubasco de productos quími-*
> *cos en Illinois quizás rocen una cuestión que no*
> *sólo es científica sino moral. La cuestión es si*
> *alguna civilización puede desencadenar una*
> *guerra implacable sin destruirse a sí misma, y sin*
> *perder el derecho a llamarse civilización. "*
>
> **Rachel Carson**

En 1980, el gobierno de Cuba acusa una vez más al imperialismo yanqui de introducir enfermedades infecciosas en la isla. Entiéndase aquí, que "imperialismo yanqui" no es otra cosa que un seudónimo, y que para el caso que nos ocupa, tiene un nombre verdadero: la insalubridad urbana por causas del abandono estatal. Aclarado el término, en ese año se declara la epidemia del dengue hemorrágico, pero que surgió como consecuencia de la desatención higiénica de las ciudades por parte del Estado y su Ministerio de Salud Pública.

La ciudad de La Habana, al igual que todas las grandes ciudades del país, llevaban muchísimo tiempo llenas de basura, de desperdicios arrojados directamente en sus calles, de charcos malolientes en cada una de sus cuadras, de terrenos yermos llenos de huecos (ellos los llaman refugios) sin utilidad, de ratas que campeaban por su alimento, y de una total negligencia gubernamental y ciudadana. O sea, en ese "caldo de cultivo" propicio a todo tipo de vectores, el dengue hemorrágico no podía demorarse en aparecer, y los sesudos del gobierno tampoco podían tardar demasiado en crear su propia historia. Por ello, la culpa la tuvo el otro: el malvado imperialismo.

Entonces, jugando a los doctores y emulando con Carlos J. Finlay, pero como "salvadores revolucionarios" del presente, los especialistas del Ministerio de Salud Pública descubrieron que el agente transmisor era el mosquito (*Aedes aegypti*), y que para reducir los males, este debía ser eliminado por completo. Sin embargo, al igual que había ocurrido con los puercos y su misteriosa fiebre porcina, ahora se tomarían medidas drásticas para combatir no sólo a los insectos, sino a sus encubridores humanos como si estos fueran los marines yanquis. Por eso, aquel que escondiese en su hogar alguno de estos "alados mercenarios del imperialismo", recibiría su cuota de poción revolucionaria. Fue así que el gobierno organizó su campaña "*anti-aegypti*" con un ejército de desempleados en uniforme gris, y cuya función sería durante años invadir todas las casas del cubano para revisar, destruir, o llenar de graffiti sanitarios, todos los depósitos de agua potable.

De esta forma, en todas las ciudades de Cuba se comenzó a utilizar el spray de insecticidas para el control del antes mencionado vector. En 1980 se "tiraron" sobre nosotros todos los insecticidas que existían en los almacenes del Estado. Estos incluían el nocivo DDT, el Vapona, los Dicloruros (insecticidas clorados y fosforados de alta toxicidad en los humanos) y una amplia gama de productos inservibles contra los mosquitos, pero altamente peligrosos para la salud humana. Entonces comenzó "la primavera silenciosa cubana", y se podían ver hasta las aves momificadas en sus nidos. En mi casa por ejemplo, quedaron momificados todos los pichones de zunzún (*Chlorostilbon ricordi*) que desde años nidificaban en el jardín, pero en la ciudad y en el campo, todos los apiarios fueron totalmente destruidos, y la muerte llegó así a casi todas las formas de vida natural que antes existían. Aquellas bellas mariposas de alas anaranjadas (*Agraulis vanillae insularis*) que tanto se veían en todos los repartos habaneros, desaparecieron, y las lagartijas (*Anolis sp.*), para qué hablar.

No obstante estas desapariciones, el gobierno continuó su batalla fumigando casa por casa, y utilizando las tristemente famosas motomochilas, los equipos nebulizadores llamados LECOS, e incluso, los aviones AN-2 desde los que el insecticida fue diseminado en "grado técnico", es decir, totalmente puro. Debido a esto, los índices de contaminación aérea ascendieron considerablemente y la población asmática, según estadísticas tomadas (léase robadas) de los policlínicos, se incrementó de un 20 a un 60%. Dos años más tarde, y a pesar de que la mortalidad humana aumentaba por causas de intoxicación, el gobierno consideró que aún quedaban muchos cubanos con vida. Por ello, Castro ordenó la aplicación sobre todas las ciudades de Cuba de los llamados piretroides sintéticos (algo así como para matar a los humanos en una gigantesca cámara de gas). Productos que fueron adquiridos en la IQI (Industria Química Inglesa) al precio de 10 US por litro, y que los aviones de la aviación agrícola descargaron sobre nuestras cabezas a razón de 1`000 litros por vuelo, y de forma más o menos continua hasta 1992.

Según el entomólogo Luis Roberto Hernández, quien tuvo que trabajar durante un par de años en este asunto, mucho más fácil hubiera sido el control mecánico y de ingeniería sanitaria. Es decir, rellenar las charcas, destruir físicamente todos los depósitos inservibles, recoger la basura, o tapar y sellar adecuadamente los depósitos de agua. Pero como ya he indicado, ese no era el objetivo. Los agentes de la campaña *anti-aegypti* tenían órdenes de tirar, dentro de todos los envases de agua potable toda suerte de polvos, como si se tratase de una sesión espiritista y no de un control de insectos. Además, y emulando con los mecánicos, dejaban caer petróleo en todos los charcos, lagunas y ríos del país; un método polutivo sin dudas, pero que resultó insignificante comparado con los métodos explicados anteriormente.

Desde que la compra de los productos tóxicos pudo ser efectuada, las aguas y los alcantarillados dejaron a un lado el petróleo y se fumigaron con insecticidas puros. Lo mismo sucedió en todos los arroyos, ríos, y en consecuencia el mar. Por ello, apenas quedó forma de vida durante varios años en los ríos Almendares, Santa Ana, Quibú y Jaimanitas, de donde desaparecieron los caracoles de río (*Pomacea paludosa*) e incluso los resistentes guppys (*Lebistes reticulatus*), que antes, al menos se veían nadar entre el petróleo. En la costa que bordea el Instituto de Oceanología, cerca del reparto Náutico (llamado por algunos "el barrio de los soviéticos"), los controles semanales eran mucho más rigurosos ya que se trataba de un área habitada por los "hermanos de la madre patria". Como es lógico, ello dejó como garantía incuestionable de la eficiencia revolucionaria, miles de caballerotes (*Lutjanus griseus* y *Lutjanus cyanoptera*) y cangrejos (*Cardisoma guanhumi*) muertos a lo largo de la orilla durante un par de años.

A todo lo anterior, hay que agregar el efecto "capricho" de la alta clase comunista del país. Pongamos un ejemplo: en la esquina de 18 y 33 vivía en aquellos años la familia Roa; es decir, el ilustre viceministro de Asuntos Exteriores de Cuba, y representante del gobierno ante la ONU. Pues bien, un día llamaron "desde arriba" a un colega (al que no debo mencionar) que trabajaba en la campaña y entonces le explicaron *"que debía fumigar fuertemente toda el área alrededor de la susodicha dirección, pues habían muchas moscas y él lo había pasado por alto"*. Así, y a pesar de que este se oponía a todas las fumigaciones indiscriminadas, tuvo que presentarse en la dirección desde donde había provenido la queja. Repito, esta fue la mansión Roa, a cuya puerta salió la criada envuelta en su servil cofia para informarle del desastre que ocurría y *"que la Sra había llamado al Viceministro pues una mosca se había posado en el tete del niño"*.

Entonces, y para quien no lo sepa, muchas de las fumigaciones que tuvieron lugar en Cuba las ordenaban las señoras de los señores y a veces, hasta las criadas de estos, a modo de derecho indiscutible para garantizar el merecido *comfort* de las familias más leales. En estos casos se realizaban controles en los aledaños de sus casas, es decir en las de los vecinos, y no dentro de ellas. Por otra parte, el engaño a la población también cobró ciertos niveles de arbitrariedad. Así, la dispersión de petróleo a través de nebulizadores sólo tenía la intención de asmatizar a la población con un torrente de humo, pues el efecto real contra los mosquitos, era en vano. Hoy, cuando uno piensa en esto, y aún sin poder contar con los datos oficiales, llega a la conclusión de que la campaña *anti-aegypti* fue una verdadera farsa plagada de muy malas intenciones.

Mientras el país se contaminaba con la química que el gobierno hacía llover sobre la población, la campaña del dengue sirvió también para requisar casa por casa todo el país. Todos estos hombres que portaban un uniforme gris, y que los identificaba como agentes de la campaña *anti-aegypti*, estaban autorizados a penetrar en todas las viviendas cubanas. Pero como que contra ellos existían numerosas denuncias por robo (el trabajo se prestaba también para estas cosas), a un honesto jefe de brigada (de quien omito a petición su nombre) se le ocurrió exigir que cada cual portara una identificación personal, pues de lo contrario, los vecinos de su área se lo informarían de inmediato. Entonces, las llamadas no demoraron más de lo esperado y en cada comprobación se supo que eran agentes de la Seguridad del Estado encargados de inspeccionar algunas casas amparados por el uniforme sanitario. De esta forma, si los enemigos de la Revolución no eran exterminados con las múltiples exposiciones a la química letal, eran detectados mediante la inspección ocular sin orden oficial de registro.

Y todo entre intrigas y misterios, pues la población cubana fue tomada como prueba experimental, no sólo bajo la ducha de pesticidas, sino también con una base de alimentos que se saturó de todo tipo de sustancias tóxicas. Si pensamos en una sola pista de aviación agrícola como la de "10 de Octubre", ubicada cerca del Jíbaro en Las Villas, y vemos que esta realiza entre 20 y 60 despegues diarios con sus AN-2 cargados de veneno, es lógico pensar que los pesticidas afectaban también el arroz que nos comíamos. Cuando uno recapacita sobre esto, se puede tener una idea de los niveles de irresponsabilidad con los que el gobierno cubano aplicó (y aún aplica) estos pesticidas sobre aquellos asentamientos humanos aledaños al cultivo mencionado. Si además agregamos que estas estadísticas jamás son publicadas y que no son asequibles a nadie, entonces serán muchos menos los que crean en las buenas intenciones del gobierno. Para cumplir con el plan de vuelos Alfredo Jacomino, un piloto del Jíbaro, me explicaba que en ocasiones se llenaba el depósito del avión con diferentes productos. Es decir, de una manera negligente e irresponsable para la salud del piloto y las poblaciones cercanas, y sólo para ahorrar combustible y cumplir con el plan previsto al menor costo.

Y hay más, pues no podemos olvidar la polución por ruido que estos aparatos producían. Estamos hablando de los aviones AN-2, que son los monomotores más grandes y ruidosos que existen en el mundo. Aviones que vuelan a la altura de 2 y 4 metros sobre los cultivos, los poblados, los desgraciados banderistas, y las desafortunadas aves en nidificación. Si a un ser humano le resulta molesto excretar delante de algún observador, ¿cómo le resultará a un ave poner su huevo mientras que un inmenso y metálico pájaro de 3 toneladas le vuela sobre su cabeza con un motor de 1000 hp? ¿Qué le ocurriría a una mujer en pleno parto si escucha los 140 dB que genera este motor, o si además, le impregnan, con un líquido tan apestoso como peligroso, no sólo el alimento, sino también el cuerpo? Nadie que yo sepa, se ha preguntado esto en una oficina de la "industria" agrícola, ni en el buró de Roa, ni en la casa del ministro de Salud Pública. Nadie preguntará quién debe indemnizar a aquel piloto espirituano que se estrelló en el despegue, pero que no murió a causa del accidente, sino por la intoxicación de un coctel de pesticidas que le obligaban a tirar sobre los campos.

Sí que saben los seguidores de Ramón Castro, que el ruido de un tractor disminuye la producción de leche en una vaca, y por eso, y a falta de baterías, dejan el tractor contaminando el aire a 50 metros de las salas de ordeño. Pero lo ignoran a la hora de volar rasante sobre una casa donde una "obrera" de la agricultura amamanta a su hijo, y lo ignorarán por siempre si es un helicóptero MI-8 cargado de turistas, el que vuela sobre la canopia de los árboles destrozando los nidos de las especies endémicas de Cuba. En la Ciénaga de Zapata, antes que el piloto del helicóptero se llevara el aparato hacia Miami, estos vuelos eran rentados al turismo para mostrarles el "Plan Turquino" que introdujeron en la zona.

Además, más ruidosas y constantes que las explosiones que fueron utilizadas para derribar árboles en la zona del río Mayabeque, son estas que todavía se llevan a cabo en vuelos diarios, y sobre los bosques donde algunos creen que aún existe el carpintero real (*Campephilus principalis*). Lo lamentable aquí, es que esta contaminación acústica se hace, únicamente, para reforzar otra: la visual. Es decir, para bombardear con el periódico "Granma" la mente de nuestros pobres campesinos en aquellos recónditos parajes de Sagua-Baracoa.

La industria del humo, una polución premiada.

"Por Oreilly, por Obispo, por Obrapía, por Tenien-
te Rey, por Muralla, por Empedrado, por todas las
calles que salen de la bahía, camina la gente
buscando la frescura del mar, luego de otro día
monótono, asfixiante,... "

Reinaldo Arenas

Yo pensaba, hasta 1989, que el aire contaminado de la ciudad se lo llevaba el viento alisio. Sin embargo, una mañana en la que subí con mi colega Riberto Arencibia hasta el punto más alto del Capitolio, vi un panorama que no podía ser más negro. Desde aquel observatorio se veía por todo el centro de la ciudad, a unos cuantos metros de altura y sin sobrepasar el nivel medio de los edificios, una franja de neblina negra flotando inerte, estática. Pensé entonces que había subido un día de mucha calma, que aquel horrible espectáculo no era más que el azar, y que si subía un día de viento, este panorama no sería igual. Entonces repetí varias veces el ascenso. En días de aire fuerte, la nube era, efectivamente, más difusa, y aparecía casi imperceptible como una franja que se desplazaba desde la bahía hacia el reparto del Cerro; pero en otros, después de una llovizna nocturna y con el aire en calma, la visibilidad no sobrepasaba los 1`000 metros, por lo que apenas se podían divisar los altos edificios del Vedado.

En 1990, cuando Castro dijo que a partir de aquel momento dejaría de comprar ómnibus Ikarus, que aquellos vehículos de mala muerte contamina-ban la atmósfera, que consumían mucho petróleo, y que no eran saludables ni para la economía, ni para la población, el pueblo imbécil y revolucionario no pensó en todos los años que los había utilizado. Sin embargo, la realidad sobre el problema Ikarus podía haber sido publicada de otra forma. La desastrosa fábrica húngara de ómnibus ya no quería mantener el mercado en Cuba, y mucho menos, si no se les pagaba en dólares y al contado. O sea, era Castro quien no podía ni quería pagar por ellos, pero no porque fueran máquinas de polución perjudiciales a la población, o porque estuviera preocupado por la salud de los cubanos, sino porque las bicicletas chinas le salían ahora mucho más baratas. Cuba, durante décadas, había importado miles de Ikarus u otros tipos de vehículos sin consideraciones a la ecología, e incluso, había montado una fábrica de chasis a la que denominó "Girón" (no se confundan con los paneles prefabricados, en Cuba a muchas cosas se las nombra así) y en la que instalaban también el cancerígeno motor.

A estos discursos de apuro, el pueblo cubano reaccionó como siempre: ¡viva Fidel!, ¡viva el héroe que nos protege la respiración! Pero el cubano, como siempre, ignoró todos los factores de contaminación ambiental que sufría y que veía, pero que no escuchaba de la "protectora" y bífida lengua de su líder. El desarrollo impetuoso de las columnas de humo en la industria castrista resaltaba no sólo en los centrales azucareros, sino también en las industrias metalúrgica, mecánica, química, la de materiales de construcción (que según el gobierno, estaba entre sus más serios pilares de desarrollo industrial), y claro está, en la "industria" del transporte que, desde 1959, prácticamente existía en función de la agricultura. Ahora bien, contrario a lo que se pueda pensar, no hablo de un gran número de fábricas, sino de un reducida cantidad de tecnologías importadas desde el campo socialista y que contaminaban más que toda la industria en los alrededores de Nueva York.

Al bajo nivel de adecuación de las maquinarias instaladas, y la baja calidad tecnológica, no sólo en las ramas industriales, sino también en la agricultura, tendríamos que añadir el hecho de que cada motor en Cuba era una máquina mal explotada, una verdadera potencia productora de humo. Los Ikarus, solamente en la ciudad de La Habana, llegaron a constituir en 1984, una flota de 750 ómnibus que dejaban sus estelas de petróleo mal quemado por toda la ciudad. Estas guaguas (unas 5 o 10 según la línea urbana), con el motor constantemente acelerado, y con un promedio de 16 horas de servicio por vehículo, nos regalaban cerca de 12`000 horas diarias de dióxido de carbono, monóxido de carbono, y muchos otros gases, a cambio de un pésimo sistema de transporte. Además, a ellas se unían en la tarea de echar humo todos los autos del Estado, y la ausencia total de catalizadores que todos tenían.

Efectivamente, humo era el principal producto distribuido en Cuba desde que la isla desdeñara la tecnología norteamericana para instalar la socialista. Además, había una extrema dependencia en el comercio exterior, no sólo para reparar la casi inexistente maquinaria industrial, sino incluso para hacerla funcionar a media capacidad. Por ello, muy pronto surgieron los famosos innovadores y racionalizadores del sector industrial que, a falta de piezas de repuesto, las hacían *"Made in Cuba"*. Y no es para reírse, ni para dramatizar con la miseria, sino para denunciar cómo Fidel Castro premiaba a un innovador con un carro y una medalla por haber descubierto que el barato filtro del carburador de un camión Gaz 66 se solucionaba rellenando con estopa la toma de aire del primitivo aditamento. Tan pésima era la industria rusa importada en Cuba, y tan precario el mantenimiento, que los salideros de un depósito de combustible, por ejemplo, se sellaban con mermelada de guayaba, y allá iba otro premio al racionalizador. Yo diría al inventor, pues el cubano llegó a ser el único obrero-genio capaz de transformar el azúcar en soldadura eléctrica.

Sin embargo estas barbaridades, o exaltaban el ego de Castro, o por el contrario, provocaban su crítica más implacable. O regalaba un carro y una medalla, o recriminaba al trabajador por haber sellado el agujero con mermelada y no con melaza de caña: el producto nacional más asequible. Este sabio innovador, o despreciable imbécil, según fuese visto, podía ser acusado de derroche y entonces, ni una horripilante bicicleta china se ganaba. A cambio se le aplicaba (como mismo él había aplicado la mermelada), una amonestación pública en el medio de cualquier congreso, asamblea o reunión. Pero si a este incidente le agregamos que la susodicha confitura se conservaba con algún compuesto importado del área capitalista, eso ya era un sabotaje contrarrevolucionario y entonces, ¡a la cárcel! Estos hechos, tan cotidianos como absurdos, o tan insignificantes para el caso individual de un solo tanque de combustible, pudieran resultar un ejemplo extremista, pero si lo lleváramos al plano industrial, o a la aplicación generalizada en todas las maquinarias pesadas, ya no eran sólo los tractores los que parecían locomotoras de carbón, sino todos los ingenios, las metalúrgicas, o la fábrica de hacer medallas (como la de Alamar), las que tenían que sellarse con melaza, y... por qué no, también lubricarse con el barato y nacional producto, para hacer más dulces nuestras chimeneas.

Como en todo, lo primero que hacía Castro era destinar a cada nuevo invento un alto porcentaje del ingreso nacional. Pero como que él fue el inventor máximo, el sabio líder que logró convertir en industria a la agricultura y la ganadería, entonces, el sector agropecuario se estableció como una industria clave a la que destinó, no sólo la parte más significativa del fondo de inversiones, sino todo el tiempo, sus hermanos propios y su dedicación personal. Castro, que nadie lo dude, convirtió al campesinado cubano en obrero de la industria agropecuaria. Desde entonces, el campo se llenó de hierros viejos y retorcidos, de campos de tractores abandonados en

medio de los surcos, como si fueran sembrados de tractores, o peor, como si fueran un gracioso sustituto de las taladas arboledas. Por eso, la "industria agropecuaria" de Castro sólo logró saturar el territorio cubano de humo (cuando aún se movía), o de arados inservibles y dañinos para el terreno (cuando dejó de hacerlo), con las conocidas consecuencias para la ecología del suelo.

Como uno de los peores capítulos de la historia, y después de 30 años de Revolución, hay que decir que la economía cubana seguía siendo, en 1989, una utopía monoexportadora, monoproductora y más dependiente que nunca del azúcar. Pero además, con una tecnología industrial tan sofisticada, que no le permitía tan siquiera producir una cazuela con el hierro que extraía de su minería. En otras palabras, mientras que Cuba adquiría fábricas de baja tecnología en el extranjero para explotar y empobrecer la tierra, elevaba al máximo la polución del medio ambiente. Desde que la Revolución se hizo cargo del país, esta industria sólo produjo tornillos para los tractores importados, tuercas para los arados ya inventados, ruedas para los vagones de trenes que debían transportar la caña, tubos de hierro fundido para alejar unos pocos metros el desagüe de los centrales azucareros, válvulas de escape para dejar salir todos los hidrocarburos, compresores para expulsarlos con más fuerza lejos de las fábricas, evaporadoras de veneno industrial, y hasta tachos y centrífugas para revolverlos y mezclarlos todos juntos, antes de dejarlos libres en la atmósfera.

Entonces, y como ya he sugerido antes, la industria mecánica trabajaba a plena capacidad para la industria agrícola, pero esta última no producía viandas ni hortalizas, sino arados. O sea, en vez de hacerse una industria productora, era una entidad consumidora y para cada cañaveral (como mismo sucedió con los médicos en cada rincón del país), había una KTP 1, una KTP 2, o una KTP 120, o 250, según se bautizara el nuevo modelo revolucionario. Más claro aún, la industria agropecuaria obligó al mecánico a aprender como rajar el suelo, mientras que el campesino aprendía más de metales que de frutas. Esto, según la guía del marxismo, eliminó la división social del trabajo, porque si hacía falta un telar, este no lo producían los obreros de la mecánica, sino que se importaba completo para hacer en él la ropa del obrero agropecuario. Lo mismo en el campo de la electrónica. Si hacía falta una computadora, o un display, o un tablero alfa numérico (esta palabrita le daría pánico de competencia a la IBM), o un semiconductor, estos no se destinaban a automatizar la industria mecánica, sino que iban a parar al servicio de la contabilidad cañera, a donde llegaban los *software* ya programados para mentir sobre la producción azucarera.

Esta estrategia, a pesar de no postular ningún tipo de desarrollo industrial, elevó la contaminación gaseosa hasta niveles imposibles de imaginar. El análisis del modelo cubano y su improvisación en la industria química tiende a equipararse con la experiencia que sufrieron en contaminación los países socialistas de Europa. La industria química, que en 1958 tenía un quinto lugar en importancia nacional, subió al segundo en 1975. En lo que se refiere a esta rama, hay que destacar el crecimiento en la producción de fertilizantes y herbicidas, así como la importación de pesticidas. En Nuevitas, la industria que allí produce cemento y fertilizantes no es posible de observar desde un avión dadas las nubes de polvo que de ella se desprenden. Esto, unido a lo que ocurre en el sector minero, parecen ser algunos de los indicadores más apropiados para clasificar la industria cubana. El que haya visitado Moa en 1990, y antes que esta planta minera se paralizara parcialmente por falta de combustible, tendrá que recordar la nube de sustancias tóxicas que de ella se desprende. O sea, y para decirlo de una forma un tanto metafórica, la procesadora de níquel y cobalto "Ernesto Ché Guevara" deja más polvo en Moa, que la nube de problemas que el boludo idealista tuvo antes de salir de Cuba.

A todo lo anterior, hay algo a lo que no podemos quitarle peso. La industria cubana, obligada a trabajar al menor costo posible, envenenó criminalmente el aire y con ello la salud del cubano, pues llegó a producir más asma que medicinas para buscar alivio. La aplicación de herbicidas y pesticidas en las arroceras de Amarillas (al este de la Laguna del Tesoro), fue lo que envenenó las aguas de la Ciénaga de Zapata, y una de las razones por la cual la población de Soplillar sufría de constantes diarreas desde que se fumigaba en ella. Esto mismo fue lo que acabó con las poblaciones de aves acuáticas en la laguna de Los Palos, en Alonso de Rojas, y, aunque el gobierno no lo quiera reconocer, esto también es lo que ha hecho tan corta la vida de los pilotos agrícolas durante la "revolución industrial" de Castro. O sea, la industria química a favor de la agrícola, y esta, en contra de la salud, el equilibrio de los ecosistemas, y toda forma viviente que dentro de ellos habitara.

Para colmo, y de manera análoga a como mencioné la contaminación acústica en el acápite anterior, debiéramos hablar de la polución visual, pues esta, contrario a lo que pueda pensarse, no sólo se limita a envenenar el medio con periódicos como el "Granma". La primera responsable de este tipo de afectación ambiental es la industria de las pancartas (poligráfica). O sea, el Departamento de Orientación Revolucionaria (DOR) que, emulando con los adolescentes amantes del graffiti, ha llenado la geografía nacional de angulares herrumbrosos con letreros sin sentido. Vallas que, al no anunciar nada, no producen más que irritación. Creer que un anuncio revolucionario tiene sentido, es como creer que el cubano tiene la opción de consumirlo. Pero estos letreros, como mismo sucede con la Revolución, hay que tragarlos a la fuerza y no sólo sentirlos, sino verlos en cualquier sitio.

Compitiendo con esta industria de pancartas hay otra que ha venido a reforzarla. Se trata de las gigantescas refinerías construidas para no refinar nada (como la de Cienfuegos), o de los escalofriantes y desérticos frigoríficos (como los de las afueras de La Habana), que no funcionan, porque nada tienen que enfriar. Es decir, el espacio cubano se ha llenado de construcciones sin utilidad; de todas esas plantas de ceba y pre-ceba, y de todos esos gallineros y vaquerías que el gobierno anuncia como logros en sus estadísticas, pero que no tienen nada adentro, que no generan empleo y mucho menos, bienes de consumo. Peor que los graffiti, estos improductivos centros sólo producen ira, molestias, e indignación. Mientras que el cubano medio no tiene un techo apropiado donde vivir, observar tanto cemento malgastado afecta la vista y acaba con todos los deseos productivos del trabajador.

Tomando en cuenta el "desarrollo industrial" anunciado por el gobierno para las ciudades más importantes del país, así como el deterioro observado en ellas en los últimos tres decenios, pudiéramos decir que la contaminación ambiental afecta, en orden decreciente a la Ciudad de La Habana, luego le siguen Matanzas, Santa Clara, Santiago de Cuba, Holguín, Cienfuegos, Camagüey, Ciego de Avila, Bayamo, Pinar del Río, Sancti Spiritus, Guantánamo, Gerona y Victoria de las Tunas. El desesperado incremento de médicos y enfermeras que el gobierno ha graduado en todos estos años, guarda una estrecha relación con el problema que atañe directamente a la salud humana. Sin embargo, el moderno nivel de equipamiento de la industria médica, no es análogo con la energía que lo hace funcionar. Por otra parte, con tanto sol para explotar en Cuba, todos esos aparatejos consumen todavía la energía del petróleo. Esto nos da una idea de lo que significa tener un millón de médicos sin aspirinas, o de lo útil que puede resultar para un paciente el "Somatón" sin electricidad. En resumen, en aquellas esferas en las que la tecnología ha llegado a la vanguardia, esta no funciona, pues está en manos de un centenar de cromañones con ideas castrolíticas.

Finalmente, la más nefasta de las inversiones que pueden afectar y contaminar al aire en Cuba, jamás será visible desde aquella atalaya en el Capitolio. Se trata de una industria que afectaría a toda la región del Caribe si se pone en marcha con la tecnología concebida. El gobierno nos la anuncia así: *"el país inicia un conjunto de inversiones sin precedentes por su complejidad tecnológica, como la planta electronuclear de Cienfuegos"*. Efectivamente, así de rápido y escueto, el régimen nos amenaza ahora con la mayor irresponsabilidad inversionista de las que hasta la fecha haya realizado. Pero aclaro, que mi alerta no se debe solamente a la complejidad tecnológica que una central nuclear implica, sino al pánico que todos debiéramos tener de nuestros racionalizadores. No estoy hablando de un depósito de gasolina, sino de reactores y de una radioactividad imposible de controlar con el mayor chorro de mermelada que el cubano innovador pueda vertir entre sus grietas. De momento, parece necesario dejar el tema para una sección aparte, pues aquí restaría importancia a todo lo anterior. Además, sus efectos pudieran ser tan devastadores, que necesito una pausa, una inhalación profunda, antes de asfixiarme con el tema.

Jugando al quimbe con los átomos

"Havana (AFP) Fidel Castro Diaz-Balart, fils du président cubain Fidel Castro, a été démis de ses fonctions de secrétaire exécutif pour les affaires nucléaires de la Commission de l´énergie atomique de Cuba (CEAC), a annoncé hier le quotidien du Parti communiste cubain, Granma. "

Agence France Press

Si bien es cierto que la polución del aire en Cuba tomaba niveles tan nocivos como los de cualquier país industrializado, también es necesario decir que todas aquellas acciones degradativas podían ser catalogadas como algo ínfimo al comparlas con las amenazas nucleares a la que Castro sometió al pueblo. Sumándose a las grandes potencias que atemorizaban al mundo con el peligro de los desastres atómicos y sus escapes radioactivos, el dictador cubano quería ahora jugar al quimbe (en Cuba, quimbe es la forma en que los niños disparan las canicas de vidrio para hacerlas chocar mientras juegan) con los átomos. Por eso, podemos afirmar que desde que la crisis de los misiles rusos comenzó en aquel fatídico octubre de 1962, la pesadilla del peligro nuclear no ha cesado aún para nosotros.

Habría que decir que, entre 1962 y 1975, apenas hubo una pausa en la que el principal responsable de aquel conflicto sólo estuvo a la búsqueda de un nuevo modo de asustar. Pero entonces, sin que Castro cambiara su deseo de hacerse peligroso, transformó la forma de las armas con las cuales todos le cogieran miedo. De esta manera, aquella amenaza que los misiles representaron antaño para el mundo, fue sustituida 13 años después por la construcción de una central termonuclear que, sin tener el mismo uso, resultaba igualmente aterradora. El desaire que Kruchev dispensara a Fidel a principios de los 60 (dejándolo sin voz ni voto durante aquel conflicto), se lo enmendaron luego en la década del 70. Castro, cuyo único interés fue siempre el de preocupar a los norteamericanos, sabía que optar por una termonuclear de tecnología rusa era como tener en ristre un misil atómico sin rampa de lanzamiento ni sistema de dirección.

Siete años después de haberse ideado aquel proyecto, comenzó a construirse a unos escasos kilómetros de la ciudad de Cienfuegos, la monstruosa central nuclear de Juraguá. Sin embargo, el sitio escogido está tan cerca del cuarto centro demográfico de Cuba, que no quedaban dudas de que el factor de afectación humana en caso de accidente siempre fue ignorado. Cuando visité el lugar en enero de 1992, ya casi se había concluido la segunda de las cuatro bóvedas planificadas para meter en ellas a sus reactores nucleares. Pero en aquel entonces, ya los norteamericanos conocían del proyecto y, desde que mostraron su preocupación por él, Juraguá se convirtió en una obra de extrema prioridad. No obstante, lo increíble era que después del sepelio del CAME (Consejo de Ayuda Mutua Económica), entre 1989 y 1990, el proyecto continuara sin obstáculos.

En septiembre de 1990, Fidel Castro inauguró solemnemente el "Período Especial", o lo que es lo mismo, la crisis general de la economía cubana. Fue en aquel discurso de terribles declaraciones que el dictador mencionó por primera vez el nombre de Juraguá, la central que el cubano desconocía, pero que venía gestándose desde hacía 15 años. Tan incierto era el futuro que se avecinaba para el régimen, que desde entonces Juraguá le sirvió a Castro como un bálsamo encantado, o como una grata sorpresa para llevar un poco de luz al sombrío rostro de sus raquíticos y fieles oyentes. En aquel entonces dijo: *"hasta un 20% de la energía eléctrica que la isla consume podrá producirse en este centro"*. Frase que luego se repitió sin cesar por los recién autorizados periodistas del patio, y hasta por algún que otro tarado reportero de visita (Orozco, 1993). Sin embargo, si sus intenciones fueran buenas, ¿cómo explicarnos que tuviese el proyecto energético en el más absoluto secreto?; ¿cómo dejar de creer que Castro en los 80, era diferente al de las décadas anteriores? ¿Cómo pensar que sólo quería electricidad, y no el holocausto de la humanidad, si su capricho político seguía siendo el de jugar al "Coco"?

Como era de esperarse, a la euforia de la prensa nacional se unió el pánico de los científicos cubanos. Pero la total censura, y las acostumbradas represalias que normalmente aplicaban contra aquellos que discutían las ideas del criollo Belcebú, los obligó a tragarse la opinión y a reforzar con el silencio su seguridad. Así, la oposición se limitó a parafrasear con sarcasmo a Eduardo Galeano (el burgués uruguayo que se hace pasar por el vocero de los pobres), y entre la burla y el lamento, nuestro pueblo se preguntaba: ¿para qué queremos electricidad, si no hay nada que enfriar en la nevera?

Por otra parte, desde mucho tiempo atrás, Cuba sólo contaba con programas de afectaciones en la red eléctrica, pero no con planes de servicio, por ende, cuando alguien se atrevía a tocar el tema de los problemas energéticos, lo hacía con frases como esta: *"dicho programa de apagones permitirá garantizar el fluido eléctrico en los hospitales, acueductos, y la producción destinada a la exportación."* (Alfonso, 1993). O sea, a lo máximo que podíamos aspirar entre un apagón y el otro, era a hervir el agua que llegaba contaminada, pero no del acueducto, sino a través de insistentes pedidos y en camiones cisterna.

No obstante el desastre energético-económico, Castro, con todos los derechos reservados, había decidido utilizar 2`000 millones de dólares en Juraguá sin someter el gasto a una consulta popular, y por ello, cada uno de esos dólares podían representar una vida de menos si Juraguá se tornaba un nuevo Tchernobyl. O sea, si Juraguá estallaba un día, lo que no es difícil de pronosticar dada la tecnología que empleaba, la radioactividad, barrida por los predominantes vientos del noreste, afectaría a Cuba y a las tierras Centro y Suramericanas. Desde el sur de México a Venezuela, muchos serían los pueblos desolados, y a los niños de Tchernobyl en Cuba, habría que sumar muchos latinoamericanos con idénticos traumas. Por otra parte, si el desastre tuviese lugar en la época de "cuaresma" (abril-mayo), o en la temporada ciclónica (septiembre-octubre), los afectados estarían en Florida y en el sureste de los Estados Unidos.

Tanto en lo político como en lo económico, el silencio activa siempre las sospechas; sobretodo, cuando obras de este tipo tratan de ser terminadas a pesar de la crisis sin precedentes por la que atraviesa el país. Luego, estas sospechas se incrementan cuando se conoce que Fidel Castro Díaz-Balart, presidente del Programa de Energía Nuclear, fue cesado en su cargo debido a "discrepancias técnicas" con el sabiondo de su padre; que todos los especialistas rusos se marcharon de Cuba negados a trabajar por un salario en rublos; y que más de 5`000 cubanos se han quedado sin empleo, pero en el más absoluto silencio y como el peor ejemplo de la historia cubana de despidos. Finalmente, las sospechas se confirman cuando Castro va a la Cumbre de Río de Janeiro, y mientras dedica su discurso a criticar a otros países, oculta con sus omisiones voluntarias el tema sobre Juraguá. Sospechoso repito, pues Castro, capaz de atolondrar cualquier cerebro con tantas cifras como días lleva en el poder, apenas habló unos 45 minutos en los que excluyó a la central nuclear, al poroso substrato de rocas calizas sobre el que la construye, y las deficiencias de enfriamiento que tendrá ya antes de entrar en producción (Marín, 1996; Gaffney y Robinson, 1997), si es que entra.

En 1994, cuando yo comenzaba a activar una campaña contra Juraguá (Wotzkow y Petschen, 1994), Carlos Alberto Montaner me dijo por teléfono *"que no hacía falta gastar cartuchos en ello, que Fidel no contaba con el dinero para concluirla, y que la central se estaba destruyendo sola y sin posibilidades de mantener lo que hasta la fecha se había hecho."* En aquel entonces mi entusiasmo y optimismo por esas opiniones me indujeron a paralizar la acción. Sin embargo, 3 años después, las evidencias demuestran que mi ilustre amigo estaba en un error, que Castro jamás detendría un proyecto que diera miedo a los norteamericanos y mucho menos, si el exilio se cruzaba de brazos confiando en sus limitaciones económicas. ¿Estaría Castro pensando en archivar el proyecto de Juraguá por falta del apoyo financiero?, o, ¿querría su testarudez hacer girar los reactores con tracción animal?

La respuesta es, desafortunadamente, negativa. Creer que las razones económicas son un verdadero problema para el régimen cubano, ha sido el error más repetido de los políticos en el exilio. Los ejemplos de la guerra de Angola y muchas otras desventuras internacionalistas, demuestran que Castro no se detendrá jamás por la vanalidad de un presupuesto. En 1994, la prensa europea demostró que lo que yo temía es cierto. Haciendo burla del bloqueo, Fidel encontró por fin varios inversores dispuestos a terminar su maquillada bomba atómica, y a pesar de los problemas económicos, aceptó también pagar el precio que le exigían para reciclar la tecnología prehistórica con la cual la habían comenzado. Es decir, Juraguá costaría ahora, mucho más de lo "planificado" y casi tanto como por hacerla nueva.

Como que todo desatino económico está fuera de lugar en Cuba, y mucho más en estos tiempos, es que pienso que el proyecto Juraguá carece de buenas intenciones. En otras palabras, dudo de la energía eléctrica que se intenta producir allí, y mucho más, si uno tiene en cuenta esas palabras que hacen de Cuba una propuesta de Numancia, y de Castro, un temible Publio Cornelio Escipión Emiliano que, después de asediarnos por más de 38 años, ahora parece dispuesto a destrozarnos en apenas unos meses. Si Juraguá se continúa construyendo, como lo demuestran las fotos que recientemente he recibido, y se termina bajo el régimen castrista, de seguro que ello constituirá un hecho peligroso para el área del Caribe. Nadie con dos dedos de frente debiera confiar en ese patán, y mucho menos, en la mala preparación técnica del grupo de ingenieros encargados de su construcción.

Si se buscan alternativas energéticas para Cuba, y alguna de ellas incluye la nuclear, estas debieran tener en cuenta en primer lugar, la ausencia de Fidel Castro en el poder. A falta de esta premisa, debiéramos pensar en la seguridad de la población, el medio ambiente, y la confiabilidad tecnológica. Es decir, en el caso concreto de Cuba y gobernada por un loco, sería mucho más adecuado pensar en la energía solar (absolutamente desaprovechada), o en cualquier otra alternativa, como la energía heólica para que nos den luz y también seguridad. La energía nuclear ha demostrado tener miles de problemas desde su puesta en práctica hasta su erradicación. La experiencia europea nos revela cada día la responsabilidad que implica deshacerse de los desechos radioactivos, y lo difícil que resulta almacenarlos sin perjuicio para la salud humana.

El ejemplo de Tchernobyl nos ha demostrado cuan testarudo puede ser un gobierno a la hora de cerrar una termonuclear dañada. Si esto ocurriera en Cuba y Juraguá fuera el Tchernobyl de Castro, aún estaría irradiando muerte en todas direcciones, pues el dictador hubiera reclamado a los Estados Unidos la rendición incondicional, y el cambio político al socialismo, a cambio de sellar las averías. Ante los desastres ecológicos que trajo la llamada "Guerra del Golfo", Antonio Gala escribió: *"Entre un loco, unos cuantos tontos y una recua de burros nos están machacando el planeta..."* (Gala, 1991); y en efecto, esa frase llena de razón hoy mantiene su vigencia, aunque ya no sólo para el Golfo Pérsico, sino también para el Golfo de México, en cuyo centro se encuentra Cuba, con el mismo imbécil de la crisis de los misiles jugando ahora al "quimbe" con los átomos.

Las aguas

Las costas, el martirio del contorno.

"...como por arte de magia vemos salir del propio arrecife vendajes, algodón, latas, heces fecales y todo lo que constituye el desecho humano y social..."

Raúl Gómez de Molina

Está claro que si Fidel Castro gobernara en el lado sur del Río Grande, los problemas de los norteamericanos serían otros. Primero, ya no quedaría súbdito cubano que no se hubiese mojado allí la espalda, y segundo, los que trataran de huir del régimen en estos años, tendrían que ascender seguramente, las inmensas montañas de basura que el dictador habría tirado al otro lado de la cerca para perjuicio del país vecino. Y es que Castro, a los efectos de la higiene y los cálculos económicos, es un amante de lo barato, lo grotesco, y todo aquello que, en relación al ambiente, lo haga sentirse el más burdo simplista del Caribe.

En 1991, durante una conferencia en Roma, la Asociación Medio Ambiental Cubana (AMAC), tuvo la oportunidad de expresarse contra el uso anárquico del paisaje costero del litoral norte de La Habana (Gómez, 1991), pero hay que decir que se quedaron cortos, y que aquella crítica, aunque acertada en muchos sentidos, estaba más centrada hacia los problemas del humano, que hacia el medio natural. En las palabras del propio Gómez, su denuncia se basaba en *"un viaje pseudoturístico"*, o lo que es lo mismo, una denuncia sobre ecología urbana.

Las palabras que he escogido para comenzar este texto, hablan del conglomerado urbanístico que existe en los alrededores de Santa Cruz del Norte (la tristemente célebre "zona de desarrollo socio-industrial"), donde el gobierno amontonó, al estilo de Alamar, más de un centenar de edificios relacionándolos a un hospital. Pero aclaro, ello no se trataba de una aglomeración vinculada a la atención médica, sino de la barbarie séptica de conectar los albañales del hospital con los del asentamiento y así, economizar en un sólo sistema colector, el desagüe de todos los desechos hacia el mar. Sin embargo, lo reitero, las alarmantes denuncias de Gómez sobre el derrame del crudo se quedaron pálidas con relación a lo que en esa área hacía falta delatar. Máxime, si las confrontamos con los 5`700 kilómetros de costa con que cuenta la isla, y en las cuales, son miles los pozos de petróleo, los desagües y las industrias que hacen lo mismo cada hora.

Pero volvamos a esos 200 kilómetros que Gómez recorrió de una playa a otra, y veamos lo que en ellas el buen cubano se olvidó mencionar. Detrás de la línea de manglares (*Rhizophora mangle*) y uva caletas (*Coccoloba uvifera*) que antiguamente existía en toda la zona, había también una manigua baja a la que los botánicos en la época de los 50 prestaban una gran atención. O sea, allí había un caso de endemismo botánico que bien valía la pena resaltar. Era la llamada manigua de Cojímar y donde se encontraban especies únicas de esta formación pantropical. Es decir, este era un caso típico de la evolución de la flora por aislamiento en el que las raras especies de la vegetación tuvieron que adaptarse al clima y al ambiente salino sobre un suelo calcáreo (Alaín, 1953). Después de 1959, por culpa de todas estas transformaciones que Gómez ha explicado, pero en dirección oeste, también desaparecieron las más bellas localidades de este "bosque" y con ellas, dejaron de existir más de 120 especies de mirtáceas y rubiáceas que antiguamente se encontraban en las Playitas del Morrillo, la finca Toscano, y toda la manigua costera desde Mariel hasta Matanzas.

Ahora bien, el verdadero desastre de las costas cubanas hay que buscarlo y denunciarlo a la redonda, desde el Cabo de San Antonio a la Punta de Maisí, ya sea por el litoral norte o por el sur. Por ejemplo, y refiriéndome al mismo tipo de manigua, la creación de nuevos asentamientos destruyó la vegetación endémica de los alrededores de Casilda, la manigua cercana a Puerto Padre y Gibara, la de Maisí, e incluso la que crecía en los farallones calizos de Cabo Cruz y que era la más interesante de Cuba. Paralelamente, la Revolución y su búsqueda de petróleo envenenó los suelos y el manto freático de la Península de Guanahacabibes y el fondo marino de la plataforma insular al sur del Archipiélago Sabana-Camagüey. Además, en cualquier rincón de Cuba y en cualquier garaje público o privado (léase clandestino), se vertían crudos en el suelo. Los mecánicos cubanos ya sabían leer y escribir, pero se lavaban desde hacía 38 años las manos con gasolina y la arrojaban en las hierbas aledañas al taller. Este simple detalle, al ser multiplicado por todos los talleres y centros de reparación automotriz, devino un caudal inimaginable de combustible que penetraba el subsuelo, que pasaba al manto freático, y que nos llegaba a los hogares por las tuberías para el consumo familiar.

Desde 1979 hasta 1982, hice unos 72 viajes a Cayo Largo del Sur. Prácticamente viví allí mientras participaba en investigaciones sobre la iguana (*Cyclura nubila*) y algunas observaciones sobre las rapaces de la zona. Durante estos años, Cayo Largo estuvo sometido a la tala de la palma de yuraguano (*Thrinax radiata*). Los viveros de la provincia de la Habana encargaban a los pescadores de Batabanó esta especie endémica para enroscar en su tronco los filodendros y otras plantas ornamentales. La destrucción de las costas del cayo, un lugar relativamente inaccesible a la población humana, mostraba la más cruda versión de los efectos antrópicos en su fase más primitiva de explotación, lo que se traduce como la tala de los bosques nativos del litoral para el beneficio de un jardín. Mientras el bulldozer desbrozaba los manglares para crear unos cientos de metros de playa, los barcos de Batabanó, sin mucho que pescar, iban y venían convertidos en transporte forestal, pero no sólo en Cayo Largo, sino en todos los cayos de los Canarreos, y quién sabe en los otros grupos insulares del archipiélago cubano.

El que visitara en 1979 el norte de Cayo Largo, frente por frente al cayito de Los Pájaros, se tenía que asomar al mar encaramado en las raíces de los mangles, pero quien visitara hoy esa área, rebautizada como "El muelle Lenin", verá un mar bajo y cenagoso, lleno de trocos de mangle rojo amputados y con un muelle de madera enclenque que sale mar afuera para permitir el arribo de los barcos de ferrocemento y la actividad forestal. Valga decir que esta área estaba llena de zunzunes (*Chlorostilbon ricordi*) y canarios de manglar (*Dendroica petechia gundlachi*), y que había que andarse con cuidado por causa de los numerosos cocodrilos (*Crocodylus acutus*) que existían, pero después que las aves perdieron su habitat, y que los reptiles pasaran a constituir la caza predilecta de Rubén Torres, el ecosistema costero de este cayo dejó de ser lo que había sido antes de 1959.

Durante el gobierno de Fulgencio Batista, en Cayo Largo del Sur se habían empezado a construir varios bungalows y un pequeño hotel de 60 habitaciones, pero en aquel tiempo, parece que el gobierno contaba con mejores asesores en la construcción, pues estas inversiones no habían afectado la costa y el hotel se había construido sobre un promontorio descampado frente a una playa natural. Sin embargo, después del triunfo de la Revolución, aquel antiguo hotel llamado "Cocodrilo" se convirtió en una prisión militar donde los presos debían repoblar el cayo con casuarinas (*Cassuarina equisetifolia*), mientras que el caserío de arquitectura colonial construido hacia el oeste, albergó desde entonces una unidad de guardafronteras. No tengo entonces que decir qué fue de este paraíso en el cual uno de sus presos más arrepentidos, Rubén Torres, deviniera luego su cacique local y guía turístico personal de Fidel Castro, su anterior verdugo.

Si esto es lo que sucedía en los bosques de manglar de un islote a 20 millas náuticas de la tierra firme, quién pudiera asegurar que los bosques costeros de Cuba mantenían invariables su áreas de distribución. Otro ejemplo es Cayo Coco, donde no sólo se destruyó el bosque del litoral, sino el excepcional bosque semicaducifolio del interior, y que nos da una idea aproximada de lo que ocurrió durante tres décadas a los bosques que el colonialismo y la época republicana dejaron casi intactos. Sin embargo, el problema que nos ocupa no es el bosque litoral, sino las consecuencias que su destrucción trajo para la ecología de las aguas que rápidamente comenzaron a tragarse el terreno.

Al sur de La Habana, y en el municipio Mayabeque por ejemplo, el llamado Dique Sur hizo sus estragos, las aguas del mar penetraron en la tierra antiguamente protegida por una franja de mangle, y ello destrozó el equilibrio ecológico de estas zonas bajas. Desde un avión, volando al sur de San Nicolás de Bari, era perfectamente visible todo el daño. Mayabeque perdió sus manglares con el dique antes mencionado, y por falta de ellos, las tierras fértiles de la Habana se escurrían en forma de sedimentos hacia el Caribe. La Ensenada de la Broa tenía una amplia zona de aguas carmelitas que delataban la pérdida de esas tierras por la erosión. En otras palabras, el mar ya no era de ese color verdeazul que tantas veces disfruté cuando niño, y mucho menos en aquel riachuelo de aguas transparentes que salía por la playa del Cajío. Luego, con la canalización del Hatiguanico todo desapareció y claro está, si yo nací después del triunfo de la Revolución y pude verlo, aquel bello rincón no lo destruyó Colón.

A todos los efectos de la contaminación costera que Gómez denunció para las zonas urbanas o aledañas a La Habana y Matanzas, habría que añadir los causados en el mar que baña a la ciudad de Moa, o los basureros flotantes que la corriente marina traslada mucho más allá de ese núcleo polutivo. Habría que hablar entonces de la Bahía de Nipe, quizás la segunda más contaminada de Oriente por el efecto de la corriente marina que transporta los herbicidas, pesticidas y fertilizantes que vierte al mar, y a más de 50 km al oeste, la planta de Nuevitas. Habría que irnos a zonas mucho menos antropizadas para inferir luego lo que ocurre en las pobladas. Tendríamos que hablar de la bahía de Cabañas, una bahía en la que se introdujo el ostión (*Crassostrea virginica*) desde la laguna de Guanaroca

(Soroa y Pérez, 1980), para criarlo en ella con fines comerciales, pero que se ha convertido en un lago putrefacto después que la hicieran un cementerio de supertanqueros a los que el mar carcomió y limpió. En fin, que tendríamos que bojear a Cuba para darnos cuenta que cada sistema revolucionario de aguas albañales apenas requiere la cantidad exacta de tubos que los lleve hasta la orilla.

Las costas de Cuba son el vertedero de la basura revolucionaria y su limpieza, es algo que Fidel encarga al mar. En vez de un bello caracol, todo lo que usted encontrará en nuestras playas es peligro. Desde el clásico mojón flotante que todos conocen en Guanabo, hasta el sangriento y purulento vendaje del cual Gómez nos alerta. Pero además, en nuestras costas bajas abundan ocultos en el mar los restos metálicos de cualquier maquinaria rusa que estorbaba en una orilla, hierros traicioneros entre los que se puede perecer ahogado, si no se muere antes del viandazo. La abundancia de peces que las caracterizaban desaparecieron por la sobreexplotación para producir con ellos piensos animales. La arena fue robada por el público para hacer sus techos de hormigón, y la sombra protectora que ofrecían las uvas caletas desaparecieron consumidas por el fuego. Desde que la Revolución construyó los hospitales en el litoral norte de La Habana, estos centros se han especializado en arrojar al mar sus enfermedades para que las olas las dispersen, y para que sean transmitidas más allá del sitio donde se generan.

Las costas cubanas, y contra la ecología del litoral, sufren las consecuencias de un público extremadamente indolente. Gente que acude al mar para extraerle todo lo que pueda, y gente que va para dejar en él todo lo que ya no le interesa guardar en el patio de su casa. Así, se encontrarán depósitos de automóviles viejos y chatarra de diversa índole, latas, planchas o pedazos de aluminio de difícil destrucción, restos de las precarias balsas naufragadas antes de emprender la huida, hogueras con carburantes plásticos sin apagar del todo, ruedas de caucho humeantes como repelente para los insectos, ladrillos o ruinas de las antiguas instalaciones que han quedado abandonadas, restos de embarcaciones estatales insalvables por la apatía gubernamental, papeles en cantidades tan asombrosas que de reciclarse, ahorrarían cuantiosas inversiones, desperdicios de comida con su correspondiente fauna asociada y sobretodo, como nunca antes, usted podrá encontrar a muchos turistas españoles, esa despreciable fauna del Mediterráneo con poder adquisitivo, y que ha hecho de las playas españolas (Delta del Hebro, por ejemplo) un hediondo sitio donde se enferman los demás.

Ahora, desde que las playas dejaron de ser propiedad exclusiva del estado cubano y han sido compradas por la corporación Sol Meliá, y otras compañías destructoras de la ecología tropical, lo que usted más encontrará en una costa cubana son gerentes como Hermenegildo Altozano, Lorenzo Higuera, o Antonio Fernández Casado. O sea, los tradicionales destructores coloniales (extratemporales) que nos dejan cubierta la arena de condones, de vidrios que garantizan la amputación de un dedo, o de embriagados extranjeros que lejos de disfrutar del mar, vienen a prostituir en él no sólo a los cubanos, sino la belleza de sus playas. Finalmente, hay que decir que el martirio de las costas ya no corre a cargo sólo de Fidel Castro. Desde hace algunos meses, este desastre ecológico está apoyado por sus dos ministros antiecologistas. En la nueva "madre patria" Fidel cuenta ahora con Abel Matutes, mientras que entre las filas del exilio, utiliza a su nuevo embajador anti-bloqueo, el ex-prisionero y español a conveniencia, Eloy Gutiérrez Menoyo.

Alcantarillados a cielo abierto: los ríos.

"Hay naturalezas que necesitan tener a quien odiar"

José Martí

Después de los dos puntos en el título, me siento obligado a aclarar sobre lo que escribo, pues si el lector fuese un turista recién llegado de Cuba, o un habitante de la ciudad de La Habana, de seguro creerían que hablo de las calles de esa urbe. Y en efecto, muchas calles de La Habana hoy no son más que alcantarillados por los que transitan las personas entre aguas putrefactas de albañales y desperdicios de cocina. Desgraciadamente esto no me lo ha contado nadie, sino que basta encender la televisión aquí en Suiza, y verlo entonces con los propios ojos. La Habana es un desastre anti-higiénico y de aquellas fotos de los años 50 que mis padres me enseñaran, ya no queda ni el recuerdo. Crecí en esa ciudad y por tanto la conozco, pero tengo que reconocer que, a casi seis años de haber salido de Cuba, La Habana es hoy otra. Peor que las favelas de Río de Janeiro, La Habana se ha convertido en un teatro surrealista en donde las ratas juegan el roll principal; destruida como en una guerra, y sin atención por parte de nadie, la capital de Cuba da lástima.

Pero bien, como decía, voy a hablar de los ríos cubanos. Pero entonces tengo que aclarar nuevamente, que hablo de esas masas de agua que aún se desplazan por su cuenca original y que, desafortunadamente, ya no desembocan muchas de ellas en el mar, sino en una presa del gobierno. Lo primero que tengo que decir de los ríos es que todos están contaminados, pero describir su contaminación en sentido general no resulta fácil. Nadie se ocupa de ello y por añadidura, el Estado lo prohíbe. Durante toda la década del 80 me vi obligado a buscar en los alrededores de los ríos de Cuba las especies que estudiaba, y aunque no los visité todos, pues era evidente que en algunos ya no las encontraría, sí lo hice en su inmensa mayoría. Otra conclusión a la que llegué en tales viajes de investigación (después de haber comprobado que estaban muertos por factores polutivos), fue que apenas tenían bosques de galería. Los ríos cubanos corrían generalmente a lo largo

125

de cultivos, fábricas, farallones desnudos, o áreas simidesérticas. Así, y para ayudar ahora a mi memoria, voy a nombrar aquellos que, desde Oriente a Pinar del Río, facilitan una explicación más racional sobre esta problemática cubana.

El Jaguaní, ubicado en el grupo montañoso de Sagua-Baracoa, es quizás el río más limpio de Cuba. Cuando lo visité la primera vez se me mostraba todo un paraíso, pero cuando lo hice la segunda, inmediatamente me percaté de las terribles transformaciones que sufría entre un año y otro. Al igual que el río Toa, ubicado casi paralelo en el mismo complejo montañoso, el Jaguaní recibía todo el desperdicio de los asentamientos humanos al inicio de su curso, pero además, la polución que provocaba la minería, el lavado de los equipos y la extracción del propio mineral. En uno de sus afluentes cercanos al nacimiento, el Jaraguá, la explotación de sulfatos de cromo, era uno de sus principales males, pero en 1990, cuando Raúl Castro visitó la zona en busca de la madera de un gigantesco cedro (*Cedrela adorata*) para su mesa de trabajo, ordenó llevar a cabo allí también el Plan Turquino. La Melba, el asentamiento principal, al parecer del lider, estaba muy lejos de los centros urbanos como para que el gobierno tuviera la obligación de responsabilizarse con el suministro de alimentos a su población.

Fue entonces que llegaron las vacas a una zona que tradicionalmente se alimentaba con carne de cerdo, pero que ahora necesitaría de la leche por los motivos de abandono que Raúl Castro había anunciado. Sin embargo, mucho más grave que la introducción de los ungulados en esta "Reserva de la Biosfera" lo constituyó la siembra de hortalizas. Obligados a tener que producir todo lo que les permitiera un autoconsumo de supervivencia, comenzaron a talarse los magníficos bosques pluvisilvas para la siembra de malanga. Ahora bien, el problema real de esta agricultura improvisada en las laderas de entre 30 y 40 grados de pendiente, no era sólo el efecto migratorio al que la erosión la condenaba, sino que influía radicalmente en el equilibrio ecológico de toda la región al destruir con ella el río.

En 1991, el Jaguaní, al igual que el Toa, ya habían perdido el 70% de su encanto. La contaminación minera, y los desprendimientos de tierra a causa de la agricultura los habían convertido en corrientes (cada vez más frecuente) de aguas turbias. Por si fuera poco, la polución se observaba en la fauna de moluscos, donde ya era imposible observar una sola neritina (*Neritina ssp.*) que no hubiese perdido el ápice superior en la estructura de su concha. Más aún, en enero de 1992, tanto el vaso del río como sus pozas naturales, estaban llenas de árboles sumergidos, pues aquellos que no fueran aprovechables por el vecindario de la Melba, tan sólo eran dejados en las aguas para que las crecidas los sacaran de su vista.

Alguien dijo a principios de este siglo, que el Cauto era el río más caudaloso de Cuba. Entonces era cierto. Sin embargo, Núñez Jiménez lo continúa repitiendo y aquí, en honor a la verdad, debo decir que miente. La deforestación ocurrida en toda la Sierra Maestra (más del 60% ha sido talada), ha provocado el cese de las lluvias. Los afluentes que lo alimentaban y que bajaban de la cordillera hoy no transportan más que petróleo, detergentes y aguas albañales de los caseríos cercanos. El río que atraviesa Buey Arriba por ejemplo, no es más que un arroyo de 20 cm de profundidad, y en sus aguas jabonosas apenas queda vida. En 1985, cuando lo visité junto a Zacharías Mayo Méndez (un técnico forestal de Bayamo), pude comprobar este fenómeno. Todos los vecinos utilizaban sus aguas para lavar la ropa en ellas, pero además, los tractores y sus maquinarias accesorias. Entonces, si uno piensa que esto es una práctica que devino usual en todos los ríos de Cuba, cómo no asegurar que la contaminación del Cauto, con más de una docena de afluentes llenos de petróleo, no sea ya una triste realidad.

Sin embargo, lo peor que le ha sucedido al río Cauto no baja de las lomas, sino de los viejos AN-2 de la aviación agrícola. La industria agropecuaria de Castro ha convertido la antigua y maravillosa desembocadura de este río en una inmensa cooperativa productora de arroz. Todos los humedales de Birama, Sabana Nueva y Cayo Redondo han sido transformados para este cultivo y por ende, el terreno se ha modificado, los bosques de manglares han sido talados, las reservas de aves han sido convertidas en cotos de caza, y el río ha perdido su cauce original al servicio de un plato de comida. El delta del cauto no es hoy lo que era antes, sus aguas han mermado tanto que hoy parece una península. Además, la zona ha sido tan castigada por los pesticidas, que apenas permite la existencia de camarones (*Penaeus notialis*) en su desembocadura, y cuando estos merman o se mueren, la culpa se las llevan las corúas (*Phalacrocorax auritus*), a las que acusan de comérselos y a las que autorizan a cazar para evitarlo. Volando en un AN-2, cualquiera puede ver como la fumigación de los cultivos alcanza las colonias de estas aves, y viajando a las arroceras de Birama, todo lo que se observa y oye en estas tierras es roturación y disparos de escopeta.

Una suerte parecida sufren los ríos Bayamo (en Oriente), Máximo, San Pedro, Caonao, Mala Fama (en Camagüey), Jatibonico del Norte y del Sur, Zaza, Sagua la Grande y Chica (en Las Villas), y Los Palacios y Santa Cruz del Sur (en Pinar del Río). Pero una muy distinta es la que padecen cuencas como las del Agabama, Hanabanilla y Hanabana en las cuales la canalización, la deforestación, o la reforestación con especies de árboles exóticas los han dejado convertidos en simples lodazales. En el Escambray, la siembra generalizada de eucaliptos (*Eucaliptus spp.*), al no contar con elementos arbustivos dentro de las plantaciones, ha favorecido la erosión y el empobrecimiento de los suelos. O sea, estos planes de reforestación no han servido para mucho, y menos, desde que se eliminaron de esas áreas los bosques degradados y secundarios. La consecuencia de esta política de repoblación forestal (con especies no cubanas) la pagan entonces los ríos y por ende, su fauna.

Otra de las tragedias viene dada por el Campismo Popular. Después que el gobierno obligara al cubano a restringirse y conformarse con esta modalidad "recreativa", muchos fueron los ríos "habilitados" para esta actividad degradante del ecosistema. Pero, ¿qué es el campismo popular? En principio, consiste en crear instalaciones recreativas que le permitieran al gobierno estimular a la juventud cubana a alejarse de las playas y el turismo extranjero. Para ello, se concentraban en estos centros varios productos alimenticios que no existían normalmente en el comercio interior, y que sólo podían ser adquiridos allí, siempre y cuando se disfrutara en ellos el período vacacional.

Hasta aquí la estrategia del gobierno. Luego, el campismo popular se convirtió en una red de centros en los que la juventud podía hacer uso de armas de aire comprimido y matar con ellas todas las aves que quisieran. A falta de cocinas techadas, o de carbón para preparar la comida, muchos campismos del país estimulaban las hogueras a cielo abierto. Con ello, y debido a su usual cercanía a las cuencas de los ríos, el campista salía a buscar leña y generalmente regresaba con ramas verdes y recién cortadas. En otras ocasiones, cuando el consumo del alcohol tomaba límites extraordinarios, la alegría generada por la bebida alrededor de las hogueras, permitió la quema de los bosques aledaños. Para describir los efectos de esta iniciativa de Roberto Robaina, cabe entonces señalar algunos ejemplos de ríos en donde la UJC actuó como principal agente polutivo.

En río Canímar se construyeron dos inmensas bases de campismo. La primera se denominó Canímar Abajo, y estaba ubicada cerca de la desembocadura y en una zona ya no muy protegida que digamos. Pero la segunda, llamada Canímar Arriba, se construyó en la zona de San José de Tumbadero, un área realmente hermosa y que mantuvo hasta 1979 cierta conservación en sus bosques de galería. Para hacernos una idea de la belleza natural de este río, tengamos presente que a él llegó Juan Cristóbal Gundlach (el célebre naturalista alemán) para pasar en el cafetal El Fundador una semana en Cuba, pero que en él se quedó a vivir durante varios años porque la naturaleza del lugar lo cautivó en todos sus rincones.

Este río, rodeado de farallones y con una vegetación exuberante, se mantuvo más o menos así hasta la llegada de los militantes del campismo. En 1989, después de haber estudiado en él la dieta de la lechuza (*Tyto alba*) en condiciones semi-naturales, el río ya no era lo mismo que 10 años atrás. Las aguas ya no eran transparentes, la mayoría de los bosques de galería habían sido consumidos por el fuego, el fondo estaba lleno de latas oxidadas, de botellas de cristal rotas, de neumáticos de autos y camiones, y para colmo, las malaguetas cubrían su superficie impidiendo el cultivo de berro (*Nasturtium officinale*) que, en los 70, había hecho de esta zona de manantiales un ejemplo digno de utilización armónica del ambiente. Para no repetir entonces el trauma provocado por el hombre en nuestros más pintorescos y protegidos ríos, cabe que mencione al menos tres ejemplos más, en los que el campismo popular los destruyó en igual o mayor medida.

Las numerosas bases de campismo popular en los ríos de Jibacoa y Canasí, como un primer ejemplo, acabaron con sus bosques ripícolas y con la fauna que vivía de sus aguas. Un segundo ejemplo debiera referirse a las instalaciones del campismo creadas en las márgenes del río San Diego de los Baños, y a las escopetas de aire comprimido que allí se estuvieron rentando hasta mediados de 1988. Con ellas se eliminaron un gran número de especies endémicas de la fauna regional, se transformó el paisaje, y se contaminó de manera drástica las aguas medicinales del lugar. Sumando todas las bases de campismo ubicadas en las desembocaduras de nuestros ríos, hay que decir que esta forma de diversión acabó con centenares de reservorios de aves acuáticas, con playas y playazos seminaturales, y con poblaciones enteras de varias especies de peces de agua dulce y salobre.

El tercer ejemplo destructivo de nuestros ríos y que no puedo ignorar con relación al campismo, lo constituye el del río Máximo en Camagüey. Allí estaban los famosos "Cangilones del río Máximo" que en 1995 ya no debían ser llamados famosos. Cuando Luis Roberto Hernández y David Spencer Smith (profesor de la Universidad de Oxford) fueron al lugar para visitar uno de los mejores relictos silvestres de Cuba, se tropezaron con un desastre. El campismo popular había acabado con todo; apenas pudieron observar 9 especies de mariposas (en 1970 eran más de 80) y ellas eran, las que comúnmente servían como bioindicadores de perturbación (*Anartia jatrophae, Heliconius charithonia, Agraulis vanillae, Leptotes cassius, Ascia monuste,* etc). De los moluscos petrícolas y arborícolas que tan abundantes habían sido en 1970 (Luis R. Hernández comun. pers.), ahora sólo se podían observar sus conchas calcinadas por el exceso de química en sus aguas contaminadas.

Luego, están los verdaderos alcantarillados a cielo abierto, pero aclaro que sería absurdo que los llame ríos a juzgar por las aguas que desplazan. Más que nada, parecen riaductos de petróleo y desperdicios. Dentro de esta nueva categoría creada por el castrismo en Cuba, hay que situar en primer término los ríos Almendares y Quibú, al petrolífero río de Guanabo, al vertedero que han hecho del río que atraviesa Cárdenas, al Arimao, y así, a todos aquellos que recogen la basura de las ciudades del país, de las plantas mineras, de las torres de petróleo, de los centrales azucareros, de las industrias químicas de pesticidas y fertilizantes, etc. Si en ellos algún humano intentara bañarse hoy día, el término debiera ser sustituido por el de suicidio. Los ríos antes mencionados están tan afectados por la contaminación, que quien se introdujera en sus aguas terminaría hospitalizado con serias afecciones en el aparato respiratorio, digestivo y por supuesto, en la piel. En otras palabras, son más peligrosos que atractivos.

Finalmente, no debemos olvidar los ríos que no vemos. En ellos el verdadero desastre ecológico ocurre a escondidas y es creado por el gobierno con absoluta mala fe. Todos los ríos subterráneos de Cuba han sido contaminados de una forma u otra. Generalmente para descargar en ellos las aguas negras de fábricas, urbanizaciones, centrales, escuelas y hospitales, pero también, para sobreexplotarlos y permitir su salinización a partir de la intromisión del mar en ellos. Resulta triste que la fauna cavernícola de Cuba esté tan pobremente estudiada, pero es realmente detestable como desaparece sin siquiera haberse conocido por culpa de la mala utilización de sus recursos hídricos.

Una laguna de menos, cien presas de más.

"De todo aquello hoy sólo queda una tumba, una tumba sin flores de la que también ya habrá desaparecido la cruz de madera que abría sus brazos implorantes a la lluvia y el sol..."

José de la Luz León

Ya he hablado de la Laguna de Ariguanabo, aquel embalse natural de la provincia de la Habana que desapareció por culpa de las obras ingenieras del régimen, y que drenaron sus aguas hacia el manto fréatico, a donde también han ido a parar desde entonces, las aguas albañales y contaminadas de los poblados y textileras de la zona. Pues bien, al igual que le ocurrió a aquel magnífico reservorio de aves migratorias, lo mismo ha sucedido a otras tantas lagunas y ecosistemas acuáticos que desaparecieron de nuestra geografía por diversas causas. La Laguna de los Palos, por ejemplo, dejó de ser un humedal propicio para miles de aves desde que los arrozales de Alonso de Rojas le robaran toda el agua, y desde que la convirtieron en un tétrico pantano lleno de petróleo y pesticidas. Así, hay en Cuba una lista interminable de lagunas naturales desaparecidas, ya sea por el drenaje, por estar contaminadas y cubiertas con los sedimentos de la minería, o eliminadas en silencio, como hicieron con las lagunas al norte de Cortéz, o con las que bordeaban el perfil costero al sur de río Jatibonico del Sur.

Unidos a estos problemas de transformación ambiental, la canalización de los ríos tampoco puede ser ignorada. A través de muchos de ellos en la costa norte de La Habana y Matanzas, ascendían cada año miles de juveniles de anguilas (*Anguilla rostrata*) que acudían a nuestros sistemas fluviales para su desarrollo y apareamiento, y luego ya adultos, regresaban al Mar de los Sargazos para desovar en él. Sin embargo, al haberse transformado todos estos hábitats, su ciclo de vida se vio interrumpido en muchos casos, y en otros, dañado por la sobreexplotación de sus efectivos. Debido a que la anguila es una especie comercializable, el esfuerzo del gobierno para "resolver" este problema resultó en una extraña forma de manejo. Entonces

131

se llevó a cabo la construcción en el **Cotorro de un centro de piscicultura, o** lo que es lo mismo, y según los estándares revolucionarios, una serie de posetas abiertas en el fango donde introducían los juveniles capturados en el medio natural, para cebarlos y matarlos tan pronto alcanzaran la talla comercial.

Ahora bien, como lo indica el título en este acápite, el asunto que nos ocupa es el de las presas, y aquellas grandes extensiones de tierra fértil que fueron sumergidas bajo el agua para hacer más económico el regadío, pero con total indolencia respecto a los problemas humanos y ecológicos del entorno, y con el único objetivo de hacer realidad un sueño de Fidel. Por ello, y después de llevar 30 años oradando a Cuba, los tecnócratas nos afirman con orgullo que: *"El paisaje rural se transforma totalmente. En primer lugar debemos mencionar las obras de embalse y riego que incrementan la capacidad de almacenaje de agua de 47.8 millones de metros cúbicos en 1959, a 5`986,5 millones de metros cúbicos en 1985, con más de 102 grandes embalses terminados, así como otros 16 en construcción, todos ellos con más de 5 millones de metros cúbicos de capacidad; además del gran número de micropresas* (900, según el Nuevo Atlas de Cuba de 1989) *y un total de 33`803,4 ha regadas de caña de azúcar, cítricos, arroz, pastos, etc. Se destacan por su importancia para la alimentación nacional los sistemas semi-ingenieros de riego y drenaje, que cubren alrededor de 2`477 ha de arroz."* Y claro está, dejando a un lado este jolgorio de palabras, la realidad es otra, pero mucho menos optimista.

Cuando Castro y sus tecnócratas hablan de avances en materia hidráulica, se refieren a ese sueño del que ya he hablado. O sea, a la llamada "voluntad hidráulica", y que aún tiene como lema la fidelísima expresión de *"no dejar escapar ni una sola gota de agua al mar"*. A partir de ella, y para los que aún no pueden imaginarse como ha influido esta sentencia en nuestro sistema fluviátil, se hace entonces necesario hacer brevísima la historia. En fecha tan temprana como 1963, Castro ordenó llenar a Cuba de embalses; una tarea que consistía en almacenar (a cualquier precio) el agua que fluía por todos nuestros ríos. Hoy, en 1998, esto ha sido casi concluido con la ejecución de 1`200 ejemplos de anarquía territorial. Desde entonces, apenas queda un río en Cuba que no tropiece con algún muro de hormigón, y los hay que han sido represados varias veces, como el Guaininicúm, u otros como el San Pedro, que ahora sólo desembocan en una presa y que de ella, parten en canales al arroz, sin llegar al mar.

Como un clásico ejemplo de egoísmo español, y como mismo éste ha aniquilado al manchego río de Guadiana en. España, Fidel quiere secar a Cuba. Aquellas áridas tierras de la Mancha y Extremadura, repletas de embalses a medio llenar, son una especie de aviso futurista para el sistema hidrográfico de nuestra isla. Peor aún, pues Fidel, sin el apoyo Europeo con que cuentan los españoles para palear estas impensadas cretinadas, prefiere copiar ahora a los pichones del Cid, antes de seguir ese viejo, sencillo y sabio refrán de: *"Agua que no has de beber, déjala correr. "*

El único ejemplo positivo para la fauna asociada a esta transformación territorial, radica en algunas presas en las que proliferó el macío (*Typha angustifolia*). Solamente en ellas, la vegetación permitió la creación de hábitats para algunas aves como los zaramagullones grandes (*Podilymbus podiceps*), las corúas de agua dulce (*Phalacrocorax olivaceus*), algunas especies de anátidos, las gallaretas de pico colorado (*Gallinula chloropus*), las de pico blanco (*Fulica americana*), el martín pescador (*Ceryle alcyon*), los gavilanes caracoleros (*Rosthramus sociabilis*), o las águilas pescadoras (*Pandion haliaetus*). La presa de Muñoz, por ejemplo, ubicada al suroeste de Florida (Camagüey), puede ubicarse entre estos casos parcialmente positivos. En ella, y como nunca antes, el gavilán caracolero y el águila pescadora restablecieron sus poblaciones en la provincia camagüeyana. Según los estimados de 1990, en este embalse llegaron a contarse más de 50 individuos de la primera especie, y alrededor de 21 de la segunda (Garrido y Wotzkow, inédito).

Sin embargo, poco tiempo después, y al ver tantas aves de la misma especie en este reservorio artificial, los cazadores locales las eliminaron creyendo que podían ser perjudiciales a sus aves de corral, o que a juzgar por la localidad, así estarían de abundantes en otras presas del país (José Morales comun. pers.). Los datos alcanzados en Muñoz, y que fueron una excepción para estas dos especies, jamás llegaron a contabilizar tantos efectivos en ningún otro ecosistema cubano, es decir, muy pronto dejaron de representar un beneficio a los efectos de esta presa. Por ello, Camagüey perdió dos especies de una avifauna que la hacían muy privilegiada, y si Muñoz llegó a tener por algún tiempo tantos gavilanes caracoleros como en algunas zonas de los Everglades, en 1992 estos ya estaban por debajo de su densidad crítica poblacional, y por consiguiente, ya no podían mantenerse a través de la reproducción.

Luego, y como siempre sucede en Cuba, un desastre trae aparejado el otro. A la implantación de estos cuerpos de agua siguió entonces la

133

introducción de peces exóticos. De esta forma, todas las presas y ríos de Cuba se poblaron de peces africanos. El grupo más perjudicial fue la tribu *Tilapini*, que devino en Cuba un ejemplo acuático del "Efecto Krebs" (conocido fundamentalmente en las poblaciones de roedores y lagomorfos). Es decir, peces que se reprodujeron como ratas, y cuyo crecimiento exponencial de su población tuvo efectos negativos en áreas muy reducidas y sin ningún competidor. Así, tilapias como (*Tilapia aurea, Sarotherodon mossambicus*) y (*Tilapia melanopleura*), además de ser grandes consumidores de oxígeno, también se convirtieron en temibles depredadores que, dado su gran número y garantizada dispersión, se alimentaron desde entonces con todo tipo de alevines y adultos de los peces dulceacuícolas nativos (Armando Pérez, comun. pers.).

Por ejemplo, muchos de los guajacones cubanos que se mantienen en la superficie de los ríos y embalses, constituyen presas habituales de estos peces recién introducidos. La biajaca (*Cichlasoma tetracantha*), que es una especie y género endémico, también se encuentra extinta en muchos ríos, lagunas, o presas, por culpa de la voracidad de las especies mencionadas. Peor aún, la biajaca de Guantánamo (*Cichlasoma ramsdeni*), típica del río Guaso y por ende, restringida a esa región, ha sido muy afectada por la locura de introducir tilapias dondequiera y sin pensar en nuestra ictiofauna autóctona. Sin embargo, el problema se agudiza cuando pensamos en la introducción de las tencas (*Hypophthalmichthys molitrix*), que son peces más voraces que las tilapias, pero que por estar llenos de espinas, apenas sirven para la alimentación humana.

Debido a la extraordinaria talla que la especie alcanza, las tencas se han convertido incluso, en depredadores habituales de muchos juveniles de aves acuáticas. Esta afectación ocurre cuando los juveniles de las aves realizan sus primeras incursiones en los bordes del embalse. Un ejemplo que ilustra lo antes dicho, y que demuestra la capacidad de ingestión de estos peces, fue lo sucedido a Guillermo García Frías. En 1984, mientras me encontraba de visita de trabajo en la finca de Managua, presencié la puesta en libertad de un juvenil de cisne negro (*Cignus atratus*) que Xiomara Gálvez dejó en la laguna de la localidad. Apenas unos segundos más tarde, también pude presenciar la refriega que el director de la Empresa para la Protección de la Flora y la Fauna echó a su ornitóloga empleada. El preciado pajarraco, recientemente logrado en una incubadora (e introducido también para el placer visual del comandante) apenas dio un ligero recorrido antes que una de sus propias tencas se lo tragara de un bocado; el pobre.

Otro de los graves problemas que ha creado el gobierno cubano con las presas lo constituyen las inundaciones. Por una parte, la introducción de estos peces en todos los rincones de Cuba, incluyendo las altas montañas de la Sierra Maestra, Baracoa, y Escambray, ha sido llevada a cabo utilizando los gigantescos camiones rusos Zil, desde los que se vierten las tilapias en los microembalses para que las crecidas los dispersen luego a través de los ríos, arroyos y riachuelos. Por la otra, desprovistos de los conocimientos necesarios, e indolentes a cualquier perjuicio que puedan crear a los habitantes cercanos a las presas, estas ya han ocasionado más daños que beneficios. La presa del Zaza por ejemplo, ya se ha desbordado una docena de veces, pero no sólo ha destruido las plantaciones que con sus aguas se regaban, sino también las casas de cientos de campesinos que vivían en sus inmediaciones. Además, muchas carreteras han quedado inutilizadas para siempre. La carretera que unía a Sancti Spiritus con La Sierpe ya no existe, y la que enlazaba a Sancti Spiritus con el poblado Heriberto Orellanes, fue destruida por una inundación, y desde entonces, se llega allí (si no hay lluvias) por un desvío no pavimentado.

Más preocupante que estas inundaciones, o la introducción de especies exóticas en esas presas, lo constituyen los proyectos que aún se piensan realizar. O sea, la degradación de hábitats, las nuevas inundaciones y la introducción de especies exóticas que ocurrirán en un futuro próximo en otras muchas presas que se hallan en construcción. El ejemplo más preocupante para Cuba, lo constituye la hidroeléctrica del Toa. Este proyecto pretende canalizar y embalsar las aguas de los ríos Toa, Duaba y Jaguaní. Se trata de esa hidroeléctrica a la que yo he querido llamar "Kim II Sung" y que de ser terminada, inundará los mejores bosques pluvisilvas de la nación. Cuando visité la zona por última vez en 1991, ya se habían numerado más de un centenar de casas entre la Perrera y el entronque del Jaguaní. Todas ellas estaban condenadas a un inminente desalojo, y había que ver como se lamentaban aquellos pequeños agricultores de cacao, a los que la Revolución privaría para siempre de sus bellas fincas por culpa de una mala idea. Sin embargo, a pesar de que la protesta de los habitantes se vio reforzada por la de los científicos, ambas fueron desestimadas por los caprichos del gobierno.

El desastre ecológico que se avecina a esta área, tenemos que considerarlo así: en la Melba, el bosque pluvisilva tiene una altura en la base del río de unos 180 m s.n.m. Si en La Perrera se levanta el muro de contención previsto, es decir, de unos 80 m de altura, desaparecerá bajo las aguas una tercera parte de estos bosques tropicales y con ellos, todas las especies botánicas y animales que lo habitan. Luego, cuando pensamos que se trata de una zona con movimientos sísmicos la preocupación aumenta, ya que el peso de las aguas pudieran provocar un temblor y en consecuencia, la ruptura del muro de la hidroeléctrica. Si esto ocurriera, estaríamos hablando de la muerte de personas, cientos tal vez, que perecerían atrapadas bajo el peso incontenible de las aguas.

En otras palabras, la política de *"no dejar escapar una sola gota de agua al mar"* se resume con la construcción de más de 1`000 embalses, pero implica drásticas transformaciones para el ecosistema de la isla, y abarca mucho más allá de la pérdida de tierras. Este sueño de Fidel convertido hoy en una pesadilla nacional acarreó, desde el inicio de su gobierno, la destrucción de todos los bosques que quedaron inundados, la desaparición de la fauna que existía en esas áreas, y ahora, por si fuera poco, incrementa la amenaza con los problemas que surgirían en la hidroeléctrica del Toa. Por esto es que puede afirmarse que el mayor desastre de la política hidráulica radica justamente en el gobierno. Al parecer, el objetivo de las presas guarda una extrecha relación con ese interés que tiene Castro de hundir a Cuba como un barco. O sea, con esa apocalíptica idea de hacerla desaparecer bajo las aguas con todos los cubanos dentro.

En la ciudad de Baracoa, muy cerca de donde hoy construyen la hidroeléctrica, vivió a finales del 50 un mendigo al que los vecinos asesinaron entre piedras e improperios. Sin embargo, el último día, y con el rostro ensangrentado por el abuso de la gente, aquel hombre pronunció una frase que devino luego profecía: *"Todo lo que les deseo -dijo- es que nunca puedan llevar a cabo con éxito lo que se propongan"*. Poco tiempo después, decreció la producción de cacao y hubo incluso que erradicar el cultivo del plátano, pues desde entonces nunca alcanzó la productividad que tenía en años anteriores. Luego llegó la Revolución, y según los datos del museo Matachín de Baracoa, ni con ella se han podido materializar los sueños de desarrollar a la ciudad. Desde que el gobierno construyó la carretera de La Farola para comunicar a Baracoa con Guantánamo, la peligrosa ruta sólo aporta un centenar de muertos cada año.

En lo personal, y por encima de la superstición y coincidencia del mendigo, desearía que esta hidroeléctrica nunca llegue a término. Repito, si en ella ocurre un accidente, y si este tiene lugar después de haberse destruido todos los bosques de las cuencas mencionadas, quizás sólo quede espacio en Baracoa para algunas tumbas. Sin embargo, estoy seguro que para hacer sus sarcófagos y cruces, habrá que importar incluso la madera. Fidel Castro y su política de represas han convertido a la isla en un paraíso propenso a las inundaciones, pero aclaro, en la temporada de ciclones. Fuera de esta época y sin las lluvias asociadas a estos fenómenos meteorológicos, Cuba es un territorio semidesértico casi todo el año. La deforestación nos ha traído la sequía y las presas, aquellas en las que él pretendía encerrar todas las gotas de agua, hoy, después de haber sobrexplotado el manto fréatico, están llenas de lodo y mar. La naturaleza le ha ganado, pero lo ha hecho con una bofetada.

Un mar se pudre entre pedraplenes.

"Nosotros tenemos mares puros rodeados por la corriente del Golfo. Tenemos excelentes recursos naturales. No tenemos petróleo, pero tenemos lugares por ahí que son una maravilla y como tenemos que vivir, y como necesitamos dinero, y necesitamos recursos, y como que hay que salvar la Revolución, entonces haremos también todas las inversiones necesarias en el campo del turismo. "

Fidel Castro

En otros acápites de este libro ya he mencionado algunos traumas que afectan principalmente a la ecología de los mares. Uno de los ejemplos más tocados es el de los pedraplenes, pero entonces y aunque parezca muy repetitivo, en este caso vale la pena retomarlo. Cualquier contaminación que tenga la Bahía de La Habana es mínima, si la comparamos con los efectos devastadores que trae tirar tierra y piedras al mar para hacer en ellos carreteras. En la década del 40, ya esto fue probado en Cayo Hueso, pero los economistas norteamericanos, acostumbrados a cuidar su dinero, optaron por eliminarlos. La destrucción de la naturaleza al sur de la Florida fue tal, que desde entonces se gastaron millones de dólares para hacer los puentes. Lejos de optar por una fórmula más costosa por amor al mar, en realidad parece que fue el desamor, lo que permitió que cometieran el error. Sin embargo, la importancia que el mar reviste para la economía de la gran península, finalmente los llevó por buen camino.

En Cuba, Castro no parece aprender de sus vecinos, y lo que es peor, tampoco de sus propios errores. Convertiremos entonces a los pedraplenes en los protagonistas de este texto; en las estrellas de la tecnocracia castrista, y en los ejemplos de transformación ambiental más nocivos para la ecología marina desde 1959. Para los que no lo saben, la idea original de los pedraplenes surgió allá por 1961, pero afortunadamente, esta no pudo ser ejecutada. Consistía en hacer una carretera-muro entre Punta Mora (al Sur de la provincia de La Habana), y Punta Gorda (en la porción más occidental de la Península de Zapata), y pretendía rellenar la Ensenada de la Broa con todos los desperdicios y tierras removidas del oeste del país. Esto tenía el objetivo de "agrandar" Cuba, y desecar por drenaje la Ciénaga de Zapata. Por suerte, tal parece que el infalible transformador de nuestra geografía se tropezó con algunos problemitas técnicos, pero por desgracia, a falta de poder darles solución en esa localidad, se las desquitó con otras áreas del país.

La "epopeya" comenzó en Cayo Coco, un gran cayo que había sido comprado por un norteamericano por la suma de 45`000 dólares, y que fuera de los tanques de petróleo que este "sembró" en su interior, se había mantenido intacto durante más de cuatro décadas. En 1988, después de haber dicho más de mil veces en sus discursos que los gallegos olían mal y que eran despreciables, Castro detuvo sus descalificaciones y comenzó a escucharlos. Ya no eran los mismos que venían a principios de siglo con una boina y dos pares de alpargatas, sino que de ellos surgían las ideas de invertir en Cuba, de comenzar a hacer hoteles en todas sus reservas naturales, y por supuesto, en Cayo Coco: su paraíso prometido. ¿Cómo llevar hasta allá los materiales constructivos?, ¿cómo transportar a los turistas de una forma económica?, ¿cómo mantener el suministro de alimentos al turismo?, fueron preguntas hechas por los españoles a Castro, pero para las que él tuvo respuesta en un santiamén, valiéndose de su poderoso ejército de hormigas sin salario.

La experiencia de Cayo Largo del Sur dijo que, para mantener activo un sólo hotel por vía aérea, hacía falta contar con los capitalistas, pero además, que estos tuvieran dinero, y claro está, mucho más que los españoles, pues de otra forma el negocio no podía progresar. Debido a que los españoles no contaban con la "pasta" necesaria, Castro aceptó de buen gusto la más simple solución. Llamó a sus contingentes constructivos, a los tecnócratas del desastre, a la Unión Nacional de Empresas de Construcción y Arquitectura (UNECA), al espíritu de lucha, y ordenó la construcción de pedraplenes. Pero, ¿de dónde sacar las piedras para rellenar el mar?, ¿cómo satisfacer a los inversores españoles en tan corto plazo?, y, ¿cómo garantizarles que el trabajo sería terminado en tiempo y de forma muy barata? Muy fácil. La solución llegó de las colinas más cercanas. Elevaciones que contaban con su vegetación original y que desaparecieron de la vista en menos de once meses con el apoyo del Partido y los bulldozers de avanzada.

Si mal no recuerdo, el trabajo duró menos de un año y en este lapso, cerca de tres contingentes de constructores trabajaron día y noche para encontrarse en pleno mar haciendo realidad y unificando aquel desastre. Así se hizo el primer pedraplén, o lo que es lo mismo, así se creó un doble del "mar muerto" en Cuba. La primera versión contó en un inicio con unos seis puentes de entre 4 o 5 m de longitud, pero como los peces comenzaron a morirse por millares, se hicieron otros seis de 12 m cada uno. Luego, y sin estudiar si el problema había sido realmente resuelto, se dio la obra por terminada. Sin embargo, después que pasó por Cuba el huracán "Alberto", hubo tales destrozos en el pedraplén, que se hizo necesario aumentarlo unos cuatro metros de ancho y uno más de alto. Por su parte, la naturaleza continuaba dando síntomas de estar herida y los peces seguían arribando muertos a las orillas. Mientras los científicos del Instituto de Oceanología enviaban por correo los mensajes de este desastre hacia La Habana, allí todas esas alertas quedaban como documentos secretos a clasificar.

En 1989, cuando hice mi primer viaje a la localidad, al este de la carretera se veían flotando podridos cientos de juveniles de barracudas (*Sphyraena barracuda*) y otros peces, además de esponjas de tubo (*Spinosella vaginalis*), de copa (*Xestospongia mutua*), y orejona (*Acrophora palmata*). Aquello parecía un lago putrefacto al que una sola obra revolucionaria le había interrumpido la circulación y la vida. En octubre del 1990, durante mi segunda visita, ya habían cambiado de aspecto todos los bajos marinos al norte de Cayo las Brujas. El sur de Cayo Coco era ahora muy distinto. Al ser cortada la corriente marina, las zonas inmediatas de esta "zona de paisaje natural protegido" se habían convertido en arenazos llenos de jaibas (*Callinectes sapidus*) y cangrejos (*Menipe mercenaria*) muertos. Todos los mangles (*Rhizophora mangle*) exhibían sus raíces, y al menos el 30% de la población de flamingos (*Phoenicopterus ruber*) ya no estaba. Los grupos de estas aves se habían retirado tanto, que ahora sólo eran observables con binoculares, y como puntos rosados en la lejanía.

En ese año, cuando el museo Nacional de Historia Natural se disponía a colectar (como prueba) toda la fauna representativa de la zona, ya se habían iniciado nuevos pedraplenes. A Cayo Coco lo unía ahora un pedraplén con Cayo Romano, y a este, otro con Cayo Paredón Grande. Por ello, las ciénagas del oeste, que antiguamente albergaban algunos individuos de cayamas (*Mycteria americana*), no tenían casi aves pues se estaban secando. Además, las fuertes corrientes que provocaban las mareas entre los cayos ahora tenían que escurrirse por apenas una decena de tubos de hormigón instalados bajo el nuevo pedraplén a modo de desagüe. Sin embargo, la fuerza de este caudal transformado era tal, que había barrido decenas de manglares y erosionaba más allá de los 200 m el perfil fangoso del este de Cayo Coco.

A mediados de 1991 volví a la cayería de Sabana-Camagüey, pero esta vez, la misión era distinta. Debíamos entrar a Cayo Coco para colectar la fauna representativa de otros cayos vecinos. Por aquel entonces, los terraplenes internos ya parecían avenidas o autopistas. Se habían asfaltado cerca de 60 km internos de viales y todos estos caminos tenían ahora una amplitud de entre 6 y 8 metros a lo largo del trayecto. Además, y para hacer "mejor" la carretera, habían desbrozado los bosques a más de 10 m de distancia del asfalto a modo de guardarraya. O sea, entre Cayo Coco y Cayo Romano, y sólo por concepto de caminos, se habían perdido para siempre cerca de 1`800 ha de vegetación semidecidua (18 km cuadrados de bosques originales), y a los que había que sumar los talados para la construcción de los horripilantes hoteles españoles. Amontonados en el interior de la pequeña isla, y sin utilizar la madera, se veían miles de árboles de almácigo (*Burcera simaruba*), y yagrumas (*Cecropia peltata*), pero incluso, había muchas yanas (*Conocarpus erecta*) derribadas en la cercanía de las costas.

Ese mismo año, Cayo Guajaba ya estaba incluido en la desgracia, y Cayo Sabinal apuntaba a ser el próximo. Todo el mar entre Cayo Judas y Nuevitas se había aprisionado en un inmenso estanque en función de abaratar el transporte del turismo. Por ello, más de 1`500 km² de plataforma submarina habían perdido su riqueza natural, y los pescadores de langosta (*Panulirus argus*), o los del camarón (*Penaeus schmytti*) y (*Penaeus notialis*), que tradicionalmente pescaban desde la Bahía del Jigüey hasta la Bahía de Nuevitas, se habían visto obligados a cambiar sus avíos y sus planes de captura. O sea, habían tenido que transformar toda la estructura de su flota por no encontrar en el mar el volumen de crustáceos que antiguamente los mantenía activos. Mi última visita a Cayo Coco, tuvo lugar en diciembre de 1991. En esta ocasión, iba acompañado por los ornitólogos Jorge Fernández Layna (de España), Jeaques Sirois (del Servicio Canadiense de la Fauna), y la alumna de biología Nayví Barbeito. Sin embargo, ahora el paso estaba prohibido a los naturalistas y claro está, a juzgar por el desastre que se llevaba a cabo en su interior, aquella restricción era comprensible.

Después de comprar los permisos necesarios (ya para entonces todo era comprable en la Cuba socialista), entramos en un nuevo desierto del castrismo. De más está que diga cuál fue la impresión que tuve al recorrer por cuarta vez una zona que ahora me resultaba totalmente desconocida. La mayoría de los manglares al sur del cayo estaban defoliados; sobre todos los arenazos abundaban por miles las aguamalas (*Aurelia aurita*) muertas; apenas habían unos grupos de flamingos en algunas ensenadas del norte; a lo largo de la carretera se veían algunas aves muertas por el impacto con los autos y camiones; los hoteles ya canalizaban sus desperdicios a las pozas interiores; y todas las carairas (*Polyborus plancus*) de los alrededores de La Jaula (el caserío original del cayo) habían sido abatidas por la escopeta del guarda forestal, pues este, pensando en las plazas españolas y no en la naturaleza que debía proteger, las había eliminado para cuidar a las palomas domésticas (*Columba livia*) que ya había introducido.

En aquel entonces, la fiebre de los pedraplenes había llegado a Cayo Guillermo, pero amenazaba con extenderse al oeste por los Cayos de la Herradura para así llegar a los de Santa María. De esta forma, y a pesar que el turismo continuaba decreciendo en Cuba, Castro pretendía dejar toda la costa norte de la provincia de Camagüey sin recursos naturales. El mar, ahora más salino que nunca, había creado serios traumas a la nidificación del flamingo al este de la Bahía de la Gloria y lo mismo ocurría en las colonias que tradicionalmente nidificaban en la desembocadura del río Máximo. Según José Morales, esta población ya no contaba con la abundancia numérica de años anteriores, y ello se debía a la construcción de pedraplenes. Para colmo, el faro de Cayo Paredón Grande seguía sin ser iluminado en su estructura, y por ello, cientos de aves migratorias chocaban contra él para beneficio único de los puercos del farero. Cada noche, entre trescientas y cuatrocientas aves perecían por impacto contra la imponente torre, y según los militares de este punto fronterizo, esto no sería nunca corregido, mientras que los puercos les reportaran más carne que los "pajaritos gringos".

Definitivamente estos eran los efectos que a simple vista se observaban, pero a ello, habría que sumar la alteración química de todos los ecosistemas de la zona. Como mismo ocurrió en Cayo Largo del Sur en 1980, apenas el primer turista puso allí un pie, comenzaron los vuelos de fumigación. Entonces, más precavidos que al sur de Cuba, volaban sobre el cayo los aviones "Dromedarios" (PZL-204), pero siempre y cuando no hubiesen turistas registrados en la carpeta del hotel. Para demostrarme que aún hay combustible en Cuba, y que Castro lo utiliza para destruir la naturaleza en función de algunos dólares, Pierre Mollet, un ornitólogo suizo, me trajo desde el área las pruebas fotográficas que prueban lo que digo. Estos vuelos sobre la canopia de los árboles de Cayo Coco, además de contaminar el medio, desde entonces reducen en un 90% los intentos de reproducción de las aves del lugar.

Para darnos cuenta del desastre ecológico que todo esto ha implicado, hay que aclarar que se trata de localidades "protegidas", y que ellas incluyen más de 8 cayos con categoría V según el documento de la IUCN. Es decir, categorías dadas por el gobierno a esa organización internacional, y que los declara "paisajes protegidos" desde 1986 (IUCN, 1992). Se trata de áreas que, de ser utilizadas para el turismo, debieran respetar al máximo el paisaje. Sin embargo, en menos de cuatro años, todas han sido transformadas a "ritmo de contingente" y pedraplenes. Con ello, Cuba ha dejado sin efecto la protección que declara realizar en Cayo Romano, Cayo Coco, Cayo Guillermo, Cayo Guajaba, Cayo Paredón Grande, Cayo Sabinal y Cayo Santa María. O sea, el gobierno ha vuelto una vez más a destrozar las áreas que declara proteger. En términos numéricos, esto significa 176`000 ha de bosques talados y paisajes desprotegidos, porque estos, que no queden dudas, ya no son como eran hace 7 años.

Los pedraplenes del Archipiélago Sabana-Camagüey abarcan hoy 1`760 km² de reservas naturales tiradas al estercolero. Ni siquiera con el dinero que se obtenga en uno de estos hoteles durante un año, se pagaría el daño causado a la ecología de un metro cuadrado de Cayo Coco. En esta localidad se observa hoy uno de los ejemplos más caóticos de la política ambiental del gobierno socialista. A todos los problemas ambientales que trajo el pedraplén, súmenle los efectos que traerá la explotación de petróleo que los japoneses han iniciado en ese "charco" creado al sur de esos cayos. Si Castro continúa vendiendo el patrimonio como hace, y si su programa de destrucción no acaba pronto, muchas zonas similares del país acabarán por destruirse con la misma prontitud. No queda en Cuba una bahía limpia, no existe en la isla un recurso marino que no se sobreexplote, no cuenta el pueblo cubano con la conciencia y educación necesaria para recapacitar en ello, y lo que es peor, sigue sin la libertad necesaria que le permita oponerse a estos proyectos.

La única solución que veo para enmendar los efectos nocivos de este ejemplo son bien drásticos. Ellos implicarían la destrucción total de todos estos pedraplenes e instalaciones turísticas realizadas. No obstante, dudo que exista algún gobierno democrático que, encontrando el país tan acabado económicamente, se llene de valor y así lo haga. Hoy, cuando apenas se organizan las ideas que pretenden denunciar estos hechos, otros nuevos pedraplenes han sido construidos en el norte de Matanzas y Varadero. Por otra parte, y para ilustrar lo absurdo de la política turística de Cuba, vale señalar que en el Congreso de Zoología de 1994, el Ministro de la Pesca de Bahamas se mostró muy contento con la construcción de los pedraplenes, pues varias colonias de flamingos se habían establecido recientemente en algunas de sus islas. Por ello, y casi de forma burlesca, les decía a todos "construyan más, ya que ahora gracias a ustedes, tenemos con sus flamingos una nueva atracción turística en nuestro país".

El bosque

La desgracia de los árboles

"¿Por qué el cubano destruye tanto en su tierra sin ánimo de reponer? ¿Estamos aquí de turistas o en precario? ¿No es nuestro destino nacer aquí, trabajar, sufrir, gozar y morirnos en esta tierra? ¿No se pudren bajo nuestro suelo los despojos de antepasados y deudos a quienes enterramos en una caja de madera que nos dió un árbol? ¿No se mecen en cunas también ofrecidas por un árbol nuestros hijos?"

Antonio Iraizoz

Los bosques son, sin dudas, el recurso natural más importante de cualquier país, pero no por su valor de explotación como afirman continuamente los tecnócratas de Castro, sino porque son los únicos capaces de regular el clima, proteger los suelos y garantizar la vida de todas las especies vivientes incluido el hombre. Actualmente, la isla sólo cuenta con un 53,5% de bosques dentro de las mal llamadas reservas naturales, pero este dato es evidentemente falso, ya que el gobierno cubano se mantiene encaprichado en incluir como bosques, a toda esa mezcla de malezas y árboles introducidos y plantados dentro de un 18% del territotrio nacional. Luego, si tenemos en cuenta que el 28,8% de los verdaderos bosques son continuamente explotados, y agregamos el 15,8% de bosques litorales destruidos en función del turismo, obras hidráulicas y otras construcciones, veremos cuán cínicos pueden ser esos datos que incluyen como bosques, a todo tipo de montes abiertos y que sólo pretenden ocultar una cruda realidad: en Cuba, el 80% de todo ecosistema boscoso natural está sometido a la tala continua por las Empresas Forestales Integrales, o cualquier institución que así se lo proponga.

En realidad, más del 80% de los bosques de la Cuba actual tienen una densidad de especies botánicas considerablemente reducida. La extracción ha sido tan intensiva, que una hectárea de bosque "natural" apenas rinde 48 m^3 de madera. Por otra parte, los análisis del gobierno, sólo tienen en cuenta el porciento de hectáreas boscosas por habitante cuando se habla de provincias como Pinar de Río, que es la menos habitada de todas, y que ostenta un 30,8% de áreas consideradas boscosas. Pero los datos concernientes al territorio de Santiago de Cuba, por ejemplo (0,006 ha / habitante), son reiteradamente omitidos. Así, el bosque cubano y su preservación sufren una forma muy particular de ser mirados, pues el gobierno siempre hablará de "conservarlo" como un recurso a explotar, pero nunca como un patrimonio a salvar por sí mismo.

Sobre la magnitud y la extensión de los bosques cubanos antes y después de la llegada de los españoles siempre habrá innumerables criterios. No es tarea sencilla reconstruir con palabras lo que no existe, y resulta imposible imaginar bosques sin siquiera saber como eran. Quizás porque el hombre tiene ese deseo permanente de soñar y de escribir sobre lo bello, es que siempre intentó dar una idea de ellos, pero hoy sabemos que muchas de esas viejas descripciones fueron exageradas, y con el decursar del tiempo, y las investigaciones al respecto, se convirtieron en viles mentiras sobreutilizadas. De esta manera, intentar una reconstrucción del paisaje boscoso cubano sería muy difícil, o imposible si se quiere ser exacto, pero intentar hallar una idea objetiva de las proporciones antiguas de los bosques cubanos con criterios botánicos autorizados, pudiera ser clave para explicar el problema de su destrucción.

Alberto Areces, uno de los botánicos cubanos más reconocidos profesionalmente, me comentaba en 1990 que, contrario a la idea de muchos especialistas, Cuba nunca estuvo totalmente cubierta de bosques; que los registros fósiles demuestran que grandes áreas de la isla eran sabanas, pantanos, y otros tipos de ecosistemas incapaces de haber tenido árboles de gran talla. Esto se deja ver en uno de los mapas que yo incluyo en los apéndices de este libro (Mapa superior) y que se hizo para el Nuevo Atlas Nacional de Cuba (Bridón, 1989), así como en las Crónicas de Indias escritas por el Padre las Casas, quien, atenuando la idea generalizada de que Cuba era una inmensa selva escribió: "*un llano muy grande de más de diez leguas que se llama allá sabana... en el que la yerva es grande y como en Andalucía por abril y mayo*"(Casas, 1518).

Siglos más tarde, el Alemán Leo Weibel, basándose en la existencia de topónimos y relacionándolos con los diferentes sustratos, supuso la existencia de formaciones vegetales originales entre las cuales las sabanas, representaban un 26% del área total de Cuba, (Weibel, 1943). Así, las ideas que otros cronistas trasmitieron sobre las áreas boscosas cubanas, parecen haber tenido el único propósito de resaltar la abundancia nada despreciable de árboles que en realidad existían, pero dándoles una continuidad y extensión muy distorcionada: *"posible recorrerla toda* (a Cuba) *caminando debajo de los árboles."* (Casas, 1518). Este análisis crítico de Weibel posibilitó que desde entonces los botánicos estimaran la cubierta boscosa original de Cuba en un 74% (Herrera, 1984) y claro está, esto parece más acertado que el 90% planteado por algunos botánicos ortodoxos que al parecer, están empeñados en remarcar la gran destrucción de bosques cubanos antes de 1959, y facilitar con comparaciones abismales, un balance positivo y a favor de la repoblación forestal de Castro.

Sabido es, que la degradación de nuestra masa forestal alcanzó extremos inauditos durante la época de la colonia, que esta destrucción continuó durante el medio siglo de la república, así como que esta se incrementó durante el período llamado "revolucionario". Pero negar esto último, sería continuar ocultando una realidad bien conocida. El gobierno de Castro, lejos de ayudar al bosque, lo ha estado destruyendo cuanto puede. Ya expliqué cómo es que estas concepciones erróneas han ido surgiendo de las letras inescrupulosas de científicos al servicio del régimen. En el análisis que hice del informe de la IUCN, cité como ejemplo a algunos especialistas cubanos que olvidan, al parecer a propósito, escribir sobre los esfuerzos que estuvieron encaminados a proteger el bosque antes de la Revolución.

El proceso de la destrucción forestal en Cuba no ha tenido el mismo ritmo en todas las épocas históricas, claro está. Ante todo, hay que señalar y repetir, que para el gobierno socialista lo bueno siempre ha sido desde 1959, y lo malo, siempre antes. Pero esto es una hábil forma de criticar a los sistemas socioeconómicos anteriores, para demostrar que el actual sistema es casi perfecto. En este sentido, el informe de la IUCN y sus autores, omiten casi todos los aspectos relacionados con la protección o destrucción de los bosques cubanos a lo largo de la historia, y se habla de "antes y después" de 1959, como si se tratara de antes y después de Cristo, aún cuando es bien conocido que Castro no es Cristo, sino más bien un criollo Belcebú que no pudiera recordarlo. Según un autor extranjero muy citado por la IUCN (Santana, 1991), el primer parque nacional cubano fue creado en 1930, y antes de 1959, sólo otras 5 áreas protegidas habían sido establecidas.

Santana asegura que otros 5 parques fueron creados en el año 1959 (pienso que habla de los mismos anteriores pero renombrados), y en 1991, más de 200 "unidades de conservación" cubrían el 12% de los parques nacionales. Este mismo autor (puertorriqueño y pariente lejano de un ex-ministro cubano), dice que el 5,1% de las tierras con bosques estaban dentro de los límites de Parques Nacionales y que otro 59,5% bajo la protección de otras designaciones. Sin embargo, a lo anterior hay que agregar que más del 50% de la flora cubana (la que actualmente existe) es endémica, y que esta pequeña diferencia a la hora de plantear los datos, hace muy cuestionables los mismos, así como las intenciones de Santana. Por ejemplo, él expresa que a finales de 1800, la cubierta boscosa en Cuba era de un 56%, y que esta decreció drásticamente hasta un 14% en 1959. Es decir, un 42% de los bosques cubanos desaparecieron en un siglo y medio sin que esto incluya que, durante el período castrista, casi 600 km^2 de monte han sido desbroza-das para sembrar en ellas cultivos heliófilos, y que 200 de ellos fueron destinadas a los pastos de la ganadería de Ramón Castro.

No obstante, y como que yo lo conozco personalmente, puedo asegurarles que Eduardo Santana es uno de esos señores a los que le gusta hacer el juego y propaganda al régimen. A él habría que preguntar entonces ¿dónde están los "maravillosos" planes revolucionarios de reforestación?; o mejor, ¿cuál será la posibilidad real de protección del millón y medio (1,6 para ser exacto) de hectáreas que se citan como "bosques protectores" en todo el país? Si aceptáramos que los bosques cubanos marchan tan bien desde el punto de vista de su conservación e incremento, ¿quién va a poder creer que esto se logre, por ejemplo, con la destrucción incesante de manglares (los bosques protectores de los que habla Santana) que se lleva a cabo incluso en nuestras cayerías más aisladas? Más aún, ¿quién será capaz de creer en semejante protección, con apenas 2`000 guardabosques que carecen de todo tipo de educación ambiental, y que lejos de cuidar la flora, ayudan en sus trabajos voluntarios a talar para la Empresa que los emplea? Yo, que vengo de allí, y no de Puerto Rico, jamás sería tan estúpido de creerlo.

Los primeros intentos destinados a proteger la naturaleza cubana se dirigieron precisamente a la conservación de los bosques. En épocas tan tempranas como el siglo XVIII, cuando los bosques cubanos sobrepasaban el 70% de su área original, el naturalista español Ramón de la Sagra, director en aquel entonces del Jardín Botánico de La Habana, desplegó una campaña contra la explotación irracional de este recurso (Sagra, 1798); un reclamo que continuó después de su regreso definitivo a Europa (Richard, 1945). Gracias a esta alerta conservacionista de Ramón de la Sagra, otros investigadores siguieron su ejemplo en el siglo XIX, y entre ellos, se encontró el español Miguel Rodríguez Ferrer, un naturalista que entre los años 1846 y 1848, recorrió la isla y denunció en múltiples artículos la horrorosa destrucción de nuestros bosques naturales (Rodríguez, 1876).

Posteriormente, en los años 60 del siglo pasado, las propias autoridades españolas reconocieron pública y legislativamente, la necesidad de utilizar los bosques de manera adecuada. Esto parece haber constituido la etapa inicial de la protección de la naturaleza en Cuba. Según Samek (1968), aquellos esfuerzos se mantuvieron constantes hasta el inicio del siglo XX, y gracias a ellos, se facilitó la creación de ciertas reservas forestales y leyes proteccionistas emitidas durante esta etapa. La "Ley de Aguas" (agosto 3 de 1866), la "Ordenanza de Montes" (abril 31 de 1876), y la "Ley de Puertos" (octubre 31 de 1890), son algunos de los ejemplos omitidos en los documentos posteriores a 1959. Luego, con la naciente época republicana en el siglo XX, se inició la segunda etapa de actividades conservacionistas de los bosques en Cuba. Aquí surgen otras leyes que regulaban el uso de los recursos forestales. Tales son los casos de los Decreto-Leyes N° 318 (marzo 1 de 1923), para el "Aprovechamiento de los Yanales"; el N° 753 (mayo 24 de 1923), de "Montes Protectores y Reservas Forestales", el N° 979 (julio 4 de 1923), que prohibía la tala del Nogal del País (*Juglans insularis)*, la Sabina (*Juniperus lucayana*), la Sabina Cimarrona (*Podocarpus angustifolius*) y la Palma de Corcho (*Microcycas calocomas*), y el N° 179 (1924), que prohibía derribar entre otros (*Brusimum alecastrum*) y (*Megalopanax rex*).

Durante los años 1930 y 1941, también se emitieron leyes similares a las del decenio anterior, así lo demuestra el Decreto-Ley N° 509 (1937), que extendió la prohibición de la tala de (*Colyptrogine rosaceae*), y la creación de legislaciones para crear refugios contra la actividad de la caza y la pesca (Samek, 1968), pero que lógicamente beneficiaban también a muchas especies vegetales. Otros ejemplos notables de protección de la naturaleza en este período, son los Decretos-Leyes que establecieron el "Parque Nacional Sierra de Cristal" (N° 487 de 1930); el que en 1933 proclamó "Refugio Natural para los Flamingos" a la costa norte de Camagüey; el que en 1936 hizo lo mismo con la Ciénega de Zapata; el que en 1939 proclamó protegido el "Parque Natural y Reserva Forestal Topes de Collantes", y el que en 1941, estableció el "Refugio Natural de Caza y Pesca Juan Cristóbal Gundlach" en la provincia de La Habana.

Dentro de las actividades proteccionistas, hubo también actividades violadoras de estas leyes. Ahí están los artículos del Dr Juan Tomás Roig y sus informes a la Secretaría de Agricultura; ahí está ese conocido informe de 1918 en el que expresaba: *"...el que haya recorrido esas provincias* (Camagüey y Oriente) *hace diez años y las visite de nuevo ahora, no podrá menos que sentirse alarmado ante la desaparición de aquellos magníficos bosques que antes se contemplaban en todas direcciones y que han sido sustituidos por cañaverales y potreros. Si la tala continúa con la misma intensidad, dentro de diez años no tendremos bosques en ninguna región de la isla...* "(Roig, 1918). Gracias a Dios y como quisiera Roig, la tala no continuó, o al menos no tan intensiva, pero sólo hasta que llegó un comandante y mandó a talar.

A estas preocupaciónes de Roig, siguieron otras hasta los años 50. En ellas se destaca la preocupada actitud del Hermano Alaín, quien escribió otra patética valoración del estado de los bosques cubanos, y de quien también tomamos su valoración sobre la provincia de Camagüey como ejemplo ilustrativo de su crítica: *"...de Camagüey queda poco por conservar, quizás se podría hallar todavía uno que otro bosque en la Sierra de Najasa o en la Sierra de Cubitas, pero en general ha sido muy desmontada y lo poco que queda está desapareciendo con mucha rapidez. Las palmas, rarísimas botánicamente de las sabanas del norte, cerca de Morón son cortadas sin consideración, so pretexto de hacer potreros...* "(Alaín, 1952). Estas críticas a la destrucción del bosque eran, y aquí si hay que reconocerlo, sólo posibles de publicar hasta 1959, pues después del triunfo revolucionario fueron prohibidas, incluso, como comentario entre los especialistas.

Aceptado por la gran mayoría de los mejores botánicos cubanos está el hecho de que, entre 1492 y 1812, sólo se destruyó el 10% de las áreas boscosas de la isla (Areces, 1978), pero la lentitud de este proceso de degradación no puede asociarse al sistema económico-político de aquella época, y ni siquiera, al desarrollo inicial de la industria azucarera. Se sabe que la ganadería empezó a establecerse primeramente en las áreas libres de bosques denominadas sabanas o sabanillas (Luna y Cabrera, inédito), y entonces, ese 10% de bosques destruidos se debió, principalmente, al trazado de los hatos y corrales de 1579, que estaban limitados a las dos leguas de extensión (Rouset, 1918), y a la tala selectiva de las mejores maderas que en aquellos años se extrajeron para las construcciones navales y civiles. Las maderas preciosas que fueron utilizadas en la "Armada Invencible", el "Palacio del Escorial" y sus muebles más refinados (1563-1584), así como en la Ciudad de la Habana durante su construcción, y en la reparación de las naves en el puerto de esta capital.

Más tarde, con el incremento de la ganadería y la industria azucarera, la degradación de los bosques aumentó. Por estas causas, y a partir de los datos del censo de 1900, sólo quedaba cubierta forestal en un 53% del territorio nacional. Sin embargo, otros afirman que, *"en lo que duró el período republicano, este recurso disminuyó en 4`400`000 hectáreas más, principalmente en las provincias orientales, y que con ello, Cuba, contaba apenas con un 13,6% de sus bosques originales".* (Luna y Cabrera, inédito), y claro está que el interés de extrapolar estas cifras a la época de la república, para hacer de este período histórico el más nocivo para nuestra naturaleza, tiene implicaciones que no parecen necesarias de aclarar en este momento.

Si en realidad eso fue lo que quedó de bosques cubanos en 1959, ¿cómo no sospechar de esos datos publicados con tanta posterioridad a ese año? Quiere decir que estas cifras han aparecido mucho después que Castro comenzara a hacer uso anárquico de este recurso y que al cabo de 30 años, ya resultan imposibles de corroborar. Pero bien, supongamos que es cierto que el gobierno castrista logró incrementar los bosques en un 4% ya desde 1975, y que actualmente, Cuba tiene un 18% de bosques que continúan incrementándose. ¿Quién pudiera creerlo? ¿Quién pudiera afirmar que esta supuesta preocupación por la reforestación haya sido apropiada? Nadie. Si echamos un vistazo a las evidencias, veríamos cuán fácil resulta desmentir esos "logros" utilizando los propios datos del gobierno.

En 1983, se publicó el "Catálogo de las Plantas Cubanas Amenazadas o Extinguidas" (Borhidi et. al., 1983). Este documento, elaborado y publicado desafortunadamente tarde, es de todas formas un escape muy interesante de las verdades filtradas entre las minúsculas endijas de la censura comunista. En él aparecen incluidas 959 especies (15% del total de la flora de plantas vasculares cubanas), de las cuales 58 están consideradas como extintas; 13 como raras o ya extintas; 268 en peligro, y 564 raras y difíciles de localizar. ¿Podrán salvarse estos taxones tan importantes para la ciencia? La respuesta nos la da otra autora, que quizás sea más consciente de los reales aportes de la política ambiental del gobierno en materia de bosques. Esa respuesta dice textualmente: *"se carece todavía de planes científicamente concebidos para las áreas protegidas y falta aún integralidad y unidad de acción al abordar estos complejos y acuciantes problemas."*(Leyva, 1988).

Pero la respuesta, también puede ser explicada de otra forma, y a partir de un error en el trabajo de Luna y Cabrera: *"La legislación vigente en*

Cuba, faculta sin limitaciones al Consejo de Ministros para afectar la vegetación natural en caso de <u>necesidades extremas</u> (los subrayados son míos) *confrontadas por el <u>desarrollo económico</u>... "* (Luna y Cabrera, inédito). He ahí la explicación, pues la cínica legislación *faculta sin limitación* la destrucción, no aclara cuales pueden ser esas "*necesidades extremas*", y sabe de sobra que estas no se deben a ningún "*desarrollo económico*", sino a todo lo contrario. Si lo que he dicho antes sobre la repoblación de especies exóticas en forma de bosques monotípicos no fuera cierto, la tenue denuncia de: *'se le presta poca atención a otros aspectos de índole ecológica como la composición por especies de la formación vegetal, la relación trófica con la fauna, etc. "* (Luna y Cabrera, ínedito), no hubiese aparecido nunca en un trabajo como ese.

Pero el problema se hace más transparente cuando vamos a los datos que brinda el "Plan de Repoblación Forestal". Se sabe que hay un método conocido como "reforestación sucesional" y se dice que este, es muy recomendado en Cuba pero que casi nunca se practica. Con él, las especies pioneras, y que pudieran tener un crecimiento espontáneo después que el bosque ha sido destruido, permitiría también la germinación de las especies umbrófilas una vez que las primeras hubieran cerrado el dosel (IES, 1991). Sin embargo, esto nunca llega a suceder, ni siquiera bajo el lento proceso natural y en ningún área del país. Por el contrario, lo que en realidad ocurre es que se destroza el terreno con bulldozers, se roturan las tierras para después dejarlas abandonadas, y se eliminan todas las posibilidades que favorezcan la germinación de un bosque secundario.

Es suficiente chequear los datos de las áreas reforestadas en Cuba, para llevarnos una idea general de lo absurdo que significa hablar o creer en el incremento de los bosques. De las 210`000 ha que se dicen incorporadas al patrimonio forestal cubano, un 15,5% fue sembrado de casuarinas (*Cassuarina equisetifolia*) y un 12% de eucaliptos (*Eucaliptus recinifera*), dos especies australianas que como todos comprenderán, resultan "importantísimas" para el "patrimonio" natural de la nación. El resto, está integrado por *"un 37,4% de coníferas* (no se especifica de dónde) *y un 35% de latifolias varias "* de las que tampoco se mencionan especies (Luna y Cabrera, inédito). Entonces, si nos fijamos un poco más en esas "leyes de protección de la naturaleza" en el período revolucionario, veremos como estas tampoco han funcionado mejor que en la época de la colonia o el período republicano; peor aún, comparémoslas con sus equivalentes anteriores, pero llevemos sombrillas a Cuba si no queremos morir de insolación.

El gobierno de Castro *"enfrentó el problema de la desforestación desde 1959. Durante una primera etapa, que se extendió hasta 1963, se trató de establecer Parques Nacionales que servirían más bien como centros turísticos y serían dirigidos por el INIT; Instituto Nacional de la Industria Turística."* (Samek, 1968). Sin embargo, para explicar este esfuerzo revolucionario citado por Samek, nada mejor que hacerlo con un ejemplo. La ley N° 100 (febrero 23 de 1959), que fue emitida por el Ejército Rebelde para formar el Departamento de Repoblación Forestal, fue un papelucho que creó un departamento sin poderes ejecutivos hasta que otra ley, el segundo papelucho N° 239 (abril 10 de 1959), se los dió de forma limitada y compartida con los hoy desaparecidos INIT y Departamento de Obras Públicas.

Tres años más tarde, cuando se publicó el "Mapa del INIT", y en el cual se señalaba la existencia de 11 Parques Naturales en las 6 provincias de Cuba, los cartógrafos del régimen olvidaron un detalle. Estos parques, muchos de los cuales ya existían con antelación a 1959, dejaron de tener desde entonces la antigua función de proteger la naturaleza, y por ende, *"no contaron nunca con las investigaciones necesarias para determinar su importancia natural, o los objetivos que los señalaba como tales "*(Luna y Cabrera, inédito). Ellos, son una de las numerosas pruebas que demuestran que esos "esfuerzos de conservación" no fueron útiles al medio ambiente. De ellos sólo se deduce un interés económico que, al cabo de 38 años, y con el Plan Turquino implementado, aún siguen sin dar los frutos esperados.

Pero sigamos. La resolución N° 412, (julio 10 de 1963), estipuló la creación de Reservas Naturales y transfirió a la ACC su custodia y conservación. Desde esa fecha hasta nuestros días, dicha institución sólo estipuló la protección de 25`000 ha de bosques de alto valor, divididos entre cuatro reservas de las antiguas provincias de Oriente y Pinar del Río. Si la división se hiciera por igual, poco más de 6`000 ha es lo que le tocaría a cada una de nuestras seis provincias; es decir, que sólo unos 60 km^2 estarían siendo protegidos en cada área, y ya podemos imaginar cuanto puede rescatarse de la biodiversidad de un bosque tropical en apenas 250 km^2 en todo el territorio. Por otra parte, la ley N° 1204 (mayo 16 de 1967), creó al Instituto Nacional para el Desarrollo y Aprovechamiento Forestal. Un centro que tuvo que precisar, por primera vez, las desconocidas funciones de la ACC dentro de las reservas naturales bajo su jurisdicción. Así, señaló que estas áreas serían destinadas *"...para fines de la investigación científica y de protección de las áreas del Patrimonio Forestal de la nación... "*, pero,

¿se cumplieron estos objetivos? No, la respuesta será siempre absolutamente negativa, pues a medida que surgían las leyes, el Estado se reservaba el derecho incuestionable de decidir sobre el uso del recurso, ya estuviera protegido o no.

Para demostrar lo antes dicho, llegó entonces la Ley 33/81 para la *"Protección del Medio Ambiente y el Uso Racional de los Recursos Naturales"*. Si tenemos en cuenta que para Fidel Castro la democracia occidental no juega con el concepto de democracia socialista, es de esperar que *"el uso racional"* de los recursos naturales que Castro anuncia en sus leyes, tampoco tenga el mismo significado que el de la definición universal del término. Lo primero que especifica la ley N°33 de 1981 es *"la garantía de participación del Estado en dichas medidas"*. Cierto. De hecho, la legislación dejó siempre un marco que le permitiría invalidarla con legislaciones complementarias. Cuando observamos cómo el régimen destruye Cayo Coco, por citar un ejemplo, nos damos cuenta no sólo como la ley viola impunemente su sección quinta ("De la flora y la Fauna"), sino que para hacerlo, el gobierno ni siquiera requiere de esas mencionadas *"legislaciones complementarias"*. O sea, la ley 33/81, con todas sus ambigüedades y condiciones implícitas, está diseñada a tal efecto. En ella, *"...es el Consejo de Ministros quien estipula la creación de la Red Nacional de Áreas Protegidas, que comprende Parques Naturales, Reservas Naturales, Monumentos Nacionales de carácter fisiográfico, Refugios de Fauna y otras categorías que se consideren pertinentes"*, y mientras este prohibe la reducción de las áreas boscosas, faculta *"únicamente al Consejo de Ministros para autorizar las afectaciones de aquellas que se consideren imprescindibles por necesidades del desarrollo económico"*.

Por todo lo anterior, y bajo un gobierno que no ha sabido elaborar tan siquiera un diseño propio para salvar su economía, o dentro de una política de ostracismo que sólo sale de apuros destruyendo la naturaleza, es lógico esperar que se siga haciendo ley todo lo que facilite acabar con los recursos que nos quedan. No tengo dudas de que el gobierno destruye la naturaleza amparado en *"sus necesidades imprescindibles"*, pero lo que resulta una falta de respeto a la nación entera, es que se diga que las necesidades están en función del *"desarrollo económico"*. Esto es una burla, y no un estúpido error de concepto de los que padece Castro. En Cuba, ciertamente no puede hablarse de democracia, como tampoco puede mencionarse la palabra desarrollo. La razón para afirmarlo es muy sencilla: Castro es una rara excepción del planeta que jamás entenderá que la "conservación real" de los recursos naturales, forma parte imprescindible de toda estrategia de desarrollo. Y esto, invisible para el tarado líder verdeolivo, es así, a pesar de sus conceptos, y en cualquier país del mundo.

Bulldozers en el parque de cristal.

"The group's most vital discovery was an unhappy one: Large scale, unauthorized chromium exploration had just begun in the heart of the Ivorybill's last home. "

John McNeely

S i todos nuestros bosques hubiesen estado destruidos en Cuba desde la época de la colonia como tantas veces lo han repetido los adictos al régimen, jamás hubiera sido posible que José de la Luz León escribiera tan maravillado sobre ellos. Gracias a que la época de la República fue mucho menos destructora que la actual, los bosques pluvisilvas de la Sierra de Cristal continuaron cubiertos de vegetación exuberante en esas montañas orientales. De ahí que, durante una visita a esos parajes a mediados de los años 30, este miembro correspondiente de la Real Academia Española, pudiera describirlos así: *"...un murmullo apagado, un susurro que se expande por la selva opulenta. Luego crece, crece cual fronda endemoniada agitada por los vientos. Desde hace dos horas el aspecto del bosque es otro. Su alma es más bravía, más huraña, más imponente, y se nos antoja que recibe mal humorada la visita del hombre. "*(Luz, 1976).

Sin embargo, y como que ahora muchas de estas áreas han sido destruidas, los más críticos científicos del estricto-marxismo-leninismo dirán que quiero justificar con literatura mis argumentos ecológicos, o que trato de dar crédito a un período político, basándome en la poesía generada en la cabeza de un cubano soñador. No obstante, a pesar de ellos, yo pregunto, ¿y por qué no? ¿Es que acaso no eran mitad poeta los científicos y naturalistas de antaño?, ¿no han hecho todos los botánicos, uso y desuso, científico y literario, de los textos casi poéticos del Padre las Casas?, ¿acaso un paraje desolador puede inspirar semejante prosa sobre las maravillas de ese bosque cubano? Estoy de acuerdo en que la literatura científica debe ser de cierto modo fría, pero también creo, que la literatura científica del período revolucionario carece de todo tipo de sensibilidad y que, acostumbrados a destruir, el cubano ha cerrado las puertas del corazón a la belleza del país.

La Sierra de Cristal, en cuyo seno se encuentra la reserva de la biosfera "Cuchillas del Toa", mantuvo una relativa conservación en el estado de sus bosques hasta 1980. Al parecer, ello se debía a que la zona estaba protegida por el decreto N° 487 desde 1930, así como, a que los pocos habitantes que quedaban en el área, habían aprendido a vivir en armonía con el medio y por ello, no le ocasionaron daños de consideración. Por otra parte, y debido a que la zona había sido muy poco visitada después de 1959, las Cuchillas del Toa se convirtieron, a finales de 1985, en una localidad de atracción científica mundial. Sin embargo, y contrario a lo que se pueda pensar, el hecho de que los investigadores aseguraran haber redescubierto en ella el carpintero real (*Campephilus principalis*) (Alayón et. al., 1987), no trajo más protección, sino toda su desgracia.

En 1986, y en apoyo a la expedición de Lester Short, George B. Reynard, y Giraldo Alayón en la que buscaban al carpintero, sobrevolé toda el área junto al piloto Justo Espinosa. Nuestro trabajo consistía en detectar desde el aire todas aquellas áreas donde la vegetación estuviese mejor conservada, y donde los pinos (*Pinus cubensis*) mostraran una distribución asimétrica y por tanto, natural. Sin embargo, contrario a lo que uno veía desde la tierra, nosotros pudimos observar desde el avión grandes áreas de bosques mixtos destruidas. Así, en las inmediaciones de Palenque, al oeste del campamento de Los Rusos, o al sur de las Cabezadas del Yarey, habían grandes zonas recién taladas o quemadas, y en las que se distinguían muchos pinos y gran cantidad de almácigos (*Burcera simaruba*), majaguas (*Hibiscus iliatus*), y ocujes (*Calophyellum antillarum*).

Alberto Areces, botánico del MNHN de La Habana, afirmaba que en la cuenca de los ríos de esa región se hallaban, entre los 150 y 250 m s.n.m., los bosques pluvisilvas "más bajos" de Cuba, y que en ellos se encontraban quizás, los últimos rincones vírgenes de este tipo de vegetación. Y en efecto, desde que la zona concentró la atención de los científicos, en cada viaje podían descubrirse nuevas especies de plantas y animales. Aquello era un santuario natural desconocido por la ciencia en el que a veces se tenía la impresión de estar en medio de la selva del Amazonas, y no en una reserva que se empezaba a maltratar en la Cuba socialista. El río Jaguaní, por ejemplo, el cual descendí en cuatro ocasiones, era sin dudas el río más caudaloso y limpio de la isla, y a lo largo de su curso de 70 kilómetros (entre

La Melba y el río Toa) todo era bosque sin actividad humana, pero sólo, hasta 1990.

Desde entonces, nuevos "parches" deforestados fueron creados por el hombre en este territorio, muy próximos a los asentamientos humanos. En la Melba, por ejemplo, se deforestaron sus colinas del sur. Cuando visité por última vez el área, en diciembre del 1991, hacía un año que Fidel Castro había declarado el "Período Especial", pero entonces, desde La Melba y en dirección a La Mercedita, la mina de cromo ubicada 4 km al oeste, ya se contaba con un plan vacuno y grandes extensiones taladas para la siembra. El Plan Turquino, insentivado por Raúl Castro a raíz de la ausencia casi total de suministros, había originado la agricultura migratoria, y con ello, acarreaba el mayor daño a los bosques naturales más importantes del país. Entre una cosecha y otra, y acrecentado por las lluvias y la erosión, se quedaban sin capa vegetal todos los desmontes realizados apenas un año atrás.

A medida que aumentaba el interés de los científicos en la zona, creció también el interés del gobierno en la reserva. Sin embargo, el interés del Estado no tenía nada que ver con el apoyo a los especialistas, sino en cómo utilizar la ciencia en función de sus ganancias. Desde que las Cuchillas del Toa motivaron la espectativa de los norteamericanos para localizar en ella a un ave desaparecida en los Estados Unidos, la dirección de la Academia, y todas las empresas vinculadas a la zona, comenzaron a exigir el pago en dólares por cada expedición a realizar. Aprovechando el temor de los ecologistas por la pérdida de hábitats, el gobierno intensificó sus acciones destructivas en el área. Así, mientras más preocupados se mostraran los especialistas extranjeros, más ascendía el precio por visita, y más se "detenían las acciones mineras" frente a ellos. Pero esto, como una estrategia política en la cual las autoridades cubanas aparentaban ser sensibles con la naturaleza a pesar de las necesidades económicas.

Un ejemplo que caracteriza lo antes dicho, pude comprobarlo en el informe de expedición que me envió un norteamericano. En 1991, y después de un año de gestiones administrativas, John McNeely, un documentalista de la naturaleza especializado en especies sensibles aún no monitoreadas por la ciencia, pudo por fin acceder a la zona. Se trataba de su primer viaje exploratorio, y por el cual tuvo que pagar, entre permisos, transportación, y manutención de la contraparte cubana, unos 14`000 dólares. Sin embargo, extremadamente preocupado por la destrucción de lo que él consideraba *"el mejor bosque del Caribe"*, en 1992 organizó su segunda expedición, pero para hacerla realidad, el gobierno le exigió mucho más que en su primer viaje. Esta vez, la coordinación le costó 300 horas de llamadas telefónicas para recoordinar lo acordado un año antes; la aduana le exigió 730 dólares por un exceso de equipaje que ya había pagado en Canadá, y además, la contraparte cubana (Jorge Santamarina, Alfonso Silva Lee y Giraldo Alayón) le exigieron el alimento, así como correr con todos los gastos de la transportación hasta la zona. En resumen, McNeely dejó en Cuba 70`000 dólares y con ellos, su probada ingenuidad.

Es decir, este especialista realizó un enorme gasto para buscar una sola especie, pero sin ninguna posiblilidad de reportar datos sobre ella, y sin garantías de recuperar luego lo invertido. Por ser un hombre totalmente inexperto en el "ambiente del cubano" aquel viaje no le dió lo que esperaba, pero además, lo llevó a pensar que aquella área aún estaba protegida, y que en Cuba se podían llevar a cabo prospecciones mineras sin autorización. O sea, creyó que en Cuba alguien podía mover un bulldozer sin una orden, o levantar un campamento de trabajadores sin el apoyo del Estado, y cuando estos trabajadores cesaron la actividad debido a su visita, exclamó: *"gracias a la presencia de los investigadores, y a la acción inmediata, las actividades mineras cesaron"*; el pobre. Del informe de McNeely, carente por completo de datos sobre el carpintero real, podemos extraer sin embargo, algunos comentarios que nos muestran el oportunismo del Estado.

Lo primero que McNeely descubrió, fue que un nido viejo de carpintero real tenía ahora un nuevo terraplén a unos metros de distancia, que habían gatos (*Felix familiaris*) en el bosque, que los puercos pululaban por toda el área, y que los ríos cubanos se contaminaban dentro de la reserva de la biosfera por la acción de una minería que, según le aseguraron, era "furtiva". Por sus palabras: *"estábamos horrorizados con encontrar tres casas rodantes, una cocina...Tres hombres y un perro ruidoso... esperando por el arrivo de 35 trabajadores de prospección"*, podemos darnos cuenta de las desventuras de este norteamericano por la Sierra de Cristal.

Luego, McNeely no se percató cómo delante de él, todos se asombraban del desastre (me imagino la cara hipócrita de Silva Lee), pero tampoco de que la gente se moría de hambre y que por ello, tenían que salir a buscar comida al monte, o robársela a los extranjeros poco precavidos como él (McNeely, inédito). Mientras el ingenuo americano ignoraba todo esto, el gobierno revolucionario ya había comenzado a talar las laderas de las montañas en las que construirían el muro de contención de la hidroeléctrica del Toa. Mientras que McNeely imprimía en los Estados Unidos muchos letreritos que indicaban que aquello era un "área protegida", el estado continuaba su tarea para inundar toda la cuenca del Toa y el Jaguaní. Mientras él disfrutaba en cierta forma aquellos silvestres paisajes donde nacían estos ríos, Castro ya contaba con el apoyo "tecnológico" de Corea del Norte para destruirlos desde su desembocadura. Para demostrar aún un mayor cinismo, mientras la emisora de radio de Moa criticaba la prospección minera llevada a cabo ante las narices del norteamericano, Hugo Pons, un economista de La Habana, publicaba en la revista Bohemia la necesidad de transformar totalmente aquella zona por un poco de energía.

Cuba, según Pons, no tenía crisis energética, pues *"la energía está ahí, en la biomasa, en el bagazo, en la turba de la Ciénaga de Zapata, y en las aguas del río Toa... "* (Terrero, 1992); es decir, en las aguas que, desde La Perrera en Baracoa, acabarían con el paraíso protegido de McNeely. Una hidroeléctrica que de llevarse a término, inundaría muchos pinares del carpintero real, cientos de hectáreas de bosques de galería, y otras tantas zonas donde habitaba el almiquí (*Solenodon cubanus*), o donde nidificaban las garzas azules (*Egretta caerulea*), las torcazas boba y cuellimorada (*Columba inornata*) y (*Columba squamosa*), las cotorras (*Amazona leucocephala*), las pedorreras (*Todus multicolor*), y una decena de aves raras difíciles de localizar (Alayón et. al. 1987). Amenazada por la minería al oeste, y por la inundación al este, aquella reserva perdería muchas localidades cercanas a las Cabezadas del Yarey, La Zoilita, El Culebro, Mosca Verde, El Cuncuní y Palenque.

Sin embargo, y desde que este desastre hidroeléctrico fue anunciado, ya se extraían, tanto por el Toa como por el Jaguaní, todos los árboles de maderas preciosas que se encontraran cerca de sus orillas. En las áreas bajas del Toa, por ejemplo, se cortaban a petición de los escultores y artesanos de La Habana, o de las corporaciones extranjeras, cientos de metros cúbicos de Granadillo (*Brya microphylla*), Jocuma (*Mastichodendron foetidissimun*), Protocán (*Spathelia brittonii*), Quiebra hacha (*Pseudocopaiva hymenaefolia*), Roble caimán (*Ekmanianthes actynophylla*), y Sabicú (*Lysiloma sabicu*). Pero además, con la tala de los bosques desaparecían importantes hábitats para miles de insectos y mariposas endémicas como la (*Anetia cubana*), el papilio de Gundlach (*Parides gundlachianus*), o la mariposa transparente (*Greta cubana*), (Alayón y Solana, 1987), y por supuesto, cientos de especies, de la flora y la fauna totalmente desconocidas por la ciencia.

Al parecer, eran realmente pocos los que estaban interesados en hablar de este acuciante problema, y yo diría, que eran aún menos los que creían que algo así estaba ya ocurriendo en el mejor bosque natural de Cuba. Hoy, cuando la presa del Toa aún no ha sido terminada, o mientras este desastre ecológico no ha sido aún observado por los ingenuos ojos azules de algún que otro norteamericano de visita, puede que mis comentarios resulten un caso típico de falsa alarma, o un extremismo ecologista de exiliado que "pretende ser de la avanzada" (Alayón, acusación. pers.). Sin embargo, cuando se logre el objetivo del gobierno, quizás McNeely sea nuevamente el sorprendido, pues en vez de un terraplén al lado de su viejo nido, encontrará un inmenso lago que ahogó con una burrada todos sus mejores sueños, todos los nidos que él no pudo descubrir a tiempo, todas las flores desconocidas para el hombre, y todos esos paisajes a los que una vez él llamó, con muchísima razón, *the finest forest left in the entire Caribbean.*"

La energumenoenergía:
nueva teoría revolucionaria.

"En la cumbre de Río de Janeiro se hablaba de la biodiversidad vinculada a la solución del problema ecológico... Por asociación se me ocurrió un concepto: la energodiversidad, o sea, el uso de todas las fuentes de energía factibles. Los ríos, el sol, el bagazo, las excretas del ganado, la leña.(...) Aún no tengo muy elaborado ese concepto, pero lo veo vinculado a la independencia energética. "

Hugo Pons

ebo aclarar que Hugo Pons no es un especialista en energía, ni alguien que cuente con ideas propias, sino todo lo contrario: un economista cubano. Pero además, un economista dotado del cinismo más agresivo que caracteriza a los tecnócratas de la Cuba de hoy. En agosto de 1992, Pons fue lanzado a la fama por la revista Bohemia como el descubridor de la **energumenoenergía**, un concepto que él bautizó como la "energoenergía", pero que no tenía (según sus propias palabras) aún bien definido. Como que la tarea de describir su concepto parece algo muy difícil, yo he decidido ahorrarle energía, y voy entonces a explicarlo con varios ejemplos que se observan en su teoría. El famoso concepto descubierto por Pons es algo así como descubrir el agua caliente dentro de un recinto de calderas, una idea para la cual necesitaba consumir todas sus neuronas y el concurso de sus más preciadas musas, a fin de concluir que: *"la energía podía ser obtenida no sólo del petróleo, sino a partir del biogas, la leña, la fuerza del agua y el viento".* Interesante.

En aquel año, el gobierno de la isla estaba forzado a fomentar el optimismo y se valía de personajes como Pons para explicarle al pueblo que Cuba no tenía una crisis energética, sino una "penuria energética". Este nuevo concepto del economista del Partido tenía una clara función aclaratoria: Cuba no necesitaba depender del petróleo como fuente de energía, y teníamos que oponernos a cualquier postura fatalista. O sea, mientras hubiese algo que quemar dentro de la isla no había porque pensar en ninguna dependencia o problema alguno.

El petróleo, los ómnibus Ikarus, la caña de azúcar, y todo aquello de lo cual Cuba había estado dependiendo, ya no hacía falta. Más bien aquellos eran derroches del socialismo con padrinos, y Pons, más sabio que el propio Castro, estaba dispuesto a explicárnoslo de una forma "convincente": *"En mi opinión personal, la estrategia no está en resolver el problema energético con un elemento, con un portador, con una fuente, sino en convertir la solución en muchas soluciones. Explotar y sumar todo lo que sea capaz de propiciarnos energía".* (Pons, 1992). En otras palabras, quemar todos nuestros bosques, explotar toda la turba que existiera en la Ciénaga de Zapata y de Lanier, producir todo el carbón vegetal que nos fuese posible, y disfrutar la energía eléctrica por un par de años para con ella, poder leer de noche artículos como el suyo.

Mi primer viaje a la Ciénaga de Zapata fue en 1980. Por aquel entonces, el estrecho camino que conducía desde Soplillar a Los Hondones era como un túnel en el cual el jeep perdía la pintura rozando las ramas del sotobosque. Sin embargo, desde aquel entonces, y sin haberse puesto en marcha el Plan Turquino, ya se observaban ciertas transformaciones de importancia. La arrocera de Amarillas ya drenaba sus aguas contaminadas a la ciénaga, y de esta, pasaban al bosque durante las inundaciones en la época de lluvia. Hacia El Helechal (al este y muy cerca de Playa Girón), o hacia Santo Tomás (al noroeste de Playa Larga), se extraían intensivamente varas de madera para los secaderos de tabaco, pero además, ya se talaban los bosques cercanos a la ciénaga, y ya se utilizaban intensivamente la Yana (*Conocarpus erecta*), la Yanilla (*Picrodendron macrocarpum*), la Varía (*Cordia gerascanthus*), el Ocuje (*Calophyellum antillarum*), el Júcaro (*Bucida buceras*), el Cuyá (*Bomelia salicifolia*), la Carolina (*Pachira insignis*), el Bagá (*Annona palustris*), y la Cortadera de la ciénaga (*Cladium jamaicense*), para hacer los hornos de carbón.

Además, cualquier campesino contaba con un arma de fuego para cazar aves, o para aplacar la curiosidad culinaria de los visitantes con un manjar de jutías (*Capromys sp.*), y en casi todas las casas había algún pájaro silvestre enjaulado, desde cotorras (*Amazona leucocephala*) y cateyes (*Arathinga euops*), hasta los gavilanes de monte (*Buteo jamaicensis*) y las siguapas (*Asio stygius*). O sea, a *grosso* modo, estos eran algunos de los síntomas que por aquellos años aún resultaban relativamente insignificantes (si lo comparamos con lo que allí sucedió después), pero que nos indicaban la mala protección que padecía ese parque natural bajo control y "protección" del gobierno.

En 1987 comenzó a funcionar en la Ciénaga de Zapata el Plan Turquino. Al lado del caserío de Soplillar, desmontaron unas cuatro hectáreas de bosque para levantar las barracas que albergarían a cientos de jóvenes orientales del EJT (Ejército Juvenil del Trabajo). La Empresa Forestal Integral que existía a la salida de Playa Larga se llamó desde entonces "Empresa Silvicultural Agropecuaria", lo que significaba que ya no se ocuparía del bosque, sino de explotarlo y reemplazarlo por la agricultura y la ganadería, que desatendidas en grado superlativo, sólo permitieron que proliferara el marabú (*Cailliea glomerata*) y la aroma (*Acasia farnesiana*). Así, brotaron por doquier estos arbustos, los sembrados, y las vaquerías del maldito plan, y lo primero en destruirse fueron los palmares endémicos poblados con la palma cana (*Saval parviflora*) que existía en Los Lechuzos, y con ellos, todas las áreas habitadas por estrígidos como el sijú cotunto (*Gymnoglaux lawrenci*) y el platanero (*Glaucidium siju*); varias especies de pájaros carpinteros como el verde (*Xiphidiopicus percusus*), el jabado (*Melanerpes superciliaris*), el churroso (*Colaptes fernandinae*), y el escapulario (*Colaptes auratus*), u otras especies endémicas como el tocororo (*Priotelus temnurus*), que dependían totalmente de las palmas y sus cavidades para hacer el nido.

Allí, en aquellos grandes claros del bosque natural, se hizo entonces un vivero y una vaquería. Luego, en los alrededores de Soplillar y en dirección a Los Hondones, se desmontaron con bulldozer unas 100 ha de bosques de júcaro amarillo (*Buchenavia capitata*), almácigo (*Bursera simaruba*), y soplillo (*Lysiloma bahamensis*), para sembrar boniato, papas, plátano, y otras hortalizas, que debían autoabastecer al campamento de reclutas. Para entonces, el angosto camino que conducía a Los Hondones, y del que yo hablaba al principio, tenía ahora 30 m de ancho y casi un metro de espesor. Había sido construido para transportar todo lo que el parque y el plan pudieran producir, y entre los reglones explotables, claro está, estaban todos los árboles que debían convertirse urgentemente en carbón, los boniatos carcomidos por gusanos que ni los puercos se comían, y la madera preciosa que debía transportarse pero que en realidad, se quedaba a la orilla del camino hasta podrirse y sin ninguna utilidad.

En 1989, dos años después de haberse iniciado el Plan Turquino, Soplillar era un caserío en medio de una sabana artificial. Un soldado del

166

EJT me contaba entusiasmado, que su meta era cortar 200 árboles de soplillo cada día, pero que como tenía una sierra de motor, esta norma la cumplía en la mañana y entonces, la tarde la podía dedicar a buscar nidos de cotorras porque (según él) los rusos se estaban marchando de Cuba y se las pagaban a 50 dólares. Para ese año, la localidad de Mera, un palmar abierto igual al de los Lechuzos, ya había sido totalmente desmontado, estaba lleno de cercas de alambres de púas, e incluso habían talado las ceibas (*Ceiba pentandra*) para agrandar las dimensiones del potrero. Los estudios que yo había iniciado allí sobre la ecología básica de los pequeños buhos cubanos, no pudieron terminarse como yo esperaba, y por ende, ya no era posible saber si las aves utilizaban el mismo nido cada año. Los arduos y heroicos buscadores de cotorras patrocinados por Raúl Castro, cortaban todas las palmas con huecos a la búsqueda de los pichones encargados.

Paralelamente a lo ocurrido en estas áreas, el nativo tenía el visto bueno para cortar por cuenta propia toda la leña que quisiera, para cazar todas las jutías que pudiera, y todo porque el gobierno les había hecho saber, al igual que a todos los habitantes de las zonas boscosas del país, que por su privilegiada situación contaban con todos los recursos necesarios para subsistir, y por tanto, no estaban priorizados en la oferta de alimentos. Sin embargo, y como que los recursos naturales eran muy limitados, poco a poco la caza y la captura de animales cambiaba de una especie a otra. Si en 1989 era aún posible capturar alguna que otra jutía conga (*Capromys pilorides*) en un par de horas, en 1995 tenían que buscar como pescar biajacas (*Cichlasoma tetracantha*), o como capturar alguna que otra jicotea (*Pseudemys decussata*).

Hacia Santo Tomás, el panorama también se transformaba rápidamente. En 1981, cuando se redescubrió la fermina (*Ferminia cerverai*), un ave de la familia *Troglodítidae* que había permanecido oculta cerca de dos décadas, ya era una práctica habitual quemar la cortadera de la ciénaga en busca de tortugas, y por ello, desaparecían todos los ecosistemas que habitaba esta ave. En aquellos años, y quizás hasta 1983, la única forma de entrar al área de la fermina era en bote y a través la Zanja de la Cocodrila. Luego, cuando el Plan Turquino se hizo el protagonista principal de la destrucción de toda la ciénaga, los pobladores se vieron obligados a buscar en los pantanos todo lo que les permitiese alimentarse a falta de los alimentos. Muy pronto aquel paradisíaco paraje de la fermina se llenó de caminos y de extensas áreas quemadas, y desde entonces, tampoco se volvieron a ver los cocodrilos

(*Crocodylus rombifer*), o los manjuaries (*Atrastosteus tristoechus*), que habitaban la sombreada zanja.

A pesar de que los turistas y los observadores de aves reportaban ganancias a la Empresa Forestal con sus visitas, el camino a Santo Tomás se hizo desde entonces casi una autopista. Si en 1981 se tardaba casi una hora en atravesar aquellos 32 km de bosques cerrados, en 1990 se llegaba allí en guaguas Toyota de turismo, con aire acondicionado y sin demora alguna. Las Salinas, un área donde se concentraban miles de flamingos (*Phoenicopterus ruber*), limícolas, y otras aves migratorias, también perdió su encanto por culpa del turismo. Lo mismo ocurrió a todo lo largo del Canal de los Patos; idéntica técnica forestal destruyó todos los rincones de la Ciénaga de Zapata, y así, sin haber comenzado todavía la extracción de turba, el área protegida que se decía era Zapata, dejó de serlo por decreto. La estructura de los bosques originales fue alterada para siempre, el hábitat de más de 162 variedades de aves disminuyó en un 50%, y escritores como Graeme Gibson, antes entusiasmado con los viajes para observar pájaros, llegó a decir que ante semejante desastre, ya no se podía promocionar más.

Y efectivamente, era criminal y estúpido lo que el cubano hacía en un área natural que podía aportar más dinero que la tala y si el turismo especializado se hubiese llevado a cabo adecuadamente. Sin embargo, Gibson nunca pudo comprender que así somos los cubanos: estúpidos que se entusiasman con las palabras de otros estúpidos, y más, si estos son comandantes especializados en destrozar lo bello. Las acciones que aún siguen destruyendo lo poco que hoy queda de esos bosques, es responsabilidad de los eufóricos tarados que aún gritan hurras por esas increíbles afirmaciones de un energúmeno-economista. Así, sin solución momentánea al desastre ecológico del castrismo en la Ciénaga de Zapata, tal parece que debemos alegrarnos con la próxima amenaza: "*Sólo el yacimiento de la Ciénaga de Zapata, con unos 500 millones de toneladas de turba, equivale a 200 millones de toneladas de petróleo*" (Pons, 1992). Para ver lo poderosas que pueden llegar a ser estas palabras, apenas tenemos que esperar unos años.

Ya no existen ciénagas en Pinar del Río, ya fueron también eliminadas las del río Jatibonico del Sur, ya desaparecieron las zonas bajas aledañas a la desembocadura del río Cauto, y muy pronto, si Castro aún existe y el Sr. Pons insiste, desaparecerá uno de los mayores humedales de la región neotropical del planeta. Además, el deseo de transformar la Ciénaga de Zapata no es nuevo, Fidel ya lo intentó desde los años 60 cuando decía que, con la ciénaga drenada, convertiría a Zapata en el plan arrocero más grande del mundo. Desafortunadamente, esta mentalidad y megalomanía nos hace cada día más pequeños, cada hora más pobres, y cada segundo, menos capaces de responsabilizar a nadie con semejante desafuero económico.

¿Cuántas patas tiene el gato?, es la pregunta que hace el periodista Ariel Terrero en la entrevista que concede al economista Hugo Pons, pero este, sin saberla contestar, ya ha probado su testarudez al dictar una conferencia sobre la coyuntura energética del país en medio de un apagón. El imbécil que a los pocos días de aquella disertación en la Facultad de Economía de la Universidad de La Habana (casualmente sin apagón), aseguró: *"En esos recursos lo que yo veo es el sostén de la salida"*, refiriéndose, entre otros, a la turba de la ciénaga y al proyecto Toa-Duaba, quiere criar ahora vacas para producir escretas, y de manera que estas se conviertan en una mina de gas y no de carne o leche. Hacer en cada río una microhidroeléctrica, y poner en marcha la minería en Moa son también otros de sus sueños, como si la inmensa mayoría de nuestros ríos no estuvieran secos, o como si el bagazo de la caña que actualmente se produce diera para tanto.

Finalmente, hay que decir que estos efectos energúmeno-devastadores no son nuevos. Pueden verse ya en la Ciénaga de Lanier, donde, entre 1975-1979, todo el bosque de la ciénaga fue deforestado a lo largo de 40 km y con una profundidad de 600-800 m. En los primeros aguaceros, toda la capa vegetal desapareció por la erosión, y no quedó nada más que el "diente de perro" al descubierto. Cuando se le llamó la atención al general que llevaba a cabo aquel desastre, este se rió de los científicos y los expulsó del área. Desde 1992, ya se está extrayendo la turba de Lanier y con ello, ya se han creado serios problemas ambientales. Los bosques que necesitaron miles de años para formarse, y la turba que tardó millones en acumularse, son ahora explotados con retrocavadoras que los acaban en apenas unos días. Ese mismo año y para despejar el camino a las dragas, se talaron entre abril y mayo más de 10`000 troncos de palma (*Thrynax radiata*) del sur de la isla. La misma que se destruía a principios del 80 en Cayo Largo del Sur con fines de jardinería, pero en este caso, para hacer "jaulones" y pescar con ellos la langosta (*Panulirus argus*).

Cuando Guillermo García Frías fue informado de tal desastre, en vez de detener la barbarie, formó otras 10 brigadas para talar todos los árboles de almácigo (*Bursera simaruba*), y enviarlos a la fábrica de lápices de Batabanó. Hablando con los operadores de bulldozers, ellos nos explicaron que también se estaban talando los árboles de maderas preciosas para la industria del mueble en la capital. Según ellos, había gran demanda desde CUBALSE (Cuba al Servicio del Extranjero) para amueblar las casas de los recién llegados inversores extranjeros. Un colega, del cual prefiero omitir el nombre, y que se hizo pasar por un admirador de sus "hazañas", logró aún más información. Habían exploradores que se internaban en el bosque y que recibían una "prima" (extra salarial) por cada árbol de madera dura que encontraran y talaran. Sin embargo, como que muchas veces estaban tan intrincados en el monte de la ciénaga, sólo los cortaban aunque no pudieran sacarlos. Después que uno oye o ve esto, lo menos que nos queda es el deseo de cambiar la pregunta de Terrero. ¿Cuánta excreta bovina hay en la cabeza de Hugo Pons?, y, ¿cuánta cáscara de almácigo queda en la de García Frías? Estas serían las preguntas a saber, pero me temo que no mucha, pues la energía que consumen para crear sus magníficos conceptos así nos lo indica.

Los ajustes de cuentas de la naturaleza.

"Los zapadores de la Brigada Invasora Che Gue-
vara volaron por los aires ceibas de santería y
palmares centenarios, arrancados de raíz por las
cargas de dinamita, al tiempo que se desmontaban
las mejores tierras para dedicarlas a la siembra de
prometedoras variedades de caña. "

Eliseo Alberto Diego

Dentro de las barbaries ambientales y propagandísticas del gobierno, hay miles de ejemplos que, aún después de haber provocado desastres ecológicos, apenas fueron mencionados por la prensa oficialista de Cuba. Por otra parte, y a pesar que la naturaleza ha ajustado sus cuentas repetidas veces, jamás se ha logrado que el público las conozca, o que el Estado no repita más aquello que causó daños. Nadie, por ejemplo, habla de las continuas inundaciones del reparto "Puente Nuevo", al lado del Residencial Almendares, y que se producían como consecuencia de las obras "hidro-estéticas" que se llevaron a cabo en el Parque Lenin. Quizás algunos alumnos de la escuela cercana las recuerden con alegría, pues durante ellas no había clases y el marxismo se quedaba mudo algunos días. Sin embargo, seguramente habrá otros como el acarólogo Jorge de la Cruz, que sí lo recuerde muy seguido y con amargura. Ello se debe, entre otras molestias, a que sus muebles se desencolaron más de una vez, y a que el gobierno jamás lo indemnizó por los daños en su hogar.

Antes, ya hablé de aquella playa del Cajío, y de aquellas transparentes aguas en las que uno se podía bañar a finales del 60 sin preocupación. Pero también dije que aquella costa comenzó a deteriorarse a raíz de la contaminación, la destrucción de los manglares, la canalización de los ríos Mayabeque y Hatiguanico, y la tala de los bosques aledaños a la zona. De eso, y del desastre ocurrido a los remanentes boscosos de Mayabeque, es de lo que quiero hablar aquí. Además, haré mención de un dique, y a muchos de los desastres ecológicos que ocurren en Cuba por culpa de la testarudez de sus tecnócratas. Es decir, de algunas respuestas que la naturaleza ha dado a un sistema político que sólo quiere dar pruebas de infalibilidad. Por supuesto, que se trata de respuestas en pequeña escala y que en ocasiones podemos ver, pero de las cuales generalmente no sacamos ninguna provechosa conclusión.

La larga y destructiva historia de esa llanura comenzó a principio de los años 70, pero para hacerla breve, baste resumirla así. Al sur de la Habana habían antiguamente, o sea, antes de 1959, unos remanentes boscosos de palmas reales (*Roystonea regia*) entremezclados con elementos semideciduos que se mantenían relativamente saludables en unas tierras protegidas del mar gracias a una vasta franja de manglares. Aquella zona de la Habana era, a los efectos biológicos, un sendero genético entre las tres provincias occidentales del país. Un mal día, el Estado decidió utilizar estas tierras para el cultivo y desde entonces, como consecuencia de la política forestal de aquellos años, el sur habanero se convirtió en un campo de pruebas de explosivos. En otras palabras, el método de talar que el gobierno utilizó allí, fue el de la dinamita al pie de cada árbol, y como es lógico, los bosques no soportaron semejante acoso. Por ello, se perdió la continuidad de la vegetación que hacía utilizable ese importante corredor natural.

Palmas y árboles de todo tipo caían por doquier, mientras que los sembrados y tierras roturadas barrían los últimos vestigios del antiguo bosque secundario. En 1986, mucho después de haber yo trabajado en aquellas tierras en la "Escuela al Campo", y después que el gobierno finalizara su guerra de explosivos, el bosque que quedaba se había convertido en una zona muy estrecha de palmas cercanas a la costa, a las que los campesinos comenzaban a talar para construir bohíos. Al parecer, cansados de esperar por los materiales de construcción que Fidel Castro les había prometido, aquellos cubanos volvían a rehacer sus tradicionales viviendas de palma y guano. Sin embargo, para darnos cuenta de la indolencia estatal sobre estos remanentes boscosos, y sobre la precaria utilización de estas áreas, tengamos en cuenta que yo, personalmente, denuncié el hecho a Beatriz Mulkay en el Dpto de guardabosques del INDAF, y aunque le expliqué que todavía se estaba a tiempo para detener la tala, la respuesta del MINAGRI jamás llegó.

Una semana después, en uno de mis vuelos de entrenamiento al sur de San Nicolás de Bari, pude ver como abajo el terreno ya no estaba moteado del característico verde del cogollo de las palmas, sino estriado de blanco, y con todos los troncos de esa especie derribados por la tierra. Así, llegaba a su fin ese importante enclave biológico y las pocas áreas que hasta entonces habían contado con la existencia de los Algarrobos (*Samanea saman*), las Ceibas (*Ceiba pentandra*), los Almácigos (*Burcera simaruba*), las Caobas (*Swietenia mahagoni*), el Jibá (*Erythroxilum havanense*), la Jubilla (*Dipholis jubilla*), y claro está, también de un sotobosque rico en especies como el Alambrillo (*Smilax havanensis*), el Guao (*Comoclalia dentata*), el Bejuco colorado (*Serjania diversifolia*), el Galán de día (*Cestrum diurnum*) y las Zarzas espinosas (*Pisonia aculeata*).

Paralelo a todo esto, y mientras el sur de la provincia experimentaba un deterioro único en toda su cobertura vegetal natural, el sistema de las "Cooperativas Agro-industriales" (CAI), llevó a cabo una extraña limpieza del terreno. Eran los años en los que Fidel Castro intentaba minimizar el trabajo de los agricultores privados, y en los que para lograrlo, apoyaba con todos los recursos disponibles a la agricultura en cooperativas. Desde entonces, se talaron todos los árboles que aún quedaban en pie entre los cultivos, para que no afectaran la imagen de la gran llanura productiva que se intentaba construir. Con ello, no sólo se talaron los últimos "cayos de monte" que permitían el flujo de las aves entre esas tres provincias de la isla, sino también, todas las arboledas que eran fuentes de alimento, y muchas de las cuales estaban formadas por árboles frutales como el Mango (*Mangifera indica*), la Chirimoya (*Annona cherimolia*), el aguacate (*Persea americana*), o el Mamey (*Calocarpum sapota*).

Después que desaparecieron aquellas "islas" de vegetación donde muchísimas especies de animales se alimentaban, reproducían, o simplemente descansaban en sus desplazamientos longitudinales, la naturaleza empezó a ajustar sus cuentas en el área. Tales arboledas aisladas no eran otra cosa que reservas llenas de controladores naturales de las plagas, aves o insectos que actuaban como reguladores facultativos de ellas, y que por desconocimiento, o fueron extinguidas, o a falta de sus ecositemas seminaturales, se hicieron dañinas a la agricultura (Alayón, inédito). A la tala, siguió entonces la canalización de los ríos, y con ello, también se creó un efecto deletéreo para la fauna fluviátil de estos cauces, y sobre aquellas especies que a ellos estaban asociadas en sus bosques de galería. En consecuencia, y ya sin elementos semideciduos en los bordes de sus cursos originales, las tierras comenzaron a erosionarse.

Luego, cuando la naturaleza "alertó" con la falta de lluvias, los tecnócratas de los municipios afectados llenaron de pozos toda su geografía, y cuando cantaban victoria con aquellas aguas extraidas del manto freático para regar la caña, el plátano, la fruta bomba y otros tipos de cultivos, tuvieron entonces que compartir el recurso con La Habana. El acueducto de Barlovento, que antiguamente había garantizado el agua de la capital, estaba ahora tan modificado o destruido, que sólo quedaba como una prueba en ruinas de lo que sin dudas fue una obra maestra de la tecnología colonial. Sin embargo, y como que en La Habana el agua se dilapida más allá del 40% a través de miles de salideros, cientos de ejemplos de negligencia popular, y decenas de años de inoperancia administrativa, la extracción de agua del manto freático tomó dimensiones de verdadero despilfarro e hizo que el nivel de sus aguas subterráneas menguara drásticamente.

Como consecuencia, a medida que se quedaban vacíos los ríos subterráneos producto de la inadecuada explotación, el mar fue penetrando poco a poco en ellos, y mientras en La Habana se votaba el preciado líquido, la intromisión del agua salada y su continua explotación, fueron salinizando los suelos cultivados. En 1989, después que muchos de estos pozos fueron cerrados, y en revancha contra la "malcriada" naturaleza, los tecnócratas afirmaron que aquel problema era fácil de controlar desde la superficie, y que por tanto, bastaría con hacer un dique cerca de la costa para evitar la progresiva salinización en la región. Sin embargo, esta "solución" jamás tuvo en cuenta la opinión de los especialistas, es decir, se basaba en el supuesto de la más absoluta eficiencia de sus promotores y por tanto, sólo hacía falta realizarla. Así se llevó a cabo la construcción de un dique-pedraplén de unos 50 km de largo en el perfil costero al sur de la provincia de La Habana.

Dos años después de construido, y lejos de que el dique hubiera impedido la penetración del mar en nuestros ríos subterráneos, lo único que se había logrado era interrumpir la circulación superficial de las aguas en aquellas zonas bajas. Por ello, los manglares comenzaron a morirse, y ahora desaparecían incluso estos bosques protectores debido a la interrupción en el flujo de nutrientes, y al equilibrio salobre que los mantenía vivos. A la desfoliación de aquel "muro" natural que protegía y dividía a las tierras de la costa, siguieron las inundaciones, y por tanto, año tras año, aumentaron las penetraciones del mar entre Batabanó y la playa del Cajío. Sin embargo, cuando esta respuesta de la naturaleza se hizo sentir, a nadie pudo pedirse cuentas del desastre que ocurrió. El gobierno, viendo que esta vez no podía acusar al "Niño", al "Bloqueo", o al "Imperialismo", elaboró entonces una rápida jugada que, con el apoyo de la prensa y el Partido, se convirtió luego en una vil mentira.

Entre los días 23 y el 25 de junio de 1992, las lluvias fueron muy intensas en toda la provincia de La Habana (Andrés Rodríguez comun. pers.), y aunque no llegaron a ser tan abundantes como bajo los efectos de un ciclón, si fueron lo suficientemente fuertes como para que el dique imposibilitara la evacuación de las aguas en su lado norte. La concentración en gran volumen de estas precipitaciones causaron considerables daños a la población y a los cultivos, pero estos destrozos materiales provocados por la incompetencia tecnológica del gobierno, fueron no obstante manipulados bajo una falsa perspectiva. A fin de demostrar a los afectados que los sesudos del gobierno habían actuado con magnánima bondad, se elaboró entonces un texto sorprendente. La edición dominical del periódico Juventud Rebelde (Julio 19 de 1992) solucionó con tinta el fenómeno causado por las aguas, y así, unió a la opinión de los tecnócratas, el criterio de algunos vecinos que, con tal de aparecer en el periódico, se prestaron a dar un verdadero tapabocas a la realidad.

Sin embargo, y a pesar de que aquel día se arguyó *"que se habían obstruido las vías de desagüe previstas en el proyecto"*, y que la culpa la tenía el pueblo, y algunos negligentes ciudadanos, porque ellos fueron los equivocados y *"porque habían hecho algunas construcciones domésticas inconsultas"*, hoy sabemos que este caso tiene un nombre. Que el máximo responsable de este desastre se llama Gilberto Díaz, y que este contó con el apoyo del Partido y su grupo de ingenieros. Ahora bien, si la prensa cubana no fuera únicamente oficialista, otro hubiera sido el tono de la propaganda que manipuló aquella inundación; o alguna organización, de seguro hubiese publicado el verdadero motivo del problema exigiendo una indemnización por los daños creados. Sin embargo, ahí no quedó todo y ahora, cada vez que el mar levanta algunas olas, ya no encuentra los manglares que antes detenían esas aguas, y penetra en las salas y cuartos de los pobladores de la zona. Lo triste del hecho, es que Gilberto y compañía no habitan ni en la playa del Cajío ni en Guanímar; que ellos nunca tendrán que salir remando en una cámara de tractor, y que de seguro continúan trabajando en otros proyectos similares inspirados en las altas esferas del Estado.

Qué estará haciendo hoy el contingente César Escalante nadie lo sabe, pero seguramente seguirán demostrando de lo que es capaz el proletariado cubano, con su "férrea voluntad de vencer cualquier dificultad", a pesar del archifamoso bloqueo, y de los ajustes de cuenta de la naturaleza. Independientemente de que esto es un ejemplo muy local o restringido, en el resto del país el tecnócrata cubano sigue dando muestras de su temible ineptitud.

Por eso, ejemplos como este se repetirán y quedarán callados, pues el cubano no se ha dado cuenta de la diferencia que media entre un propagandista y un agitador. O sea, para el campesino de la región del Mayabeque, todavía no está claro que Gilberto Díaz fue el propagandista que presentó sus ideas a la cúpula del gobierno, y que luego, un agitador, en este caso el periódico Juvetud Rebelde, fue el encargado de tapar la boca a toda la población.

La fauna

Los "entomoloespiones", fin de la entomología.

"Bright colours are a disadventage to creatures, for they allow their adversaries the better to see them.- ¿De qué modo podrían expresarse mejor los peligros y reveses de las criaturas dotadas de superioridad excelsa y visible, implacablemente perseguidas en la tierra, como por convenio tácito, por todos los que no poseen sus condiciones...? "

José Martí

A nte todo debo decir que ser entomólogo en Cuba es peligroso y frustrante. Lo primero se debe a las continuas acusaciones de guerra biológica del Estado cubano contra el gobierno norteamericano y la CIA, y en las que asocian a todo especialista en insectos con agentes, o potenciales mercenarios del imperialismo en Cuba; y lo segundo, está relacionado con la apática tendencia de todas las dependencias científicas para no prestar apoyo a las investigaciones de esos pequeños animales, y a los que con cierta repugnacia, ellos llaman despóticamente "bichos". Por ello, aquellos entomólogos cubanos que no trabajen en el sector vinculado a las plagas que afectan los cultivos del Estado, o han tenido que enfrentar múltiples acusaciones a lo largo de su vida, o han sido víctimas de un continuo control y desprecio cada vez que se proponían investigar sobre esta fascinante fauna cubana.

Vinculado a lo antes dicho, resulta imposible poder cuantificar la pérdida de la biodiversidad de los insectos cubanos. Ello se debe, entre otras cosas, a que los insectos son el grupo zoológico más numeroso en el archipiélago; a que más del 60% de los que actualmente existen no han sido aún descubiertos por la ciencia, y a que en la actualidad, alrededor de un 25% de esa fauna va desapareciendo sin dejar siquiera huella de su existencia. Así, entre las causas principales que permiten la desaparición de los invertebrados está la pérdida parcial o total de sus ecosistemas naturales, y ese factor de desinterés institucional que no permite tan siquiera identificar taxonómicamente los que quedan. Luego, si pensamos en los ejemplos conocidos de las especies en peligro de extinción, incluyendo claro está, a los propios entomólogos, esto hará mucho más comprensible el dilema que se sufre en esa rama de la ciencia en Cuba.

En el acápite que habla de la contaminación del aire por culpa de los pesticidas, cualquiera podrá darse cuenta de lo negativo que resultó para las poblaciones de insectos aquel "bombardeo" con pesticidas en todas las regiones de Cuba. Sin embargo, no fue (*Agraulis vanillae insularis*) la única mariposa que desapareció de las ciudades, sino también, un grupo de bellos lepidópteros que habitaban en cualquier jardín, y entre los que podrían citarse, (*Danaus plexippus, Calisto herophile, Doxocopa laure, Marpesia eleuchea, Anartia jatrophae, Siproeta stelenes, Dryas iulia, Heliconius charitonia, Strymon columella, Leptotes cassius, Cyclargus ammon, Ascia monuste, Eurema spp., Phoebis spp.*), y (*Heraclides andraemon*) que ya habían comenzado a desaparecer desde la época de los 70, cuando se modificaron todos los jardines y solares de la capital para hacer el "Cordón de La Habana".

Otros ejemplos de como la contaminación afectó las poblaciones de insectos en Cuba pueden verse en sus áreas turísticas. En Varadero, por ejemplo, cuando David Spencer Smith y Luis Roberto Hernández trataron de hacer un estudio sobre la fauna de mariposas en 1993, no encontraron ninguna especie en toda la Península de Hicacos. Según comprobaron, allí se fumigaba con avionetas cada 72 horas para controlar a los mosquitos que podían molestar a los turistas. Sin embargo, todos los controladores biológicos desaparecieron y sólo continuaban con vida los "malvados" insectos que se querían eliminar. En 1989, en un viaje que efectué con Rubén Regalado a Cayo Coco, muy pocos meses después de haber terminado el pedraplén, Regalado colectó sin mucho esfuerzo, y durante la entrada de un frente frío, unas 20 especies de mariposas. Sin embargo, después que comenzaron a efectuarse las fumigaciones con el uso de avionetas Dromedario (PZL-204), cuatro años después de aquella primera colecta, los antes citados Smith y Hernández, apenas pudieron reportar unas 22 especies de mariposas en una semana de intensa búsqueda. A esta lista de especies de mariposas desaparecidas, sería oportuno agregar la historia de un endémico.

El Papilio de Gundlach (*Parides gundlachianus*) es, sin lugar a dudas, uno de los papiliónidos más bellos del mundo que está restringido, en su área de distribución, a parches puntuados que lo hacen muy frágil a cualquier cambio dentro del ecosistema. Aunque aún no se ha declarado una especie en peligro de extinción (Hernández et. al., 1995), sus poblaciones han sufrido en los últimos 30 años impactos antrópicos que lo han reducido en número y en área. Por ejemplo, las poblaciones que existían en la localidad de Sardinero, al sur de Santiago de Cuba, se han visto reducidas ahora a una localidad que no abarca más de 2 km². La causa de esta drástica disminución en su espacio natural, fue la instalación de una unidad militar a lo largo del río Sardinero (hoy deforestado), y donde antes se podían tocar incluso con la mano. Sin embargo, los soldados desmontaron los bosques de este lugar, y cercaron el área para que los vecinos de la región no tuvieran acceso a "la playa" que en ese río se creó para uso exclusivo de los oficiales y sus familias.

Paralelamente, y continuando con esta misma especie, otra ha sido su "suerte" al oeste del país. En 1979, cuando se supo de la existencia de este papiliónido en Pinar del Río, una larga historia de arbitrariedades impidieron al entomólogo llegar a ella para hacer su estudio, y para descubrir que se trataba de una nueva subespecie cubana. Para citar un solo ejemplo, baste decir que Fernando González (director del extinto Instituto de Zoología), se negó a facilitar el transporte que el entomólogo Luis Roberto Hernández necesitaba por un fin de semana para colectar algunos ejemplares en la mencionada localidad a apenas unos 150 km del instituto. Si uno tiene en cuenta que por aquella zona pasaron los más eminentes naturalistas y entomólogos que trabajaron en Cuba (Gundlach, Alayo, Zayas, Darlington, etc.), cualquiera podrá imaginar cuan importante era el hallazgo de encontrar esta nueva población de una especie que hasta la fecha solamente había sido localizada (en forma relicta) a más de 1000 km de distancia. O sea, para el que estudie la taxonomía, esto era algo así como descubrir un dinosaurio con vida.

Sin embargo, la indolencia de las autoridades administrativas del Instituto de Zoología, y la represión a la cual sometieron a este investigador (víctima también de la ley 501), impidieron durante 16 años la visita a la zona donde esta mariposa había sido observada. Sólo gracias a la perseverancia y el interés personal de este especialista, algunos ejemplares fueron traidos a La Habana, pero, como era de esperarse, demasiado tarde. La localidad había sido totalmente destruida, y en cuatro años, una escuela, una panadería, una mina, una unidad militar, y la población, habían acabado con el bosque para utilizar la madera como combustible (Hernández et. al., 1995). La historia de (*Parides g. alayoi*), tan poco estudiada y tan mal protegida en sus limitadas áreas de distribución, no es un caso aislado. Por eso, puede afirmarse que su desgracia individual es compartida con muchos otros insectos en la isla.

La mariposa (*Chioides marmorosa*) es una de nuestras especies más vistosas, pero además, era un lepidóptero al que los entomólogos dieron por extinto hasta 1993. Ese año, el joven entomólogo Lázaro Roque la vió volando mientras colectaba otros insectos en los alrededores del río Guajaibón, cerca del Mariel. Sin embargo, esta localidad está administrada por el comandante Guillermo García Frías (el cacique absoluto de la Empresa para la Protección de la Flora y la Fauna) y por ello, se hizo necesario solicitar un permiso para entrar al área. El ya conocido redactor de los informes a la IUCN, el licenciado Antonio Perera, convertido en asesor del comandante, fue en este caso el protagonista de un nuevo tapabocas a la ciencia. O sea, un personaje que, sin negar el permiso para investigar la especie, tampoco lo otorgó.

No obstante, aprovechando el descontrol que existe en todas las "áreas protegidas" de Cuba, tres especialistas en entomología se introdujeron en el feudo de García y llevaron a cabo su estudio y colectas sin que nadie lo notara (Roque et. al., 1995). Gracias a ellos, y a que violaran las disposiciones arbitrarias del grasiento comandante y sus aliados, luego se supo el porque de aquella prohibición muda. El bosque de galería que hasta 1981 existía en esta zona, había sido talado para hacer carbón; la caza deportiva se había convertido en uno de sus objetivos principales, y dentro de sus límites territoriales se criaban ahora los caballos de carrera que Guillermo exportaba a Suramérica.

Dos años después, otra población de esta misma mariposa fue descubierta en Soroa, pero en esta ocasión, tanto el entomólogo como su ayudante fueron detenidos por agentes de la Seguridad del Estado y amenazados con una detención mucho más severa si regresaban a la zona. Por este motivo, nadie ha vuelto a esta localidad, pues además de la advertida detención, apenas quedan razones zoológicas para hacerlo. Desde que visité la localidad en 1991, las montañas que rodeaban a Soroa han sido totalmente calcinadas y por ende, el futuro de las colonias de insectos, la flora, o la fauna ya no tiene salvación. Por otra parte, Cuba esta llena de paranoicos comunistas que desconocen que la guerra biológica de los Estados Unidos contra Cuba es una mentira inventada en el Comité Central. Por ello, el pueblo ha sido convertido en copartícipe del misterio, y a los que han alimentado con la idea de que todo entomólogo es un agente de la CIA, o simplemente, gente a las que hay que denunciar.

Un ejemplo similar ocurrió en La Sierra Maestra; uno de los feudos compartidos entre el MINFAR y la Empresa para la Protección de la Flora y la Fauna y otro "Parque Nacional" destruido a pesar, o precisamente, por el asesoramiento de Perera y Rosabal. Allí, el gobierno estuvo ocultando durante años una plaga que afectaba al cafeto, pues de ser descubierta por los entomólogos, estos pudieran divulgarla y ello complicaría las exportaciones de café. Luego, y de forma intencional, las autoridades cubanas esperaron el momento oportuno para hablar del caso, y así se planeó acusar a dos entomólogos norteamericanos de la destrucción de los cultivos. Lo ocurrido a los doctores Lee y Jeaqueline Miller, da muestras de esa mala fe que caracteriza al Estado cubano. Ellos no sólo sufrieron un registro de sus pertenencias en el hotel de Bayamo, sino que también fueron registrados en la carretera cuando se marchaban sin haber podido visitar siquiera el "Gran Parque Nacional". A pesar de no encontrarles nada ilícito dentro de sus pertenencias, ellos eran, al parecer, los escogidos a acusar respecto a la introducción del (*Hypotenemus hampei*), un escarabajo al que todos conocían en las montañas como la "broca del cafeto", pero al que querían archivar ahora como otro ejemplo de guerra biológica contra Cuba. Sin embargo, este escarabajo, distribuido y conocido desde hacía algunos años en la región caribeña, jamás había sido reportado para la zona debido a esa limitación que ya expliqué, y que impide a los especialistas estudiar a los invertebrados en cualquier "área protegida" del país.

A finales de 1993, entomólogos de la Dirección de Cítricos del MINAGRI llevaron al Museo Nacional de Historia Natural un lepidóptero para ser identificado. Según ellos, el insecto *"estaba acabando con las plantaciones de cítricos de La Habana, Matanzas, y algunas regiones de Oriente"*. El desconocido, resultó ser nada menos que el minador de las hojas de los cítricos (*Phyllocnistis citrella*), una nueva plaga que estaba afectando toda la región del Caribe, y que debía ser reportada de inmediato por todos aquellos países que la encontraran (Heppner, 1993). Sin embargo, cuando el insecto fue identificado, los agentes del Estado pidieron al museo que no dijeran a nadie el resultado de la clasificación. Una semana más tarde el Sr. Vidal, director de los servicios de cuarentena de la Aduana Nacional, llamó nuevamente al museo y exigió a la dirección del centro que el entomólogo consultado no abriera su boca, pues varios barcos ya estaban cargados de cítricos en el puerto, y si se conocía lo de la plaga en Cuba, estos podrían ser rechazados.

Parecido al ejemplo anterior, fue lo ocurrido con las cactáceas en Isla de Pinos. A pesar de que este caso no involucra a especies vegetales de importancia económica, el entomólogo cubano que lo reportó en 1993 sufrió serias reprimendas en la institución a su regreso desde los Estados Unidos. Se trata de la mariposa (*Cactoblastis cactorum*), una especie descrita originalmente de Argentina que se ha introducido en las Antillas y los Estados Unidos, y cuya primera captura en Cuba fue hecha por el botánico Alberto Areces, quien la descubrió en la Playa de Bibijagua. Pues bien, esta mariposa, que ataca y destruye los cactus (*Opuntia dilloni*), y cuyas larvas se comen el epitelio externo y su interior en apenas algunas horas (Hernández y Emmel, 1993), aún ocasiona cuantiosas pérdidas en estas plantas endémicas de la isla, pero así lo hace, dado que el gobierno no actúa para protegerlas de tal plaga.

El "destino" de las arañas tampoco es halagüeño. En la Loma del Gato, en la Sierra del Cobre, una localidad visitada con preferencia por los naturalistas dado su alto índice de endémicos, vivían varias arañas que hoy son difíciles de encontrar debido a la deforestación. La Revolución y su política de tierra calcinada ha permitido la desaparición casi total de especies como (*Theridon cabriolatum, Miagrammopes latens, Eustala unimaculatum, Wixia incerta, Anyphaena diversa*) y otras. Según Giraldo Alayón, un especialista en estos artrópodos, hay también una práctica arraigada en la ciudadanía que consiste en aniquilar sistemáticamente varios grupos de invertebrados, tanto en el entorno urbano como en el natural. Por ello, miles de arañas, ciempiés, escorpiones y escarabajos son físicamente destruidos en cualquier sitio en los que sean detectados, y lo mismo ocurre con sus nidos, telarañas, galerías, termiteros, y meliponarios. Por ejemplo, la gran araña tejedora, (*Nephila clavipes*) habitante de las plantaciones de cítricos, consume gran cantidad de insectos nocivos asistida por algunas especies deptoparásitas, pero ocurre que este arácnido es diariamente eliminado por el personal que atiende dichos cultivos. Lo mismo le ocurre a muchas otras arañas que son controladoras de dípteros, y que como tal sobreviven, hasta que viene el hombre a controlarlas a ellas.

Finalmente, hay que mencionar la destrucción de toda la fauna cavernícola cubana y donde los insectos resultan los más numerosos y afectados. En Pinar del Río, hay tres sistemas cavernarios totalmente destruidos, ellos son: en Quemados de Pineda, la gran caverna de Santo Tomás; en Sumidero, la cueva de Pica Pica, y en San Juan y Martínez, la cueva de Luis Lazo. En estas cuevas, utilizadas por el ejército para soterrar tanques de guerra, cañones, camiones lanzaderas, o cualquier tipo de equipos bélicos, se ha destruido la fauna que habitaba sus micro-ecosistemas interiores. De ellas han desaparecido todas las especies autóctonas de milpiés y escolopendromorfos, así como los más típicos órdenes de insectos de caverna (*Scorpiones, Uropygi, Pseudoscorpiones, Schizomida, Araneae, Amblypygi, Opiliones, Ricinulei*). Hoy, lo que queda en ellas son sólo cucarachas (*Periplaneta americana*) y (*Blatella germanica*), y además, infinidad de roedores como las ratas (*Rattus sp.*) y los guayabitos (*Mus musculus*).

En Matanzas, el ejército también destruyó las cuevas cercanas a Cárdenas, pero allí no instalaron blindados, sino que probaron armas químicas contra los posibles enemigos del país. En Oriente, fue famoso el caso de la Cueva de la Patana en Maisí, donde muchos años después de un "bombardeo" químico sólo quedan cucarachas. En Isla de Pinos, sólo para hacer una represa, inundaron la Cueva de la Tumbita en la Sierra de Columbia, o extrajeron todo el guano de murciélago y alteraron el ecosítema interno de la Cueva del Abono en la Sierra de las Casas. Sin embargo, una de las pérdidas de ecosistemas cavernícolas más notables de esa Isla de Pinos, es la desaparición de las cuevas La Cantera, Las Cortinas, y La Playa, y que fueron eliminadas de nuestra geografía para extraer el mármol que sobre ellas encontraron.

Como un dato curioso y que en cierta forma nos sirve de indicador sobre las presiones y el hostigamiento del Estado contra los entomólogos, parece necesario decir que, entre 1992 y 1995, quince de estos especialistas han abandonado Cuba para no regresar mientras el régimen de Castro continúe allí ¿Cuántos realmente quedan? Pocos ¿Cuándo partirá el próximo?, no se sabe, pero lo cierto es que seguramente ya se lo estará pensando.

Los moluscos, ni en las colecciones.

"Yo he capturado hoy 12 emperadores vivos (...)
como que el emperador ha sido acusado por mí de
mantenerme prisionero, yo lo hubiera pasado por
las armas, o por el agua hirviendo, pero he preferi-
do enviarlos vivos a Poey para que él instruya su
proceso criminal.
Yo le enviaré a usted uno de sus hermanos vivos, si
usted juzga necesario matarle, mátele; sino, dónele
la libertad. "

Juan C. Gundlach

Según los funcionarios de las ciencias en Cuba, ser zoólogo es algo improductivo, pero como bien dicen algunos malacólogos, ser hermoso en un sistema controlado por imbéciles, es algo muy peligroso. Ese es el gran dilema de los caracoles cubanos que, al ser excesivamente bellos, han despertado el deseo de los depredadores humanos, y han decrecido en número por su excesiva recolección. El caso de las polimitas (*Polymita ssp.*) es, sin dudas, uno de los ejemplos más necesarios de destacar, ya que su desgracia se debe en gran medida a la belleza de su concha.

Para mí queda claro que la destrucción de los ecosistemas es lo que más afecta a los moluscos en sentido general, pero como que esto ha sido un tema abordado en otros grupos, no me extenderé mucho en este texto. Aquí, intentaré explicar como el dólar, o mejor dicho, la falta de ellos, atenta contra las poblaciones de estos animales, pero al hacerlo, no limitaré mis comentarios a su explotación en el medio natural, sino también, a las colecciones científicas, donde ellos debieran permanecer guardados como prueba irrefutable de su existencia, y de donde han desaparecido para desdicha de nuestras futuras generaciones.

Cuba era llamada en el siglo pasado "el paraíso de los malacólogos". En otras palabras, estaba considerada una de las islas más ricas en fauna malacológica y cuyo grado de endemismo era casi insuperable. Sin embargo, la ausencia total de amor por la naturaleza, el excesivo uso de los pesticidas, y la recolección de este recurso por parte de la población, llevaron a nuestros caracoles al borde del desastre. Después que el gobierno de Castro comenzara a "hacerse cargo de la protección de la naturaleza", Cuba se convirtió en un verdadero infierno para los más bellos caracoles. Lo ocurrido con el género *Polymita* en el extremo oriente, con el género *Ligus* en toda la isla, o con el género *Viana* en el occidente, nos da una idea muy clara de esa agresividad de la Revolución contra nuestra fauna de moluscos. Desde principios de la década del 70, y desde que Celia Sánchez notara que sus invitados se iban muy complacidos con sus collares decorados con cientos de caracoles, esta mujer organizó la forma para negociar y hacer lucro con su venta.

Para lograr ese propósito, fundó en aquel entonces la EMPROVA (Empresa de Producciones Varias), pero además, obtuvo la aprobación del Estado para llevar adelante la cosecha de este nuevo y natural producto y así, dio empleo asalariado a muchos campesinos para que recolectaran masivamente las conchas que encontraran, garantizando su transportación por camiones hacia los incontables talleres de artesanía que ya habían sido diseminados por La Habana. Dos décadas después de su muerte, Celia Sánchez nos dejó como un legado revolucionario algunas variedades de polimitas extintas. Sin embargo, y a pesar de los pesares, el negocio continuó en las garras del INTUR. Si bien es cierto que el nuevo promotor de estos moluscos ya no podía obtenerlos tan fácil como antes, ni en las cantidades que lo hizo la Sra. Sánchez, también es lógico pensar que la extracción que aconteció haya empeorado la precaria situación de las especies más solicitadas.

Desde entonces, y a fin de garantizar la venta al turismo, CUBATUR comenzó a encargar las polimitas vivas, y claro está, sin que nadie pensara en la necesidad de un permiso de colecta, o sin que alguien protestara por su extracción de las reservas naturales en las que ellas se encontraban. En la calle 78 y Ave. 21 del municipio habanero de Playa, y por si alguien quiere comprobar lo que aquí digo, CUBATUR tiene uno de esos talleres donde se procesa el material faunístico sacado directamente de su medio natural. Sin embargo, en vez de recibir allí las conchas de los moluscos vacías y producto de una recolección racional, ahora llegan miles y miles de caracoles con el animal podrido en su interior después de haber muerto en un largo viaje por carretera, y después de haber sido colectadas en sus localidades de origen entre Holguín y Baracoa.

El pueblo de esas zonas, aún cuando haya aprendido a leer y a escribir, se ha vuelto más analfabeto que nunca. Si antes del triunfo de la Revolución podían visitarse algunas de esas lejanas comunidades, y comprobarse en ellas, que los hombres y la naturaleza compartían cierto grado de armonía, ahora eso es imposible ya que es el Estado el que hoy les paga y estimula para destruir. Por ello, y sin ninguna educación relativa a las riquezas naturales que los rodea, los campesinos cubanos ignoran que la polimita juega un papel muy importante en sus propias plantaciones; desconocen que ellas se alimentan de los hongos (fumagina) que cubren las hojas del cafeto y además, no saben que estos bellos caracoles los limpian permitiendo así la fotosíntesis del cultivo. Luego, cada vez que las plantas enferman y mueren por la ausencia del molusco, viene el gobierno y le echa la culpa al imperialismo, para que nuestro campesinado desvíe su atención, y para que no se percate de que fue el régimen el que los dejó sin caracoles y sin café.

Con la *Viana* la estrategia es aún más detestable. Estos caracoles que viven y se alimentan de los líquenes que encuentran en la roca de los mogotes, han sido acusados por el gobierno de Castro de afectar el cultivo del tabaco. Por ello, muchos caciques locales han organizado grupos de recolectores para que los extraigan de su ecositema natural *"antes de que puedan llegar al preciado cultivo del Estado"*. Sin embargo la *Viana*, que no se alimenta de las hojas del tabaco, y que es totalmente inofensiva a esta planta porque vive muy lejos de ella, sufre así mismo la transportación hacia la Habana para ser sacrificada. En Jaruco, donde no existe cultivo de tabaco, la *Viana* ha sido acusada de transmitir enfermedades y parásitos al ganado vacuno, y por ello se colecta, aún cuando no existe un sólo campesino que la haya visto deambulando por el pasto. Similar suerte de sacrificio comercial han sufrido los representantes de las familias *Urocoptidae* y *Cerionidae* y de las cuales ya han desaparecido poblaciones enteras en muchos litorales del país.

Parecido destino, pero con fines comerciales y biológicos, corren ahora las poblaciones de los géneros *Zachrysia* y *Auritesta*, dos de los más notables moluscos terrestres de Cuba cuya importancia faunística ha sido subordinada a su valor social. Es decir, dado que ambos pueden ser consumidos por el hombre, o empleados en la obtención de enzimas de efectividad para la lisis de la pared celular de algunas levaduras (Espinosa y Torres, 1989), ambos han empezado a ser explotados con intensidad industrial. Desde que estos estudios arrojaron sus primeros resultados de valor económico, las poblaciones de Viñales han sido las más castigadas en lo referido a su recolección. Sin embargo su cría en cautiverio, que resulta fácil y poco costosa (José Fernández Milera, comun. pers.), no parece un método revolucionario a practicar y por ello, la extracción de sus individuos es ahora continua e intensificada.

Otro género que ya está en peligro de extinción (y con algunas especies ya extintas) es el *Chondrothyra*. Este molusco vivía entre la hojarasca de los mejores bosques de Pinar del Río, pero como se sabe, muchos de estos "bosques" ya no existen. El mejor (léase peor) ejemplo es Rangel; allí, habían bosques fabulosos que aparecían citados frecuentemente en la literatura científica hasta mediados de este siglo. Pues bien, en aquellos bosques de los cuales habló Gundlach en más de una ocasión (Gundlach, 1893), y donde había la mayor riqueza de especies de toda la provincia, hoy se han instalado los reclutas del Ejército Juvenil del Trabajo que construyeron en su interior un campamento (otra versión pinareña del Plan Turquino), y transformaron tanto el bosque que tuvieron que cambiarle el nombre. Lo que queda de Rangel, se llama hoy "Coperativa Agro-industrial Niceto Pérez", y lo que queda de vegetación, sólo se puede contabilizar en matas de plátano, y algunos sembrados de malanga sin apenas caracoles.

Los cobos (*Strombus sp.*) son los moluscos marinos más saqueados de los mares cubanos. De las magníficas poblaciones que existían en Punta del Este en Isla de Pinos, hay que pedir cuentas a todos los rusos, checos, polacos, húngaros, alemanes y cubanos que de allí se los llevaron. Pero sobretodo hay que pedirle cuentas al gobierno, pues lo ocurrido en aquella localidad se ha repetido en toda Cuba, desde los cayos más remotos como Cayo Largo del Sur, hasta las playas más cercanas al turismo oportunista como Guardalavaca en Holguín. Además, se hizo moda entre los años 70 y 80 que la población le cambiara a los militares rusos los caracoles por conservas y cajetillas de cigarro, pero aclaro, aquello fue una moda interrumpida rápidamente por el gobierno, pues este los necesitaba para comercializarlos conjuntamente con los peces, las estrellas de mar, y los corales.

Un ejemplo que ilustra lo anteriormente dicho, lo encontramos en el mapa turístico que CUBATUR vende al extranjero. En él, usted puede leer textualmente: *"Please note: In accordance with the "Convention on International Trade in Endangered Species of Wild Fauna and Flora in Commerce" (CITES), you should make a point of not buying any souvenirs, the production of which involves the use of wild animals or wild flowers. In Cuba`s case this applies to: turtle-shell, black coral, various* *species of butterfly and snail, ivory, tortoise-shell, and lizard-skin. If you`ve bought articles made of crocodile-skin from the breeding farm on Cuba, you need written proof that these were purchased legally, in order to take them into your own country. "* ¿Qué quiere esto decir, sino que solamente el gobierno está autorizado a vender nuestra fauna para beneficio de su régimen anti-ecologista? Lejos de prohibir al pueblo la explotación de los recursos naturales por motivos conservacionistas, el gobierno ha exigido el derecho a ser él su más despiadado comercializador. El ejemplo imaginario es muy claro: las manos y los bolsillos de un colector privado de moluscos cargan muchísimas menos Polimitas que los camiones del Estado.

Son muchas las especies de moluscos terrestres y arborícolas que antiguamente se reportaban como abundantes, pero hoy, son aún más numerosas las que apenas pueden ser reportadas por los estudios e inventarios de la fauna. Los alrededores de Holguín, que era una de las zonas cubanas con mayor diversidad de especies, hoy muestra un tétrico panorama por su reducida representatividad numérica. Especies como (*Farcimen ungula, Opistosiphon aguilerianum, Hojeda holguinensis, Ligus fasciatus feriai*) (dedicado al naturalista Eduardo García Feria), (*Ligus fasciatus achantinus*), (considerado el mayor ligus del mundo con cuatro pulgadas de longitud), (*Urucoptis camagüeyana, Brachipodella angulifera, Microceramus aguayoi*) (dedicado a Don Carlos Aguayo, insigne malacólogo cubano que en 1960 tuvo que irse de Cuba y morir en tierras borinqueñas), y la variedad (*Polymita mucarum splendida),* son ya raros y difíciles de localizar en los bosques mejor conservados de la región (Torres, 1987).

De igual forma, muchas especies de moluscos marinos han estado perdiendo sus efectivos poblacionales. Por ejemplo, en la costa norte de Gibara, que era un área con una excelente fauna malacológica, algunas especies como (*Fissurella nimbosa, Turbo castanea*), y las neritas (*Nerita peloronta, Nerita versicolor*) y (*Nerita virginea*), han ido desapareciendo utilizadas como carnada por los pescadores. Además, todos los cobos (*Strombus gigas, Strombus pugilis*) y (*Strombus costatus*), las siguas (*Cittarum pica*), y los bellísimos quincontes (*Cassis madagascariensis*), son cada vez más consumidos por la población, o colectados como regalo para los turistas que allí van. Finalmente, las especies de múrex (*Murex antillarum, Murex brevifrons*) y (*Murex pomun*), o las de los caracoles cónicos (*Conus mus, Conus verrucosus*) y (*Conus regius*), que antes se encontraban a la orilla del mar, también han desaparecido, presumiblemente, por efectos de la contaminación.

Hasta los moluscos fluviátiles han sufrido los embates de la Revolución. Como ya he explicado, los ríos fueron totalmente transformados y la mayoría de las aguas lóticas han sido convertidas en lénticas, o sea, de móviles a estancadas debido a los embalses construidos. Por ello, algunas especies del género *Pachychilus* han desaparecido desde entonces. Los ecosistemas que antes habitaban especies como (*Pachychilus migratus*) y (*Pachychilus attenuatus*), han sido ahora ocupados por moluscos del género *Physa*, que además de ser una especie introducida, también es un peligroso vector intermediario de la (*Fasciola hepatica*). La infección por este parásito es tan perjudicial para el hombre, como mismo son de abundantes los casos reportados desde que el molusco se introdujo en Cuba. Otros moluscos fluviátiles muy perjudicados son las neritinas (*Neritina spp*); especies que han desaparecido de río Canímar en apenas cinco años, y que ya no son fáciles de encontrar sin tener la concha dañada en el río Jaguaní.

Otro drámatico ejemplo de la mala suerte padecida por los moluscos, es lo sucedido con las conchas que a lo largo de siglos se habían depositado en las colecciones de historia natural. Si al menos estas colecciones se hubiesen salvado, como mínimo hoy sabríamos qué hemos perdido. Pero ni siquiera estas han escapado al vandalismo. Pensemos por un instante en los moluscos que los Doctores Carlos de la Torre y Arístides Mestre catalogaron a principios de siglo en nuestros museos (Torre, 1915), y veamos qué queda de ellos. Los preciosos moluscos que estaban en las colecciones de Poey y Gundalch, fueron divididos y cayeron en manos de especuladores que hasta hoy, todavía tratan de venderlos a las instituciones originales a las que pertenecían y de las cuales fueron robados. La Dra. Pastora Núñez (más conocida como Pastorita), por ejemplo, tiene en su poder gran parte de estos espécimenes que ahora intenta negociar con el Museo Nacional de Historia Natural.

Los fósiles de Poey, Jimeno y de la Torre, que incluían cientos de ejemplares de moluscos fósiles, se han perdido del Museo "Felipe Poey" de la Universidad de La Habana, y esto, debido al saqueo de los estudiantes que sin custodia entran al recinto y cargan con lo que allí más les apetezca. Las colecciones de Forns, Arango, y Gutiérrez, que estaban depositadas en la Academia de Ciencias, desaparecieron del local que las guardaba durante el reinado de Wilfredo Torres. Las colecciones de moluscos fósiles del Padre Francisco Clerch fueron, no cabe otra expresión, tiradas en la basura. La colección de Charles Ramsden que estaba en Santiago de Cuba, llena de tipos y nuevas especies, es hoy día una pena; muchos de sus espécimenes han llegado hasta el Museo Carlos de la Torre y Huerta de Holguín, y a juzgar por la forma en que Alfredo Rams administra ese centro, no se descarta que algunos ya hayan sido vendidos o cambiados y se encuentren ahora en Alemania.

El antiguo Instituto de Matanzas, donde se guardaban con dedicación las colecciones del "Museo Jimeno", al llegar la Revolución las cambió en más de seis ocasiones de local. Luego, una parte fue trasladada a La Habana, y el resto, echado en la basura por orden del cacique provincial. Lo que queda de la colección de Mario Sánchez Roig, son los duplicados bien guardados y depositados en el Museo de Zoología Comparada de la Universidad de Harvard. Los tipos cubanos, y todos los especímenes que en ella habían conservados, fueron destruidos por el descuido, o se secaron sin alcohol hasta convertirse en polvo. Peor suerte han seguido las colecciones de moluscos en el IES, o las colecciones de moluscos fósiles del MINBAS que estaban en el Arco de Belén, y que debían pasar a manos del MNHN. Muchos de estos moluscos fósiles han perdido ya sus etiquetas y por tanto, carecen de valor curatorial. En el IES, la asistente Adelina (Lina) García, regala los moluscos de la colección del centro a cuanto visitante extranjero le caiga en gracia; así, de un día para el otro, deja vacías las cajas para que el malacólogo José Fernández Milera se vuelva loco buscando lo que ya es imposible de recuperar.

En el MNHN, donde se comenzó a coleccionar con un criterio estrictamente científico, y donde se llegó a almacenar colecciones de valor representativo sobre los moluscos de áreas en explotación turística, el gobierno retiró el apoyo económico desde hace 8 años. Por ello, estas colecciones ya están en el olvido, sin aire acondicionado, sin cajas protectoras, y sin que nadie las cuide con vergüenza. Para colmo, el antiguo encargado de los temas de conservación de ese museo, Alfonso Silva Lee, se ha convertido en uno de los más grandes encubridores de la explotación de las polymitas. En su reciente libro de fotos sobre la naturaleza extinguible de Cuba, y al parecer acordándose que cada vez que él iba al monte también cargaba con ellas (McNeely, comun. pers.) timida e incomprensiblemente comentó: *""Estas han sido tratadas en un libro pequeño, pero sufren su extrema belleza a consecuencia de la intensa recolecta por parte de todas las personas - recolectores de café, turistas,* (se olvidó mencionar los ictiólogos graduados en la URSS) *- que circulan por entre el follaje bajo. Escasean hoy peligrosamente."*

Así sin respeto, o achacando los males a la cultura occidental (Silva, 1996), como si quisiera convertir a Cuba en un desierto islámico o en una llanura asiática, es que la fauna malacológica de Cuba va llegando a su fin. Lo lamentable es que no abunden los que protesten seriamente contra esa predación, y sí los que cada día se benefician al vender más caras las fotos por su rareza relativa.

La desaparición de los peces.

"El hecho ocurrió en la mañana del 3 de febrero de 1975, a 500 m al NW de Cayo Tablones, en el Archipiélago de los Canarreos, mientras se colectaban a mano peces muertos o moribundos después de una explosión con TNT en un arrecife artificial hecho con ramas de mangle."

Alfonso Silva Lee

P ara un observador interesado, la desaparición de los vertebrados terrestres puede ser un fenómeno a notar de un año a otro en cualquier localidad de Cuba, pero en el caso de los peces, esta pérdida se hace muy difícil de observar ya que el mar oculta a simple vista la destrucción que sucede en su seno. Más adelante hablaré de la sobrecaptura de algunas de las especies más comercializadas en Cuba, y de aquellas 70`000 toneladas de albacoras (*Thunnus atlanticus*) y bonitos (*Katsuwonus pelamis*) que se pescaban anualmente, pero de las cuales, el cubano ni siquiera saboreó una espina. Ahora, voy a hacerlo sobre la base de sus problemas ambientales poniendo énfasis al valor de algunas de nuestras principales especies dulceaquícolas y marinas, así como a las causas por las que están desapareciendo vertiginosamente de nuestros ríos, lagos y mares.

Antes que el gobierno de Castro comenzara su política hidráulica, Cuba era un país rico en ecosistemas fluviátiles naturales. Dentro de ellos, abundaban muchas especies de peces, la mayoría de los cuales eran controladores naturales de insectos y vectores de enfermedades. Por ejemplo, en la Península de Guanahacabibes, y sólo entre las ensenadas de Cortéz y Guadiana, existían más de cien lagunas donde vivían, además de las biajacas (*Cichlasoma tetracantha*), varias especies de guajacones controladores de mosquitos hematófagos. Entre ellos, vale mencionar al (*Glaridichtis falcatus*) y a la (*Gambusia punctata*), porque ellos se alimentaban además de una gran cantidad de hidrobiontes (chinches acuáticas). Igualmente, a todo lo largo del corredor natural del sur entre la provincia de Pinar del Río y Matanzas, existían especies de pequeños peces como el (*Cubanichthys cubensis*), que realizaban la misma función de los guajacones del Cabo de San Antonio. En toda la región que abarca, desde la desaparecida Ciénaga de Bolondrón (Tierra Buena) en la Península de Guanahacabibes, hasta la Ciénaga de Zapata, abundaban nuestros peces en cualquier cuerpo de agua (Cruz et. al., 1976).

En Isla de Pinos, y en las lagunas naturales que existían al sur de Santa Fe, apenas un año antes de que aquello se convirtiera en una arrocera fumigada con pesticidas día y noche, también existía esta especie, pero además, la isla contaba con otros peces muy especializados en la ingestión de dípteros hematófagos; ellos eran, el (*Girardinus microdactylus, Rivulus cylindraceus*) y la (*Gambusia puncticulata*), que habitaban lagunas de poca profundidad, y que eran resistentes a las altas temperaturas y la salinidad provocadas por la evaporación en esos embalses naturales (Dubitsky y García, 1976). Incluso en los ríos más contaminados de Cuba como el Almendares y el Quibú en la Ciudad de la Habana, contábamos con especies resistentes a altos niveles de contaminación. El guppy (*Lebistes reticulatus*), o el (*Quintana atrizona*) eran además, peces que contribuían a la purificación de las aguas sépticas de los antes mencionados ríos (García y Dubitsky, 1976).

Sin embargo, en la actualidad, todos o la mayoría de estos peces larvífagos han desaparecido o están en proceso de extinción. Desde mediados de los años 70, cuando comenzó en Cuba la introducción de peces exóticos en gran escala, y después que el Instituto de Zoología pasara a las manos de Fernando González, e Israel García Avila (un director que prefería resolver los problemas de las plagas con la ayuda de nuestras especies como control biológico) fuera destituido, nuestras especies pasaron a formar parte de la dieta de las voraces tilapias, (*Tilapia aurea*); las carpas, (*Cyprinus carpio*); los peces soles (*Lepomis macrochirus*), y las tencas (*Hypophthalmichthys molitrix*) diseminadas por el país. Tan nocivo fue el efecto de estos peces arbitrariamente introducidos, y tan grande su plasticidad ecológica en nuestros ecosistemas, que no pasaron diez años, y ya se les podía encontrar incluso en nuestras aguas subterráneas.

La especie de tilapia (*Sarotherodon niloticus*) llegó incluso a penetrar en las cavernas cubanas. En la Cueva de Tenería cercana a San Antonio de los Baños, esta especie se ha implantado aprovechando las inundaciones y los desbordamientos del río Ariguanabo; por ello, la fauna cavernícola de esta localidad ha quedado totalmente destruida (de Armas, 1984). En el embalse de "Leonero" en la provincia de Oriente, y a más de 800 km de distancia, la reciente introducción de las truchas (*Melanopterus salmonoides*), el amura (*Ctenopharyngodon idella*), y otros peces exóticos, sólo para promover la pesca deportiva (Montañez et. al., 1985), ha creado grandes cambios en la ecología subacuática cerca de la desembocadura del río Cauto, y claro está, también ha traido como consecuencia el exterminio de los peces típicos o endémicos de la región.

En 1980, para agravar aún más el cuadro destructivo bajo la superficie de nuestras aguas "dulces", el gobierno comenzó su campaña contra el mosquito *(Aedes aegypti)*. Como era de esperarse, en vez de eliminar la plaga que representaban esos dípteros para la población humana, aniquiló a sus más comprobados enemigos; o sea, a todos los peces y guajacones que se alimentaban de ellos en Cuba. El río Almendares, alcanzó tal nivel de contaminación, que ni los guppys pudieron sobrevivir a la carga de productos químicos arrojados desde entonces. Así, entre pesticidas y depredadores altamente competitivos como el grupo Tilapini, sólo faltaba la explotación y comercialización de nuestro endémico manjuarí (*Atrastosteus tristoechus*). Un pez al que Vicente Berovides otorgó una categoría de especie sobreprotegida (Berovides, 1984), pero que ya se comercializaba desde hacía varios años en la Ciénaga de Zapata (Luna e Ibañez, inédito). Es decir, un pez autóctono del que sabemos hoy más sobre su precio de venta (10 dólares la ración de 150 g.) que sobre sus hábitos de vida.

En el mar la situación no es tan siquiera aceptable. Imaginen ustedes cómo será la forma de proteger el fondo marino de Cuba cuando sus más "destacados ictiólogos" colectan los peces con dinamita. Después, traten de explicarme para qué hace falta colectar 1`500 roncos (*Haemulon spp.*) en estado juvenil, y de un arrecife del cual sólo queda una frase que lo menciona en una horrenda muestra de la ciencia comunista. Contrario a lo que dice Silva Lee en este artículo: *"También es improbable que el delfín haya estado acostumbrado desde antes a recoger los peces afectados por una explosión, pues el uso de explosivos en las pesquerías está prohibido y éstos han sido poco utilizados en las investigaciones geológicas de la región.*", en Cuba se permitió en los primeros años de la Revolución la pesca con TNT. Más aún, hasta 1990, ello fue una práctica muy utilizada por los buzos de los Geomar I y II (Luis A. Rodríguez, comun. pers.) y que se realizaba para determinar la profundidad y el volumen de arena a extraer de los fondos marinos para la construcción.

Otro problema de la ictiofauna marina de Cuba es la sobreexplotación de sus recursos para la pesca. Desde que Cuba comenzó a producir los barcos llamados "ferrocementos", la flota cubana creció desproporcionada-mente. Pero desde que la actividad pesquera se convirtió en un trabajo normado (a cumplir aunque fuera con capturas indiscriminadas bajo la presión político-administrativa), exagerados volúmenes de peces fueron extraidos de toda la plataforma. Diariamente salían cientos de barcos de todos los puertos de Cuba a la pesca del pargo (*Lutjanus sinagris*), pero a falta de él, el MIP (Ministerio de la Industria Pesquera) ordenó la captura masiva de roncos (*Haemulon sciurus*) y (*Haemulon plumieri*), y cuando estos mermaban, el ciclo se repetía perjudicando especies como las mojarras (*Eucinostomus gula*), los civiles (*Caranx ruber*), o cualquier otro que pudiera venderse al extranjero. Tan despiadada fue la faena, que habían cooperativas pesqueras que a falta de peces comerciales, llegaron a capturar a la morena (*Enchilocore nigricans*) e incluso, centenares de barracudas (*Sphyraena barracuda*), con tal de reportar algo a la oficina de acopio donde debían cumplir con una meta.

El Nuevo Atlas Nacional de Cuba explica por sí solo el desafuero de la pesca en el país. Los estuarios, y lo ocurrido en ellos con los camarones (*Penaeus schmytti*) y (*Penaeus notialis*), son un ejemplo de la desvergüenza revolucionaria. Todos los lugares ricos en estas dos especies han sido sobreexplotados. En la Ensenada de la Broa apenas quedan, pero en la Bahía de Cienfuegos, en cuyo interior hicieron horrendas modificaciones para su reproducción en "criaderos", llegaron incluso a achacar la culpa de la carencia de individuos a las corúas (*Phalacrocorax auritus*). En una jornada científica efectuada en La Habana en 1990, las corúas fueron acusadas formalmente de exterminar a los camarones sin que ningún ornitólogo levantara la mano en señal de protesta; entonces, allí mismo hicieron pública su futura ejecución. A la muerte y escasez de camarones, de los cuales el cubano medio no recuerda tan siquiera el sabor, habrá que agregar ahora la muerte a tiros de escopeta de las colonias de estas aves en la zona.

En el fondo, la cosa no iba mejor. Habría que bucear un par de veces en la costa norte de la Habana y ver lo que en ella hicieron las redes de arrastre de los inmensos buques denominados "Río", o la contaminación provocada por los asentamientos humanos a todo lo largo de esta provincia. Los gigantezcos barcos "Ríos", a su regreso de las costas del este canadiense, si no contaban en sus bodegas con el volumen deseado, lanzaban sus artes de pesca antes de llegar a puerto para capturar algunos peces más. Al hacerlo, destruían todos los promontorios coralinos de la plataforma, y con ellos, arrancaban kilómetros enteros de seibadal (*Thalassia testidinum*), que constituían el refugio para cientos de peces del litoral. Además, por culpa de estos indiscriminados y frecuentes arrastres, desaparecieron también un gran número las poblaciones del erizo rojinegro (*Diadema antillarum*) y con él, los minúsculos peces que bajo ellos se protegían. Así dejaron de verse especies como (*Ginburgellus novemlineatus*) y (*Gobiosoma multifasciatum*). Otros, los que se alimentaban y protegían en el arrecife y que no fueron exterminados con estos arrastres, redujeron su número después que la contaminación dejara muertas la inmensa mayoría de las algas calcáreas (*Halimeda opuntia*) de la barrera coralina del litoral.

Justo frente al Acuario Nacional la desolación en el fondo marino era algo inaudito. Si en 1982 era frecuente ver algún que otro ejemplar de cardenal (*Apogon sp*), y varias especies de peces sapos (*Labrisomus bucciferus, Labrisomus gobio*) y (*Labrisomus nigricinctus*), o de peces parche (*Chaetodon capistratus*) y (*Chaetodon satriatus*), después que se habilitó la playa denominada del Tritón, esto se hizo cada vez más difícil de lograr. En esta playa, los bañistas podían nadar fácilmente hasta sus cangilones buceando sin equipos y por ello, fueron destruidos todos los abanicos de mar (*Gorgonea flabellum*) y fueron capturados para consumo hasta los peces lija (*Cantherines pullus*). En otras palabras, la acción humana llegada a las costas rocosas, o las modificaciones hechas en todas estas "playas de diente de perro", no sólo acabaron con las arboledas de uvas caletas (*Coccoloba uvifera*) que en ellas existían, sino con todos los peces que bajo el mar quedaban. La pesca se llevaba a cabo día y noche, y el cubano, acostumbrado antaño a comer peces de alta calidad, ahora se conformaba con grandes ensartas de carajuelos (*Holocentrus vexilliarius*), o incluso, con alguna que otra chopa (*Stegastes mellis*) o (*Segastes dorsopunicans*).

La reducción en la talla de muchas especies devino entonces un síntoma inequívoco de la sobreexplotación. Aparentemente, y con vistas a protegerse de la extinción, las especies excesivamente capturadas comenzaron a reproducirse antes de tiempo. Las mojarras, que antes de 1960 se hacían reproductoras con un tamaño superior a las 10 pulgadas, entre 1985 y 1990 comenzaron a reproducirse con apenas 6 pulgadas. Hoy día, mojarritas de hasta 5 pulgadas o menos, tienen huevos a fin de contrarrestar esos dañinos efectos antrópicos.

Mientras toda esta masacre se repetía año tras año, la falta de interés y el desconocimiento de nuestras especies de arrecifes coralinos estaba en su máxima capacidad. Quiero decir, que se sabía menos de la ictiofauna costera que lo que se explotaba de ella. Para probarlo, baste poner como ejemplo las catorce especies que en 1980 fueron descubiertas y reportadas para Cuba. Pero lo más sorprendente o irónico de este hallazgo no eran las especies en sí; ni las familias a las cuales estos peces pertenecían (*Xenocongridae, Apogonidae, Clinidae, Tripterygiidare, Gobiidae* y *Callionymidae*); lo verdaderamente llamativo era el lugar donde fueron colectadas para su descubrimiento: frente al Instituto de Oceanología. Así, si los estudios sistemáticos y los inventarios ictiológicos necesitaban ser llevados a cabo con premura, y algo más lejos del hogar científico de los ictiólogos cubanos ¿qué podríamos decir de la protección de especies que nuestros especialistas ni siquiera conocían?

Y si esto ocurría con especies que vivían frente a la oficina del mediocre ictiólogo Alfonso Silva Lee, ¿qué decir de nuestros tiburones? Una fauna de escualos que en los mares cubanos pudiera declararse rica según las especies reportadas, pero que hoy es una de las más pobres ya que se los captura por miles cada año. Desde hace más de 5 lustros el MIP mantiene clasificadas las estadísticas pesqueras de todas estas especies. Sin embargo, alguna información se ha filtrado y ahora debe ser impresa. Cuba, y sólo en los puertos de Batabanó en la Habana, Casilda y Sagua en las Villas, Santiago de Cuba y Nuevitas en Oriente, y Puerto Esperanza en Pinar del Río, extrae cada año un equivalente a las 800 toneladas de tiburón (Gustavo Herrera comun. pers.). Si bien es cierto que la cifra no es halagüeña, menos lo será el hecho de no contar con las mismas estadísticas en los restantes puertos del país. Si esta pesca pudiera mantenerse así por largos períodos, y si las especies de tiburones fuesen lo suficientemente abundantes, no sería descabellado afirmar que alrededor de 1`500 toneladas de estos escuálos son capturadas anualmente.

Entre las especies más explotadas se encuentra el inofensivo tiburón gata (*Ginglymostoma cirratum*), pero esto, porque es una de las especies menos peligrosas y por tanto, asequible incluso a los pescadores inexpertos. Sin embargo, también son capturados en mayor o menor frecuencia, el tiburón zorro (*Alopias superciliosus*), el cabeza de martillo (*Sphyrna zygaena*), y casi todas las especies del género *Carcharhinus*. Ni siquiera escapan a esta mala suerte las tembladeras (*Urolophus jamaicensis*), y los obispos (*Aetobatus narinari*) que, hasta 1970, fueron abundantes en todos los fondos fangosos y arenosos de nuestra plataforma insular.

Cuando se piensa en toda esta insensatez, no es fácil explicarse por qué CUBATUR no ha anunciado en sus campañas publicitarias de que Cuba "es el primer territorio libre de tiburones de América". Contrario a lo que reza el otro refrán político, este si lo creerían todos. Por supuesto, que habría que aclarar antes de qué tipo de tiburones se trata, o sencillamente, especificar que se trata de los "mares de América" y sin que se olvide el clásico: "gracias a la Revolución y su infalible industria pesquera".

El fraticidio del caimán barbudo.

"Después de largos años de estricta prohibición de ventas, la Convención Internacional para el Comercio de Especies en Peligro de Extinción autorizó a Cuba la exportación de pieles de cocodrilo."

F. Dávalos

Cuba es el único país del mundo que publica o edita sellos alegóricos a la captura de quelonios, esto ha ocurrido en repetidas oportunidades con motivo de los numerosos torneos de caza submarina que allí se realizan. Este ejemplo que demuestra una mala educación ambiental, ha sido denunciado por varias organizaciones internacionales y en el famoso libro "Turtle, Tortoise and Terraplains". Sin embargo, antes de comenzar con los reptiles, quisiera hacer una breve mención a los anfibios. Aunque carezco de información sobre el estado poblacional de muchos de ellos, la rana toro (*Rana catesbiana*), parece ser la especie más explotada por el hombre desde el punto de vista comercial; ahora bien, como se trata de una especie introducida, tan pronto acaben con ella, mejor.

La mayor preocupación que nos debiera asaltar en el caso de los anfibios endémicos es la destrucción de sus ecosistemas. Géneros de sapos como *Bufo* o *Peltaphryne*, distribuidos en todo el archipiélago, nos llevan indudablemente a un factor común: ellos, desaparecen sin un lugar donde vivir. El sapo endémico (*Bufo gundlachi*) ha sido muy afectado en Cerro Caudal, al sur de Isla de Pinos, y lo mismo ha ocurrido con las poblaciones de (*Peltaphryne empusa*) que vivían en la Cueva de la Barca y en el Cayuco en Pinar del Río.

Así, y para citar otro ejemplo, la rana (*Osteopilus septentrionalis*), dada como muy abundante para la Península de Guanahacabibes (Novo et. al., 1987) apenas existía cuando pasé por sus localidades en 1990. En la laguna Lugones sólo vi aquel año un par de individuos, mientras que en el Faro Roncali, en La Bajada y en El Veral, ni siquiera pude escucharlas. Al parecer, los anfibios cubanos, al no representar un interés para el cubano medio, desaparecen en silencio conjuntamente con sus hábitas. Eso es lo que

201

también ocurre con todos los reptiles pequeños, desde las lagartijas hasta los camaleones, y en cuyo máximo peligro se encuentra el ecosistema de Cabo Cruz, y el más raro de sus inquilinos: la (*Cricosaura typica*), o lo que es lo mismo, el más primitivo, escaso, y raro de los saurios cubanos.

Sin embargo, los grandes reptiles son quizás los vertebrados más afectados en Cuba, tanto en lo que concierne a su hábitat, como a la presión humana que se ejerce constantemente sobre sus especies y que disminuye drásticamente sus poblaciones. Entre los factores humanos que más les afecta la caza ocupa el primer lugar, debido a las cualidades de su carne y su piel.

El archipiélago cubano era antiguamente un verdadero paraíso de iguanas, cocodrilos, tortugas terrestres y marinas (véase el primer escudo diseñado para Cuba en 1510 y que tenía en su parte inferior dos cocodrilos como símbolo de su fauna), y casi igual continuaba, hasta que en 1959 el gobierno comenzó la explotación intensiva de ellos en todas las ciénagas y cayos del país. Desde los pulsos y los prendedores para el pelo, hasta los "polvos" para amarrar a un amor perdido, los reptiles constituyeron desde entonces una fuente muy variada de enriquecimiento personal. Incluso en la década del 80, entre las dos profesiones que más se ofertaban a los renegados del sistema en la capital estaban, curiosamente, la de cazador de cocodrilos y la de sepulturero.

En los años 60, al llevarse a cabo los planes arroceros en el sur de Pinar del Río (Alonso de Rojas), sur de Sancti Spiritus (El Jíbaro), y oeste de la provincia de Oriente (desembocadura del río Cauto), comenzaron a desaparecer por la captura intensiva las mayores poblaciones de cocodrilos americanos (*Crocodylus acutus*) que existían en el país. Igualmente, la Ciénaga de Zapata ya contaba con el llamado "criadero de cocodrilos" de La Boca, al oeste de la Laguna del Tesoro, pero que en aquellos años no era más que un centro hacia el cual se llevaban los cocodrilos (*Crocodylus rhombifer*) que habían sido capturados de su medio natural, y a los que mantenían en cautiverio a la espera del cuchillo. Así, el "criadero" de La Boca era en realidad un matadero donde se encerraban principalmente los individuos adultos para ser consumidos, y para utilizar su piel en la exportación, mientras que los pequeños, los que aún no tenían una talla comercial, eran transportados a los cientos de talleres de la EMPROVA, al antiguo museo de la Academia de Ciencias, u otras casas de artesanía como FAUNICUBA, para ser disecados y preparados como souvenirs.

Esto, en la medida que reportaba ciertas ganancias, incrementaba su persecución a escala nacional y así, la actividad se extendió a Isla de Pinos, y a todas las lagunas costeras donde estos reptiles existieran. En 1981, todos los restaurantes de Playa Larga, Playa Girón, e incluso hasta en el Central Australia y algunos restaurantes de Jagüey Grande, vendían el filete de cola de cocodrilo que aparecía como menú cotidiano. Sin embargo, en otros sitios como Cayo Largo del Sur, o en la Cayería de las Siete Leguas, el cacique local de turno era el máximo comerciante del reptil. Rubén Torres, por citar un "bravo" ejemplo, regalaba, vendía, y comía cocodrilos casi todo el año, pues el cayo era su feudo (él decía: *"en Cuba manda Fidel y aquí mando yo"*) y no había nadie capaz de regular su eterno apetito, o de criticar su infatigable deporte como cazador y conquistador de la naturaleza. A tal extremo llegó este rehabilitado ex-prisionero de Castro, que ametrallaba a los reptiles y delfines para consumo de los trabajadores de la construcción que remodelaban el hotel construido por Fulgencio Batista.

Luego estaban las tortugas marinas que habían sido parte de la dieta del cubano costero, o del que podía permitirse el lujo de pagarlo en un restaurante en las capitales de provincias, pero que, aunque mantenían poblaciones bajas, aún podían ser consideradas estables. Recuerdo que para comer filete de caguama (*Careta careta*) en los años 60, había que ir al restaurante de Barlovento (hoy convertido en la Marina Hemingway). Pero vale que diga que aquellos ejemplares eran capturados en la costa norte, de donde luego desaparecieron para satisfacer el apetito de los huéspedes rusos de Castro (los soviéticos) en los numerosos comedores habilitados para los "hermanos de la madre patria". Más tarde, con el auge de las cooperativas pesqueras, todo tipo de quelonio se hizo un renglón para la exportación, y así se ha mantenido desde entonces, como captura priorizada para abastecer al sector del turismo internacional.

En 1982, el catedrático de la Universidad Autónoma de Madrid, el Dr. Eduardo de Juana, visitó Cayo Largo del Sur cuando yo realizaba, junto con Antonio Perera, estudios poblacionales sobre la iguana (*Cyclura nubila*). Pues bien, como turista Eduardo de Juana y su esposa fueron invitados a una noche de "playeo", una larga caminata por la playa para virar boca arriba a todas las tortugas verdes (*Chelonia mydas*) que salieran al deshove. Siete en aquella noche fueron los animales virados, y siete a la mañana siguiente los quelonios sacrificados para satisfacer el paladar de algunos, o para horrorizar a otros. Y es que no había forma de evitarlo dado que Rubén

Torres se había tomado tan seria su responsabilidad de atraer turistas, que eliminaba y después servía en bandeja todo lo que allí caminara.

Luego, para disminuir el efecto negativo que la matanza de quelonios trajo consigo, trajeron a Cayo Largo desde la Cayería de las Siete Leguas, al técnico veterinario Joel Boullón. Joel era un joven asmático que por no soportar el aire de la ciudad, se había dedicado a cuidar a las pequeñas tortugas en centros muy parecidos a los de la Ciénaga de Zapata, pero alejados de toda contaminación ambiental. Sin embargo, estos centros tenían la única función de enmascarar la explotación que se llevaba a cabo con los animales adultos y bajo el supuesto conservacionista de velar por los inmaduros para dejarlos posteriormente en libertad. Ahora bien, sabido es que Boullón jamás pudo liberar a más de un 3% de los animales que tenía bajo su custodia, y que aquellos que fueron tirados en el mar era, o porque estaban enfermos en fase terminal, o porque tenían micosis imposibles de curar por la contaminación de las aguas en el criadero.

Mientras Joel Boullón cobraba un salario por enseñarle a los turistas lo bien que él trabajaba por salvar tortugas, Rubén Torres, a modo de cayero solitario, o *turtleboy* cubano, llevaba a cabo una verdadera matanza de gaviotas comunes (*Sterna hirundo*) y galleguitos (*Larus atricilla*) sobre el criadero. Entonces, las colgaba por el cuello de la cerca para que los extranjeros viesen que nadie, ni la madre naturaleza, tenía la más mínima posibilidad de interferir en los planes del gobierno. Pero cuando los turistas y ecologistas protestaron por el menú que incluía tortugas marinas cazadas en los alrededores del hotel, Torres las mandó a interceptar mar afuera, de manera que los visitantes no viesen de donde provenían. Todas las mañanas, en la época de la reproducción, llegaba entonces el ferrocemento N° 94 al muelle para dejar numerosas tortugas verdes, los escasos careyes (*Eretmochelys imbricata*), y los rarísimos tinglados (*Dermochelys coriacea*) que los pescadores capturaban fuera de su plan y sin ningún permiso. O sea, todo operaba así: el pescador prefería pasar la noche mar afuera alejado de la plaga de mosquitos, y a cambio de tirar las redes que Torres les proporcionaba, recibir una cuota extra de cigarros y ron por cada ejemplar que capturaban.

Mientras esto ocurría en un sólo punto de la geografía, y bajo situaciones extremas, o muy favorables para la corrupción, en el resto de Cuba los quelonios eran capturados de forma estatal y autorizada. La Caleta de Pedernales, en la costa sur de Isla de Pinos, tenía siempre a unos 500 metros de la orilla, cientos de redes idénticas a las de Torres, pero estas, por cubrir una extensión de varios kilómetros de largo hasta Punta del Francés, capturaban más quelonios que el cacique, y por ende, reportaban más perjuicios que los ocasionados en el cayo. En 1988, durante una excursión de la Escuela de Medicina de La Habana a Isla de Pinos, pude destruir al menos un par de estas redes en Pedernales, pero está claro que el cubano promedio, hubiera llegado nadando para extraer de ellas su captura, y no para liberar a las tortugas de la muerte. Seis años antes, y como consecuencia de un pinchazo en la rueda del tractor que conducía, fui sorprendido en la mañana y expulsado de Cayo Largo del Sur después de haber dejado libre a tres quelonios virados en la noche.

En 1981, habiéndonos dado Torres la seguridad de no permitir que nadie fuera al cayo donde Antonio Perera y yo estudiábamos las iguanas, este autorizó al jefe de la Unidad de Guardafronteras para que fuera allí un domingo y cazara con rifles calibre 22 todas las iguanas que necesitara para su fiesta de cumpleaños. Al lunes siguiente, después de llegar en un vuelo directo de La Habana, Perera y yo llegamos en lancha a Cayo Piedra (hoy rebautizado por segunda vez como Cayo de las Iguanas) y vimos sangre por doquier encima del diente de perro de la costa. Apenas unos breves minutos de búsqueda, y al menos dos iguanas muertas encontramos. Luego de mostrárselas a Torres, este reprendió al militar, pero detrás de aquella refriega estaba en entredicho el odio contra quien había dejado animales muertos como prueba de su ineficiencia y falta de palabra. Si esto fuese un ejemplo único, y si esa molestia temporal de Torres fuera sincera, entonces yo tendría motivos para alegrarme, como lo hizo el norteamericano John McNeely cuando interrumpieron las labores de minería en la Sierra de Cristal. Sin embargo, cuando uno sabe que todos los pescadores capturan iguanas, y que esta actuación de Torres no tenía ninguna base seria, uno se deprime con sólo pensar en el futuro de las escasas poblaciones de este interesantísimo lagarto en Cuba.

Por otra parte, las tortugas terrestres (*Pseudemys decussata*) y el majá de Santa María (*Epicrates angulifer*), eran un plato típico del cubano en todas aquellas regiones en que habitaban. En la Ciénaga de Zapata, ya insinué como se quemaban los pastizales y la hierba de cortadera para recolectar las jicoteas carbonizadas, y como si se tratara de una cosecha de papas en un campo. Ello ocurría también muy a menudo en los límites de las arroceras, donde los tractores, dragadoras, y trilladoras los sacaban del fango para beneficio del operador. Paralelamente, el campesino o el hombre de la ciudad los buscaban en cualquier parte, ya fuera en una pequeña laguna, o en lo más profundo de una cueva de calor, pues estos dos reptiles tenían además, un doble valor para el hombre. Por un lado servían de alimento y por el otro, eran muy cotizados como ofrendas religiosas, amuletos vivientes, o como medicina. La mayor de las boas de Cuba, además de ser consumida en muchos hogares del campo y la ciudad, era parcialmente utilizada por su grasa, ya que el campesinado cubano le atribuía innumerables dotes analgésicas y un infalible papel como medicamento para la gripe y el reuma.

Ahora, cuando unimos la cultura cubana al hambre que aqueja al pueblo de la isla, a la corrupción de los jefes locales que viven cerca de estos recursos, a la sobreexplotación que el gobierno lleva a cabo contra ellos, y al periódico oficialista de Cuba, debemos asegurar que ya estamos cerca de no contar con muchos reptiles que digamos. Pero si a ello agregamos, que en Suiza los españoles publican anuncios comerciales de la fauna cubana, y que el gobierno de Castro ejerce un atractivo extraterritorial en Europa, ¿qué nos queda esperar? No hace mucho, el periódico "La Página" de Zürich sacó un titular que parecía más bien del siglo pasado: *"Autorizan las ventas de pieles de cocodrilos "*(Dávalos, 1995). Sin embargo, jamás había leído yo semejantes argumentos, y hacía tiempo que no me indignaba tanto con tantas mentiras en apenas 5 párrafos. Horribles deben haber sido las presiones ejercidas para que "Tobi" (el Jefe del Criadero de cocodrilos de La Boca, en la Ciénaga de Zapata) diera su brazo a torcer.

En enero de 1992, tres meses antes de yo salir de Cuba, Tobi me explicaba que no había sido posible llevar a cabo un censo de las poblaciones libres del cocodrilo en la ciénaga, y que era casi una utopía poder hacerlo como se lo venían exigiendo para lograr un permiso de exportación. Entonces lo repito, horribles deben haber sido las presiones, o increíbles las mentiras del gobierno, para que CITES permitiera a Cuba comercializar el cocodrilo. La primera mentira del periódico "La Página" está ya desde su primer párrafo. Jamás hubo ningún tipo de prohibición nacional a las ventas de cocodrilos. Para comprobarlo, bastaría con una hojeada a los permisos de exportación de este reptil, y que deben encontrarse en el MINAGRI o en algún archivo de la Aduana Nacional. Por otra parte, un par de años antes de que esta nota apareciera en Zürich, un video filmado en España, mostraba al (*Crocodylus rombifer*) en los zoológicos de Málaga y en los restaurantes de la ciudad Ho Chi Min.

Además, si la venta de su carne no es un negocio viejo en la Ciénaga de Zapata, o si ello no se lleva a cabo todos los días en el restaurante de La

Boca, o en el de la Laguna del Tesoro, entonces que vengan y me digan que yo nací en la Polinesia. Quizás me sentiría más orgulloso. Con esta autorización que CITES otorga a Cuba para vender internacionalmente el saurio endémico, lo único que el organismo logra es legalizar la actividad que siempre existía con cierto límite, y que era un alivio para las poblaciones naturales. Ahora, es a CITES a quien deberemos la caza de esos 11`000 cocodrilos que aún quedan en Zapata (Dávalos, 1995). O los representantes del CITES son ciegos, o no han visitado nunca ningún apartamento moscovita, o los recién extremados restaurantes vietnamitas, donde se exhibe o se consume nuestro cocodrilo endémico (Force, 1997) Como es costumbre, las organizaciones internacionales siguen ignorando por completo de lo que es capaz "el caimán barbudo" a la hora de destruir lo que pertenece al patrimonio nacional.

Guerra a muerte contra los alados.

"Pájaro que huye morir de noche, cae de mañana"... *"el horizonte se ha hecho redondo, y el pájaro se engaña y gira sobre el espacio hasta perder las alas"*

Sentencias del cazador cubano

Ya se sabe que el principal factor degradante que afecta a todas las especies es la reducción y destrucción de sus hábitats, pero esas son las grandes desgracias que afectan a toda la fauna en general, y yo quiero hacer énfasis aquí, a dos de los agentes directos que disminuyen y exterminan nuestras aves. Por tanto, hablaré de manera enfática de la caza, y la destrucción de los nidos, pues con el primero se reducen sus efectivos de manera directa, y con el segundo, estos pueden menguar, no sólo por la destrucción física de los huevos, jóvenes y adultos, sino por imposibilitar de que en años posteriores encuentren un sitio donde reproducirse. En Cuba, aunque no tan fuerte como en España, la caza de las aves tiene un vestigio cultural ibérico. Si bien es cierto que el cubano no come regularmente gorriones (*Passer domesticus*) como hacen los malagueños con el minúsculo robin (*Erithacus rubecula*), esto parece deberse a razones de la glotonería, más que a una conciencia conservacionista.

De todos estos males relacionados con la captura indiscriminada de especies, existen ejemplos históricos como el del guacamayo cubano (*Ara tricolor*), que fue cazado como alimento, ornato y lucro, desde la época del descubrimiento hasta mediados del siglo XIX, y el carpintero real (*Campephilus principalis*), que hasta 1850 ocupaba una extensa distribución por toda la isla de Cuba, pero que desapareció de sus antiguas áreas de Pinar del Río y Matanzas al no encontrar árboles cuya talla le permitiese hacer un nido. Sin embargo, desde el triunfo de la Revolución en 1959, la cotorra cubana (*Amazona leucocephala*), diversas especies de buhos, y casi todas la especies de rapaces diurnas, disminuyen su número más aceleradamente que en tiempos de la colonia.

Según los datos de la Unión Internacional para la Conservación de la Naturaleza, 37 especies de aves y mamíferos se han extinguido en las Antillas hasta la fecha. De estas extinciones, 29 ocurrieron con posterioridad a 1900, y 27 de ellas, eran especies endémicas. Así, Cuba ha perdido 12 de las especies antes consideradas, pero ahora tiene 37 especies de aves en extremo grado de amenaza debido a la anarquía total que reina en las mal llamadas "áreas protegidas" del país. Aunque en el caso de los paseriformes no se disponen de datos muy concretos, se sabe positivamente que algunos grupos sufren una disminución alarmante, máxime, si se tiene en cuenta que el cubano se ha convertido en una especie muy amante de la jaula.

Entre los factores que en la actualidad atentan más negativamente contra las aves cubanas están: (1) la comercialización, a través de la cual el gobierno (recuérdese las cotorras y los rusos) y el pueblo especulan con todo tipo de especies para lograr su venta total o parcial. Es decir, la venta de partes de aves, que se realizan dentro de los círculos religiosos afrocubanos, y en las que se comercializan considerables cantidades de huevos, plumas, huesos, uñas y hasta su sangre; (2) la caza, que se practica fundamentalmente con ausencia total de regulaciones dada la legislación vigente y además, como una actividad turístico-lucrativa; (3) el vandalismo, que incluye la destrucción de los hábitas y la avifauna sin finalidad alguna, y cuyos máximos responsables son, sin ninguna duda, el gobierno y el Ministerio de Educación que desde 1959 han ignorado la extrema necesidad de cursos de educación ambiental para la población; (4) las prácticas proteccionistas infundadas, por la ignorancia, la necesidad, y los intereses del Estado, donde se recurre a la investigación *ex-situ*, o a la cría artificial de especies que requieren una mayor protección del hábitat que de sí mismas y; (5) la introducción de especies exóticas, a raíz de la cual nuestros ecosistemas son transformados y destruidos por especies para las que el medio no estaba preparado.

De todos los grupos de aves de Cuba, y a excepción de especies como la fermina (*Ferminia cerverai*) y la gallinuela de Santo Tomás (*Cyanolimnas cerverai*), las rapaces se encuentran entre las aves cuya densidad poblacional alcanza sus valores críticos para la supervivencia. Dentro del orden, quizás el aura tiñosa (*Cathartes aura*), y el cernícalo (*Falco sparverius*) aún puedan mantener sus efectivos sin la ayuda del hombre, pero el resto no goza de tal "suerte". En las rapaces nocturnas todas las especies cubanas están amenazadas e incluso, la lechuza (*Tyto alba*), cuyas poblaciones son más o menos estables, sufren la persecución del hombre por motivos de superstición, religión, o simplemente antipatía. La lechuza continúa siendo exterminada en toda la isla, los nidos de los sijúes son sistemáticamente talados por diversión y vandalismo, y nuestro mediano buho orejudo, la siguapa (*Asio stygius*), apenas mantiene algunos individuos y poblaciones en condiciones relictas. En la Ciénaga de Zapata por ejemplo, los estudios realizados en 1989 (Wotzkow, 1994) arrojaron una pérdida de ecosistemas del 50% en aquellas áreas en las que se llevó a cabo la investigación. Sin embargo, 5 años más tarde, ya no quedaba en pie ninguno de los bosques de palmeras en los que se estudiaron aquellas especies (Pierre Mollet, comun. pers.). Si a esto sumamos que la siguapa no pudo ser estudiada por falta de apoyo institucional, entonces tenemos una especie endémica que además de perder hábitat, está condenada a desaparecer sin que se conozcan los más elementales datos de su ecología.

Los llamados gavilanes corren una suerte parecida. El gavilán bobo (*Buteo platypterus*) es frecuentemente cazado por la confusión y el desconocimiento. El cubano, sin ninguna educación zoológica elemental, lo elimina pensando que se trata del gavilán de monte (*Buteo jamaicensis*), y por supuesto, creyendo que ambos sólo se alimentan únicamente de las aves de corral. De más está decir que ambas especies son extremadamente beneficiosas para el hombre, pues la primera es un depredador de pequeños reptiles e insectos, y la segunda actúa como regulador de las poblaciones de ratas (*Rattus sp.*) y guayabitos (*Mus musculus*) en todas aquellas áreas donde habitan. En un estudio realizado en el Valle del Perú (zona poblada por campesinos con aves de corral), analicé la dieta de cuatro parejas de gavilán de monte. En ella, las aves de corral tenían una frecuencia tan pequeña, que no hubieran permitido la supervivencia de la población de gavilanes más allá de los dos primeros días del estudio. El resto, estaba compuesto en primer lugar por los roedores, y también, por diversas especies silvestres o introducidas que los gavilanes lograban capturar circunstancialmente.

Otras rapaces como la caraira (*Polyborus plancus*), fue eliminada de Cayo Coco a tiro de escopeta, pero en este caso, por el propio guardabosque. Resulta que este individuo, cuya función debiera ser la de proteger las especies nativas, llevó a cabo una masacre de estos halcones carroñeros porque *"temía que ellas le comieran las palomas domésticas"*. Pero, los ejemplos más repugnantes de esta destrucción no sólo incluyen especies tan escasas como la caraira, sino todas aquellas que por tener el pico curvo, ya sean endémicas o no, deben ser exterminadas. Al parecer esto es una tradición reforzada desde el punto de vista político. Es decir, si antes las rapaces eran consideradas "bichos malos", ahora, después que Castro inunda el país con sus pancartas de águilas calvas, en las que anuncia su guerra contra el imperialismo, el campesino las considera su enemigo. Esto trabaja en el subconciente del guajiro, como si todas las especies de rapaces se hubieran convertido de hecho en soldados gringos, y por ello, los "patriotas" se sienten obligados a acabar con ellas.

Uno de los ejemplos más preocupantes en la destrucción de las rapaces cubanas lo constituyen los cernícalos. En 1979-1980, llevamos a cabo un estudio sobre las poblaciones de estas aves en Tapaste (Wotzkow y Cruz, 1987). En aquella ocasión, detectamos que muchos de los huevos de la subespecie cubana eran extremadamente frágiles y que, sin llegar a eclosionar producto de su ruptura en el nido, reducían su éxito reproductivo en un 43% por este único motivo. Si asociáramos esto a la campaña contra el mosquito *(Aedes aegypti)*, y si nos acordamos lo intensamente que fue bombardeado el ambiente cubano con todo tipo de pesticidas, podríamos pensar que esta alteración en la formación de la cáscara del huevo guarda relación con lo anterior. Sin embargo a la hora de concluir nuestro estudio, nunca pudimos llevar a cabo pruebas de laboratorio que nos permitieran analizar la afectación química de los huevos y por lo tanto, jamás pudimos afirmarlo. Ahora bien, cuando vemos que este estudio estuvo secuestrado por Fernando González, director de Instituto de Zoología en aquellos años, y que en su gaveta quedó olvidada la copia que se pedía publicar en la revista "Poeyana", entonces no estamos muy errados al afirmar que alguna relación guardaba.

En Cuba, desde que se es niño, uno de los "juguetes" que se utilizan para liberar la energía y la agresividad se llama "tirapiedras". Sin embargo, como los cristales ajenos pueden traer ciertas repercusiones familiares, las aves son el blanco de nuestros infantes ciudadanos. Esta práctica: la de matar pájaros en el vecindario, va rápidamente transformándose en una meta para el adulto, máxime, cuando la población cubana está tan compenetrada con el uso de las armas y la guerra. Así pues, el país cuenta con unos 30`000 cazadores inscritos en la Asociación de Cazadores de Cuba, y con no menos de un millón de cazadores ocasionales, entre los que se destacan los turistas y furtivos. Por culpa de esto, el ejercicio de la caza se efectúa por dos vías fundamentales: (a) amparándose en una legislación cinegética que no cuenta con fundamentos científicos para establecer las vedas y sus regulaciones, y (b) por las continuas violaciones que han hecho de este deporte una búsqueda desesperada de alimento y donde no se considera una obligación

211

estar acreditado oficialmente, ni las áreas protegidas donde la caza está prohibida, ni los períodos de vedas que malamente se han establecido, ni el número límite de piezas a cobrar, ni el tipo de especie permitida en la legislación, ni el método de caza a utilizar, etc. Es decir que cuando el hambre aprieta, no valen las leyes flojas, y mucho menos si estas no son respetadas por sus propios redactores.

Así vemos como en todo el territorio nacional estas deficiencias se han hecho extensas. En Caibarién por ejemplo, y como preparación a los carnavales de Remedios, se organizan grupos de pescadores cuya tarea consiste en garantizar el alimento de las fiestas. Por eso, estos festejos se han animado durante algunos años con los bocadillos de flamingos (*Phoenicopterus ruber*). Para la ocasión, alrededor de dos barcos se encargan de dar muerte a 2`000 pichones de esta especie. El gobierno, incapaz de garantizar el alimento necesario, se hace entonces el de la vista gorda para mantener la tradición. En Manzanillo, y después que se extiguieran las jutías por una caza similar, las corúas de mar (*Phalacrocorax auritus*) ocuparon su lugar. Un pescador me contaba que el gobierno local, considerando una plaga a estas aves sobre los criaderos de camarones (*Penaeus sp.*), autorizó su caza y captura con fines recreativos. Por eso, unos 7`000 pichones de corúas fueron llevados a puerto para su ingestión. Hoy, cuando la crisis de alimentos es aún mayor, es absurdo pensar que tan rentable búsqueda de carne se haya desdeñado desde entonces.

Si pensamos ahora a nivel popular, veremos que las cotorras y cateyes (*Arathinga euops*) ocupan un punto focal en esta actividad degradante de la fauna. Cada año por ejemplo, miles de habaneros se desplazan a la Ciénaga de Zapata a buscar los anhelados pichones de esta especie. Para ganar tiempo, pagan por adelantado a algunos residentes locales (incluidos los guadabosques de la zona) a fin de que ellos se las busquen. Se estima que en cada visita y de manera individual, al menos dos pichones son transportados a la Habana, pero si somos un poco más exactos, hay que aclarar que por cada pichón vivo, al menos tres mueren en el acto de captura. El guajiro de la ciénaga derriba las palmas donde estos se encuentran y con ello, no sólo mata a cientos de pichones cada año, sino que impide que la especie se reproduzca nuevamente al no encontrar sitio donde nidificar. Recientemente, después que el Plan Turquino llenó a Soplillar de reclutas procedentes de Guantánamo, esta modalidad de vandalismo ha cobrado una intensidad y extensión incalculable. Como que los militares saben aún menos de cotorras que de viandas, entonces salen con un hacha a derribar, no sólo la palma donde anidan estos psitácidos, sino todas aquellas que tengan un hueco en su tronco, aunque este esté vacío o lleno, u ocupado por carpinteros, buhos, tocororos, o cernícalos.

En las áreas sembradas de arroz, o en las sabanas habitadas por palomas (*Zenaida macrovra* y *Z. asiatica*, el dilema es otro. El cazador cubano promedio no cuenta con los recursos y medios para cazar periódicamente. Entonces, y a falta de apoyo legal, se pasa el año ahorrando gasolina, comprando pólvora, reactivando fulminantes, preparando perdigones, y "amarrando" una y otra vez el transporte y los amigos que le permitan algún día salir de cacería. Cuando este día llega, entonces comienza la cruzada. Salen de la ciudad un día antes, escogen el sitio con antelación, y se pasan una o varias jornadas disparando, cobrando, y enviando presas a la casa. Para poner un ejemplo, citemos al equipo nacional de tiro, que sin tantas limitaciones de infraestructura ni transporte, viajan cada año unas cuantas veces al sur del Jíbaro para cazar patos migratorios. En realidad, tengo que reconocerlo, se trata de cazadores que no disparan a otra especie que no sea la permitida, pero que lo hacen tan bien, que en apenas unas horas duplican el número de piezas estipuladas en la Ley de caza del 40.

Mucho más lamentable que este exceso en un grupo élite de tiradores, hay que decir que en Cuba, casi todos se las agencian para salir de cacería, pero que a falta de aves cinegéticas la práctica se convierte muy frecuentemente en una matanza de aves protegidas. En Pinar del Río para citar un ejemplo, todas las aves de cierta talla como las rapaces, el guareao (*Aramus guarauna*), los garcilotes (*Ardea herodias*), las marbellas (*Anhinga anhinga*), o las corúas, son abatidas si los patos no aparecen. La justificación es entonces de índole económica. Una vez que han consumido el combustible, y que se han podido ubicar en el campo, no pueden *"permitirse el lujo de llegar a casa derrotados"*, es decir, con todo perdido. Esta situación es habitual en cualquier arrocera del país, pero en algunas plantaciones como en Amarillas, al noreste de Soplillar, las especies matadas son, por añadidura, mucho más escasas o en peligro de extinción. En este caso, el sueño del cazador consiste en cobrar a la yaguasa endémica (*Dendrocygna arborea*), pero en su defecto y como si fuese un acto de despecho, los he visto disparar contra los cárabos (*Asio flameus*), los cocos blancos (*Eudocimus albus*) o negros (*Plegadis falcinellus*), las sevillas (*Ajaia ajaja*), las cayamas (*Mycteria americana*), las grullas, (*Grus canadensis*), los gavilanes caracoleros (*Rosthramus sociabilis*), las águilas pescadoras (*Pandion haliaetus*), y muchas otras especies que por existir allí, allí mismo acaban.

Después que Castro descubriera que la caza era una actividad extremadamente lucrativa, comenzó en Cuba la caza del dólar y el fin de la veda para la fauna. Todo parecía indicar en un inicio que los europeos pagarían por cobrar sólo especies cinegéticas. Es decir, que los más hábiles y diestros darían su batalla con el tiro del pichón (como se denomina una de las modalidades de la caza de palomas), mientras que los amateurs se dedicarían a la caza de los anátidos migratorios, o a la búsqueda de trofeos entre especies introducidas. Sin embargo, este parecer no fue tal. Los grandes ungulados introducidos siguen para la caza y placer de los altos oficiales del gobierno, y la captura de las especies cinegéticas es practicada sólo, por algunos turistas con cierta educación ambiental. El resto, es sólo caos y desorden en la industria del turimo, y el gobierno no exige tan siquiera un mínimo de conocimiento sobre las especies protegidas, y por tanto, siempre que el turista pague, le permite disparar contra lo que quiera, exceptuando por supuesto, los venados protegidos de Guillermo García Frías.

Pero veamos algunos ejemplos de este turismo especializado y que se denomina así, sólo porque durante algunas horas el gobierno autoriza a los capitalistas a portar armas de fuego dentro del sagrado territorio nacional. Entonces, estamos obligados a mencionar a los turistas europeos, que no son más que una fauna predadora de horrible calidad y que disparan contra cualquier especie que vuele sobre su cabeza. Tomando como indicador a la literatura que denuncia la caza de rapaces, podemos decir que en Noruega, entre 1900-1966, cerca de medio millón de estas aves fueron abatidas por disparos de escopeta. Esta situación también fue muy similar en Dinamarca, y en el período 1966-1967, cerca de 300`000 aves rapaces fueron cazadas por esparcimiento (Génsbol, 1987). Igualmente, muchos de estos países, cuyos cazadores hoy frecuentan Cuba, han perdido la estadística de estos despiadados tiradores. Sin embargo, a partir del comportamiento en Europa resulta posible imaginar el impacto de su actividad en ciertas áreas del nuestro.

Consideremos a los cazadores de la ex-DDR que durante cerca de 30 años estuvieron gozando en Cuba. A juzgar por lo que hicieron en la Alemania del este donde aniquilaban unas 70`000 rapaces cada año, ya podremos imaginarnos con que cuidado trataron nuestra fauna. Además, cuando hablamos de los turistas franceses e italianos que ahora llegan a Cuba a empuñar una de estas escopetas aceitadas por la industria del turismo, estamos hablando de tiradores que en Francia tienen una media anual de 200`000 rapaces abatidas, o de italianos que eliminan 100`000 en

214

su país. Esto, de repertirse en Cuba cada año, y si no llega pronto un cambio para la política ambiental, no nos dejará otra opción que compadecernos de las aves del país. En Birama, y más específicamente en el coto de caza llamado Los Caneyes, y ubicado al este de la Laguna de Leonero, los turistas italianos dispararon en 1992 contra al menos 9 halcones peregrinos (*Falco peregrinus*) que estaban anillados en los Estados Unidos, mientras que los franceses, se recrearon con la caza de la rara gaviota de pico de tijera (*Rynchops nigra*), para llegar en una sola mañana a desalentarnos con la cifra de 200 de estas aves (Edgardo de la Oz, comun. pers.).

Si sumamos la embriaguez que padece el gobierno por su cacería de dólares, al hecho de que esta actividad se repite en más de 100 cotos nacionales y durante todo el año, ya podemos hacernos una idea de lo que está ocurriendo. Aún con una idea conservadora, y si la abundancia de aves cinégeticas fuera lo suficientemente estimulante como para sólo cazar patos y palomas, el resultado medido en extinción no se hará esperar por mucho tiempo. Por desgracia, estos centros no llevan ningún tipo de control o estadísticas, pero tal vez mejor así, pues a los verdaderos amantes de la naturaleza que me lean, de seguro le dolerían mucho esas cifras. En la Laguna de la Leche, al norte de la provincia de Camagüey, y en El Cedro, al sur de Las Villas, la caza toma dimensiones incontrolables, por ello es de esperar que muy pronto todas las reservas naturales de Cuba cambien su aspecto. Es decir, perderán la categoría que las señalaba como protegidas en diferentes sentidos, pero que en que la práctica se han explotado también para la caza, sin ser reconocidas como cotos para esa actividad. No obstante, estoy seguro que cuando el gobierno autorice la caza en Cayo Coco, la IUCN seguirá teniéndola como un área a proteger en sus informes.

Antiguamente, muchas ciudades de Cuba tenían en sus jardines un ave que desempeñaba las funciones que hoy cumple el gorrión. Pues bien, la captura indiscriminada y constante del tomeguín de la tierra (*Tiaris olivacea*), y del endémico tomeguín del pinar (*Tiaris canora*), ha dejado a los ecosistemas urbanos sólo para la especie introducida. Otro tanto ocurre con la subespecie endémica del negrito (*Melopyrrha nigra*), que al igual que los anteriores es ya más común en jaulas que en su medio natural. El cubano, inconforme con la posibilidad de enjaular especies exóticas, continúa cazando todos los individuos que le sean posibles para su venta y placer doméstico. A los efectos de esta práctica deben entonces sumarse otras especies tales como el azulejo (*Passerina cyanea*), la mariposa (*Passerina ciris*), el degollado (*Pheucticus ludovicianus*), el cardenal de alas verdes (*Pyranga olivacea*), el rojo (*Pyranga rubra*), y otras especies a las que poner nombre me haría quedar como un desinformado.

No se pueden ignorar tampoco los efectos destructivos que traen a las poblaciones de aves la captura de especies por motivos religiosos, ornamentales y populares. Si bien es cierto que estas causas no afectan tanto a las poblaciones silvestres como las que ya he descrito, es de señalar que en algunos casos esta práctica roza los límites de la locura. Para la brujería, como comúnmente se le llama a los ritos de las religiones afro-cubanas, cientos de lechuzas, tiñosas (*Cathartes aura*), gavilanes, zunzunes (*Chlorostilbon ricordi*), tocororos (*Priotelus temnurus*), palomas (*Zenaida sp.*), cotorras, e incluso pájaros carpinteros (*Melanerpes superciliaris*) y (*Xiphidiopicus percusus*) son cazados cada año. Según los Yorubas, ningún amuleto que se respete debe carecer de plumas de zunzún, y como dicen los "paleros", ninguna "nganga" que pretenda tener poder, debe estar carente de las aves antes mencionadas. Después que la crisis económica comenzó a destrozar a la sociedad cubana, casi todo el pueblo reconoce acudir a los servicios de los baba`lawos. A partir de entonces, y dado el auge folklórico desatado, se han abierto en La Habana tiendas clandestinas donde los creyentes pueden comprar todo tipo de animales y plantas que requieran su "trabajo". Para ello, se ha creado una red nacional de suministros dentro del país que levantaría la envidia del comercio interno. Desde Pinar del Río hasta Oriente, y desde las aves más endémicas hasta las más exóticas, el negocio tiene siempre algo que vender: desde las patas de un colibrí viudo, hasta la cresta de una tiñosa cruzada con guanajo.

Para finalizar debo hacer un breve listado de las bestialidades que favorecen el desalojo de las aves. En Cuba, y como ya se ha dejado ver en muchas secciones de este libro, la biodiversidad de nuestra avifauna autóctona sufre un declive irreparable. Lo motiva, la destrucción de nuestros bosques vírgenes; lo acelera, la transformación vertiginosa de todos los ecosistemas ya sean naturales o secundarios; lo hace aún más crítico, la contaminación, la caza, la comercialización y la ignorancia; pero deviene un hecho irreparable, debido al desinterés del gobierno, su política de "quemar naves", y su presión para que todos los cubanos nos pensemos habitantes de una isla que no nos pertenece. La indolencia, la falta de educación, el ganado de tecnócratas, la testarudez política y la ceguera económica, harán que nuestras aves desaparezcan bajo un proceso de indolencia colectiva, y apoyado por un sistema de protección inexplicablemente oportunista. Al quedar nuestra tierra sin bosques, las aves giran en el espacio buscando donde posarse, pero no encontrando donde, el cazador revolucionario sonríe, y afirma entonces: *"pájaro que huye morir de noche, cae de mañana."*

Los perros de la guerra
y los murciélagos sin casa.

*"Se hace imprescindible señalar que estas claves
contienen un excelente nivel de actualización, que
no sólo servirán como material docente en la
impartición de la asignatura de Zoología II, sino
que también como medio auxiliar en la identificación de diferentes especies de vertebrados de
nuestra fauna en futuros trabajos de investigación."*

Noel Chirino y colaboradores

Si tenemos algunas nociones básicas sobre los mamíferos que habitan
en Cuba, difícilmente aceptaremos que esta parte de la fauna es
pobre, y en cierto sentido, mucha razón tendríamos para así creerlo.
Pero cuando vemos el estado actual en que se encuentran las poblaciones de
almiquíes (*Solenodon cubanus*), manatíes (*Trichechus mamatus*), los
murciélagos, o la suerte que corren las jutías, y los delfines (*Turciuops
truncatus*) dentro de nuestros espacios territoriales, entonces nos sentimos
muy limitados a la hora de considerarnos con derecho al optimismo. Otros
dos mamíferos, el hombre y el perro, destruyen a nuestros mamíferos
autóctonos constantemente, pero lo más lamentable, es en la forma en que
ello ocurre: con una ignorancia deliberada de la población, y con apatía total
por parte de las autoridades y el Estado.

Parte de estos problemas, vienen dados por la educación, pues ese
ministerio, preocupado sobre todo por la enseñanza del marxismo, se ha
olvidado de escribir en sus libros, incluso, una lista completa de los
mamíferos de Cuba. Tomemos por ejemplo el libro de Noel Chirino y
colaboradores que se titula: "Claves dicotómicas para cordados", y que fue
impreso por la Editorial Pueblo y Educación (Chirino et. al., 1990) para los
alumnos universitarios de la especialidad de biología. Cuando lo abrimos a
la búsqueda de nuestras especies de mamíferos, vemos con sorpresa que el

Ministerio de Educación de Cuba no se ha tomado el trabajo de revisar su texto, y por ello, los estudiantes que lo consulten, no podrán aprender en él con la menor exactitud posible la fauna con que cuenta su nación.

Según Chirino (y Carlos Arredondo por supuesto), *"En mamíferos se incluyó la clave dicotómica sólo para el Orden Chiroptera... por ser este taxón el mejor representado en nuestra fauna viviente de mamíferos"*. Sin embargo, parece que Chirino olvidó incluir en él al muy bien representado Orden Rhodentia con todas sus especies de jutías, además de corregir que el Orden Chiroptera no es un taxon, o no puede ser tratado como tal según el Código Internacional para la Nomenclatura Zoológica (Campbell and Lack, 1985). Las extrictas normas nomenclaturales de la zoología no reconocen táxones por encima de la superfamilia y por tanto, el "Orden" es sólo una categoría taxonómica primaria derivada de la subdivisión "Clase".

Según estos autores, los únicos mamíferos bien representados en Cuba son los murciélagos. Pero, ¿qué quiere decir para estos profesores de biología estar "bien representado?" Si lo que intentan decirnos es que es el Orden que en Cuba cuenta con mayor número de especies, le damos la razón, pero me parece que estos autores sufren una laxitud horrible al ignorar el resto de nuestra fauna de mamíferos tanto terrestres como acuáticos. Máxime, porque al no ser tantos como ellos sugieren, no les hubieran consumido más de dos páginas de texto para dar un conocimiento muy necesario a nuestros estudiantes.

Así las cosas, podemos afirmar que los mamíferos de Cuba son también, la Clase peor representada de la fauna en la literatura educativa del gobierno. Si pensamos en ello, no nos pueden quedar dudas de que nuestro pueblo se educa malamente sobre una fauna que no le dan a conocer y por tanto, a la que aparentemente no tienen que cuidar. Una vez terminada esta ligera crítica al sistema educativo nacional, pasemos a los problemas que sufren las especies de mamíferos y veamos como, en la realidad, son explotados continuamente por ese nuevo hombre cuasi analfabeto que la Revolución ha "educado".

A fin de no repetirme, no voy a extenderme sobre algunos problemas que padecen los mamíferos acuáticos cubanos. En otras partes de este libro ya los he incluido, o incluiré, bajo diferentes problemáticas de degradación en la naturaleza. Por eso, baste que diga que los delfines por ejemplo, son diariamente capturados por la flota cubana de pesca y luego, descuartizados y vendidos al turismo en calidad de bonito (*Katsuwonus pelamis*) ,o pez sierra (*Pristis pectinatus*). O sea, como especies de peces comerciales y no como los mamíferos protegidos internacionalmente que son. Por otra parte, hay en Cuba localidades como Cayo Largo del Sur, en donde sus caciques de turno (léase militares con cargos civiles) llegaron incluso a cazarlos con ametralladoras para dar de comer a sus súbditos; pero esto, apoyado en alguna que otra ocasión por el máximo líder, a quién vi felicitar con palmaditas en el hombro a Rubén Torres por su genial iniciativa. Además de estas capturas intensivas u ocasionales, Cuba exporta hacia Europa un número no determinado de delfines vivos para los acuarios y esto, a pesar de las protestas de los grupos ecologistas en todos esos países.

Con el manatí cubano la situación es aún peor. Sus poblaciones son infinitamente más reducidas que las del delfín, pero además "cerradas" debido a su pobre locomoción. Es decir, mientras que otros delfines del mar abierto pueden entrar en nuestra plataforma y ocupar en ella áreas vacantes por los delfines capturados, con el manatí esto no es posible. Si sabemos que antes del período especial la especie continuaba siendo capturada, qué pensar ahora cuando la población humana carece de suministro de proteínas por parte del gobierno. Los pescadores de Batabanó, es bien sabido, son adictos a utilizar en La Ensenada de Matahambre (Cornide, 1984) y en toda la cayería del Archipiélago de los Canarreos, las redes de deriva. Pero como que la captura del mamífero acuático está "prohibida", entonces ellos sólo lo capturan "accidentalmente" en caso de que se les haga algún control, o lo infiltran en tierra de noche y clandestinamente, para consumo de la familia y venta. En los playazos al este de la Playa del Cajío, el tráfico de algunos ejemplares capturados de manatí pudo existir hasta que el río Hatiguanico se canalizó. Después, con todo el ecosistema destruido, y en base a un censo que efectué desde un avión deportivo, su captura no pudo pasar de la docena. En el mayor de mis conteos, la cifra no sobrepasó los 9 individuos en 90 kilómetros de perfil costero.

Por otra parte, y según la experiencia que sufrimos muchos de los que trabajabamos en el Instituto de Zoología en 1980, a veces sería preferible no conocer nada de la biología del manatí, antes que hacerlo al estilo ruso. En aquel año, un catedrático soviético (de quien no recuerdo el nombre), tuvo la anuencia del director Fernando González para capturar e instalar varios electrodos en el cerebro de una hembra adulta de manatí. El día que implantaron esos dispositivos, los gritos de este animal se escuchaban a 300 metros de distancia. Durante tres días el sufrimiento de este mamífero fue terrible, pero cuando afortunadamente murió, el director anunció una fiesta ya que su carne sería utilizada para la alimentación del personal. De esta forma, se llenaron de carne endémica las neveras del instituto, así como la boca de los tímidos testigos a los que se quería callar su protesta.

La suerte de las jutías es, sin lugar a dudas, muy diferente. El gobierno y los especialistas de la flora y la fauna atribuyen a los cayos de Cuba una categoría casi salvaje dada su lejanía de las islas habitadas. Sin embargo, y aún cuando estas áreas estén más conservadas que las del resto del país, la realidad es que en ellas la explotación y destrucción de su vegetación y fauna es imparable. Desde hace muchos años, yo diría, desde siempre, los pescadores cubanos han transportado en sus barcos muchos perros. Ahora bien, desde que el gobierno de Cuba diera a los pescadores un suministro basado unicamente en cigarros y ron, estos trabajadores del mar han tenido que buscarse el sustento por cuenta propia. Así, para compensar la dieta a base de pescado, muchos barcos de nuestra flota portan perros para la captura de jutías en los manglares más remotos. Si consideraramos el auge que tuvo la flota cubana a raíz de la oferta y compra de langostas, no es absurdo suponer que ese mismo apogeo haya tenido la captura de estos grandes roedores en sus más recónditos y protegidos parajes naturales.

En el Parque Nacional Ciénaga de Zapata, la caza de jutías es aún más intensiva. En los primeros años de la década del 80, los habitantes de Soplillar sólo capturaban, de vez en cuando, alguna jutía como obsequio y manjar para sus huéspedes más distinguidos. Pero en 1990, la búsqueda de estos mamíferos se convirtió en una suerte de supervivencia. Si tenemos en cuenta que dentro de estas áreas protegidas siempre hubo quien tuviera una escopeta, agreguémosle entonces, la introducción desde la capital de un gran número de fusiles de calibre 22 (menos ruidosos), y que fueron pagados en carne de jutías a sus introductores. Luego, la caza de jutías se hizo un deporte de sustento ilícito no sólo en la ciénaga que les menciono, o por las nuevas armas y la abundancia de perros jutieros que operaban en la zona, sino también, dada la complicidad de los guardabosques que se hacían los dormidos dejando que la caza continuara.

En 1991 fui invitado a una cena en la que al menos 6 jutías constituían el plato fuerte aquella noche. Sin embargo, lo más interesante no estaba en lo servido, sino en los comensales. Junto a nosotros comía también y con mucho gusto, el ilustre guardabosque de turno. Si ustedes aún no se percatan de la omisión, yo se las haré notar: aunque esta anécdota no merece aplausos, no doy, ni daré jamás en este libro, los nombres de guajiros o campesinos a los que el gobierno ha abandonado a su más primitiva categoría de cazadores y recolectores. Creo que el único a denunciar en este caso es el Estado cubano, pues pasando por alto sus responsabilidades para con sus ciudadanos, los obliga a infringir normas que el gobierno también incumple. Si los grandes generales de Cuba tienen el derecho a cazar todo lo que se les ponga a tiro, aún cuando sus neveras están llenas de quelonios y buenos peces de regalo, ¿por qué denunciar al que viola la ley dado su bajo nivel cultural en materia del ambiente? Esta flexibilidad anti-natura criticable a mi persona, la asumo como autor, pues entre otras cosas, la considero mínima.

La suerte que han tenido los murciélagos, comestibles por ahora sólo por majáes y cernícalos, no es tampoco halagadora. Como se sabe, la gran mayoría de estos mamíferos habitan en cavernas, palmas ahuecadas, y en algunos áticos de casas de puntal alto y techo raso. Sin embargo, y a pesar de ser activos principalmente en las horas crepusculares, esto no los ha privado de molestias y masacres. Lo primero a señalar es la destrucción de muchas de sus cuevas-refugios por la actividad humana. En las Escaleras de Jaruco por ejemplo, la Cueva del Indio fue tapiada para producir en ella champiñones; por ello, la entrada al recinto fue interrumpida a los murciélagos que tuvieron que buscarse otra entrada y otros sitios donde su seguridad no era óptima. Así, comenzaron a utilizar una pequeña abertura al otro lado de la carretera que va desde Tapaste al pueblo de Jaruco, pero esta entrada daba albergue a muy pocos individuos, y a sólo a unos centímetros de un suelo tapizado por majáes de Santa María (*Epicrates angulifer*). O sea, la fracción poblacional que allí se instaló desalojada por el hombre, no sobrevivió la actividad y molestias que les causaban las abundantes arañas que habitaban las paredes, y mucho menos a la caza que de ellos hicieron los reptiles.

Similar desalojo sufrieron estos mamíferos alados en muchas otras cavernas del país, pero en estos casos, fue el ejército quien los expulsó de sus hogares naturales. En Cuba, desde la época en que al Che Guevara le diera por encuevarse en plena paz, el ejército se ha apoderado de las cuevas para convertirlas en recintos militares, o en parqueos para tanques y equipos pesados de guerra. Varios casos de estos desalojos, lo encontramos en las cuevas del Valle de Viñales, un área llena de bellos paisajes para el turista, pero que alberga en casi todas sus oquedades las mortíferas armas con las cuales el gobierno defiende su impunidad destructiva. El ejemplo más típico está en las cavernas de Pica Pica, donde no sólo se cerró la entrada principal, sino todos los accesos secundarios y además, donde se tapiaron las paredes con concreto para evitar las filtraciones naturales de la cársica montaña.

Como es de esperar, todas aquellas poblaciones y especies de murciélagos que dependan de estos refugios militarizados, ya no existen, u ocupan otras cuevas si es que en ellas pueden encontrar las condiciones que les permitan vivir.

Otras cavernas modificadas para el turismo también han dejado sin techo a muchas colonias locales de murciélagos. Pero en el caso de los murciélagos pescadores (*Noctilio leporinus*) (los mayores y más llamativos del país), u otros frigívoros como el (*Artibeus jamaicensis*) (hasta ahora común en la isla), su mala suerte va aparejada a la de muchas aves. Como que algunos de ellos habitan en troncos de palmas huecas, la tala de estas plantas para la construcción de bohíos y corrales los deja a la interperie, sin refugio y con pocas posibilidades de sobrevivir. En el Valle del Perú, en la provincia Habana, llegó a resultar un hecho casi cotidiano ver como cientos de estos murciélagos morían aplastados por el derribo continuo de la palma real (*Roystonea regia*). Lo mismo ocurrió en la época de los años 70, cuando las palmas eran tumbadas en toda Cuba con el uso de la dinamita, o en todas las palmas barrigonas (*Colpothrinax wrightii*) derribadas en la Sierra de Caballos, Punta del Este, y la Ciénaga occidental de Lanier en el sur de Isla de Pinos, y en las que quedaron prácticamente sin abrigo dos especies de murciélagos locales (*Eumops glaucinus* y *Molossus molossus*).

Finalmente, no podemos olvidar a los "perros de la guerra"; a los que prefiero llamar así, en vez de perros cimarrones, dada la destrucción que acarrean a las poblaciones ya precarias de nuestro raro almiquí. En La Sierra de Cristal son abundantes los reportes científicos en los que diversos investigadores tienen conocimiento de la existencia de almiquíes, pero sólo, por los restos despedazados que han dejado los cánidos en el lugar. La desatención humana a estos animales afectivos y domésticos los ha obligado a dejar los asentamientos humanos e intrincarse en el bosque a la búsqueda de alimento. Por ello, una de nuestras especies en peligro de extinción lo está aún más. En Baracoa, concretamente en la región de Sabanilla, la muerte del almiquí producto de estos cánidos ha sido la más reportada desde 1960 (Anfiloquio Suárez, comun. pers.).

En 1993, el Nuevo Herald de Miami hablaba así de nuestro almiquí: *"Nadie ha visto al huidizo animal en una década; pero muchos han sentido su olor, no exactamente acre ni exactamente dulce, es la única prueba que posee la ciencia de que el legendario almiquí, o aire, se aferra a la vida, al borde de la extinción."* (Dewar, 1993). Por otra parte, lo que más abunda hoy de esta especie son sus tiras de pellejo, y tanto es así, que algunos científicos han optado por buscarlas como prueba de su existencia. Sólo por este tipo de hallazgos es que se sabe que aún quedan algunos individuos en La Zoilita, La Sierra de la Boca, La Loma del Cielo y en el Cuncuní (Rams et. al., 1989). Sin embargo, y a pesar de lo productivo que sería organizar batidas de cazadores contra estos perros jíbaros, una sola se ha efectuado en la Cordillera de Guamuaya y sólo, porque algunos ganaderos perdieron un par de vacas en 1969, y les iban a hacer una película.

Si en vez de introducir más animales exóticos nos dedicáramos a cazar y eliminar los que ya pululan en nuestra geografía, de seguro se pudiera minimizar el proceso que lleva al almiquí a la extinción. Sin embargo, como que el perro no se come en Cuba (por el momento), parece que tendremos que esperar un poco, antes que los cazadores se dediquen a eliminarlos del ambiente sin recibir un bocado de propina. Mientras que la crisis económica continúe, o mientras no haya un cambio democrático en nuestra isla, todo parece apuntar a que serán cazados en breve también los almiquíes a modo de jutías. Además, con los textos educativos con los que el pueblo cuenta para conocer la fauna, no estamos muy lejos de confundir a las lagartijas con los dinosaurios, y a los mamíferos como el almiquí, con un duende creado por la Revolución. Por ello, que los metan a todos dentro de una cazuela es, al parecer, sólo una cuestión de tiempo.

El caos

El mar en venta, el negocio de la naturaleza.

"...we express our concern about the fact that CUBA still captures wild dolphins and exports them for public display (...) In conjunction with worldwide animal welfare organizations the Working Group for the Protecction of Marine Mammals, request CUBA to impose a total and immediate ban on the capturing of wild dolphins. "

Noële Delaquis

Uno de los problemas más acuciantes en Cuba es el de la comercialización de su fauna. Pero esto no es un negocio reciente, sino uno de los tradicionales renglones exportables del gobierno de Castro. Desde la época de la EMPROVA (Empresa de Producciones Varias), administrada por Celia Sánchez Manduley, y hasta nuestros días en los que CUBALSE (Cuba al Servicio del Extranjero) se ha convertido en el consorcio comercial de la fauna, Cuba ha exportado, con el beneplácito de sus dirigentes, una asombrosa cantidad de elementos faunísticos. Es más, desde que la búsqueda de petróleo en la isla se ha tornado en una suerte de fiebre de oro negro, Castro ha vendido (al más rápido postor, no al mejor), no sólo los recursos naturales marinos, sino porciones enteras de nuestro mar con su plataforma insular.

Desde que tengo uso de razón, recuerdo haber visto una tienda cerca de la calle Obispo, en la Habana Vieja, que se especializaba en la venta de *souvenirs* a los turistas, pero no era una tienda común, sino que llamaba la atención porque en ella sólo se vendían objetos naturales disecados. Mucho tiempo después, en diciembre de 1979, fui acompañando a José Fernández Milera, el malacólogo del Instituto de Zoología por aquel entonces, a un taller de Güira de Melena donde se preparaban algunos de estos *souvenirs*, y donde la mayoría eran conchas, caracoles, moluscos y objetos marinos en general. Recuerdo entonces la cara sombría de mi viejo colega, y su asombro por las declaraciones de los trabajadores del taller. Al centro entraba, como mínimo, un camión diario que traía la materia prima y que generalmente se trataba de siguas (*Cittarum pica*), cobos (*Strombus sp.*), o cajas de peces o cangrejos vistosos (*Epilobocena cubensis*), pero en ocasiones, y he aquí el mayor desastre, esos camiones llegaban desde Baracoa, Moa, u Holguín, transportando centenares de miles de polimitas (*Polymita sp.*) recolectadas por depredadores asalariados de las plantaciones de café.

Así, miles de elementos de nuestra fauna endémica eran extraidos de sus poblaciones naturales e inmersos en acrílico para confeccionar con ellos pisapapeles, o collares en los que, como mínimo, se iban unas 30 conchas en cada uno. En el caso de las conchas marinas, muchas de ellas eran quebradas, cortadas y pulidas para hacer con ellas brasaletes, superficies de mesas (por encargo), o aretes y collares mixtos con elementos botánicos. Sin embargo, muy diferente a lo que ocurría en este centro de la EMPROVA, en todos aquellos lugares cercanos al mar y con cierta actividad pesquera, era posible ver a sus caciques vendiendo (para su lucro individual) cuanto cobo o diente de tiburón cayera en sus manos. En Cayo Largo del Sur, Rubén Torres vendía a los turistas un cobo al precio de tres dólares, pero esto, sin coordinación, ni autorización y mucho menos con conocimiento del INTUR (Instituto Nacional del Turismo). Por tanto, y por lo que pude observar, Torres se echaba en su bolsillo unos 100 a 120 dólares por cada vuelo de turistas y sólo por la venta de estos moluscos extraidos de las playas de su feudo.

Si bien es cierto que no se cuenta con cifras oficiales sobre la superexplotación de peces y crustáceos, tampoco es desconocido que esta cobró mucho más de lo que la naturaleza permitía. A la cabeza de estos desatinos ecológicos hay que situar primero al MIP (Ministerio de la Industria Pesquera) y luego al CIP (Centro de Investigaciones Pesqueras); dos empresas estatales dedicadas a la explotación de los recursos del mar y que aún operan (desde hace 3 décadas) sobre nuestra plataforma utilizando redes de arrastre. Es decir, destrozando todos los fondos y formaciones coralinas para extraer hasta el último pez para producir pienso, pero también hasta el último molusco que tenga la mala suerte de haberse encontrado a su paso. Hasta tal punto llegó la anarquía en la flota cubana de pesca, que aquellos caracoles que no fueran lo suficientemente vistosos, eran arrojados nuevamente al mar, y según Milera (comun. pers.), al devolverlos de forma incorrecta los desaprovechaban como recurso. Es decir, que de no caer en una posición correcta, el animal en su interior moría sin poder virarse nuevamente.

En la década del 80, cuando los japoneses ofertaron a Cuba la compra de aletas de tiburón, en todos los barcos denominados "Ferrocemento" y "Cayo Largo", podían verse sobre sus cubiertas las incontables aletas de estos escualos puestas a secar al sol. Pero una señal que nos indica que este negocio comenzó con anterioridad, la da el hecho de que en los 70, el gobierno prohibió la pesca con palangre a todos los pescadores privados y aficionados de la nación. O sea, desde que el gobierno prohibía algo al sector privado, esto indicaba automáticamente que los dueños de Cuba lo comenzarían a explotar sin restricción o compentencia. Así, e incluso en los viajes de transporte entre Batabanó y Cayo Largo del Sur, la tripulación estaba obligada a arrojar los mencionados avíos de pesca para luego recuperarlos de regreso. Recuerdo que en esa época jamás dejé de ver un barco, ya sea mediano como los Ferrocementos, o pequeños como los denominados "Mangle Rojo", que no tuviese aletas colgadas a modo de banderas, o amontonadas en el techo de la embarcación. Para tener una idea de lo excesiva que ha resultado la captura del tiburón en Cuba hay que tener en cuenta las 800 toneladas de estos escualos que se extraían anualmente de apenas 7 cooperativas pesqueras del país.

Antonio Perera, actual asesor del comandante Guillermo García Frías, sabe que lo que digo es cierto, y que además del palangre, se utilizaban de manera intensiva ya desde el 70 las redes de deriva. En toda la Cayería de los Majáes, e incluso dentro de la darsena natural de Cayo Largo del Sur, las redes eran dispuestas de una manera tal que no permitiese el escape de ningún tiburón o tortuga. Los pescadores de Batabanó colocaban estas redes en los canales entre los cayos, y al bajar el nivel de las aguas con la marea, todos estos escualos o reptiles quedaban atrapados en las infalibles trampas ubicadas en la vía de escape al mar abierto. Él y yo, en más de una ocasión, fuimos llamados a colaborar en la recogida de estas redes, y entonces, si la doble moral no le ha afectado la memoria, recordará que en una de ellas recogimos unos doce cazones de playa, y cientos de macabíes (*Albula vulpes*) putrefactos, pues los pescadores la olvidaron y abandonaron extendida, en su desesperada partida por el cobro en tierra firme. Para esta ocasión, al menos unas 29 aletas de tiburón dejaron de venderse a los nipones, pero, ¿cuántas redes de deriva quedarían olvidadas en otros rincones de nuestra cayería? Eso, ni los que las colocaron lo sabrían decir hoy.

En 1989, mientras yo estudiaba la licenciatura en pedagogía en Columbia (hoy llamado ISP Enrique José Varona), conocí a un joven dirigente de la UJC de la flota pesquera de Batabanó al que se le autorizaban todas las ausencias pues trabajaba en la pesca de langostas. Preguntándole por sus excesivas horas de trabajo, así como por su privilegio de ausentismo, Osmany Pérez, que así se llamaba, me lo explicó: Castro había recibido una oferta de Francia en la que ese país le pagaría el doble del precio por cada tonelada de langosta (*Panulirus argus*) enviada en época de veda. Es decir, contra toda regulación pesquera, y en detrimento de las poblaciones y la reproducción de la especie, los pescadores de Batabanó estaban capturando crustáceos a "ritmo de contingente" (léase día y noche), acabando con los adultos y por consiguiente, con las futuras generaciones de esta especie. El resultado no se hizo esperar, y para demostrarlo, ahí también estaba Osmany en 1992, yendo todos los días a la escuela pues no había más langostas y por tanto, no tenía más trabajo.

Quien haya buceado recientemente en Cuba, espero que haya quedado muy decepcionado. Para encontrar hoy día una barrera aceptable de arrecifes coralinos hay que dar mucha pata de rana, como se dice en Cuba cuando hay que alejarse mucho de la costa. Pero para encontrar coral negro (*Antipathes sp.*) por ejemplo, hay que llegar al fondo y esto quiere decir: bien hondo. Las verdades de nuestra destrucción marina no están a la vista, pero baste ponerse una careta y un esnórquel, y se podrá comprobar lo que digo. Después que Fidel Castro otorgara la prioridad de la atención estatal al turismo, y después que la despilfarradora industria turística se diera cuenta que el coral negro podía venderse, se crearon en La Habana dos corporaciones llamadas "Gaviota" y "Carisub" y que no eran otra cosa que dos equipos de buzos profesionales, perfectamente equipados y encargados de la recolección del coral negro (y otras cosas) para la confección de joyas en Coral Negro S.A., destinadas al "área dólar".

Por ello, el coral negro desapareció de nuestra plataforma y hoy, por citar un ejemplo, apenas se localizan algunos "placeres" y vestigios de colonias en la costa norte de la Habana, pero estos se hallan a más de 60 m de profundidad, y están condenados a desaparecer por la contaminación que los pozos petroleros acarrean en la zona. En todas aquellas áreas donde fueron detectados nuevos "placeres" de coral, o aquellos que fueron descubiertos por los buzos de "Gaviota" y "Carisub", hoy se tratan de colonias en vías de extinción. Así le ocurrió a la colonia de coral rojo (*Gorgonacea*) que estaba ubicada al norte de Isla de Pinos, y que por estar a sólo 6 m de profundidad, y tratarse de un producto altamente cotizado en el mercado del INTUR, fue totalmente devastada.

Al comenzar a escasear esas especies en 1987, en la ciudad de La Habana se desató la "fiebre de la gorgonia negra" (*Plexaura sp.* y *Pseudoterogirgia sp.*), cuyas colonias se asemejan al coral negro y que muchos artesanos vendían como tal siempre y cuando no les diera el sol por mucho rato (si esto ocurre, se ponen primero carmelita y luego blancas). Pues bien, y al igual que le pasó a los pescadores privados con el palangre, cuando el gobierno se enteró que algunos "merolicos" (así se les llamó a los vendedores ambulantes de la época) se estaban enriqueciendo en la Plaza de la Catedral con esta especie marina, lo primero que hizo fue prohibir la venta por razones de conservación. Pero luego, el ejército tomó cartas en el asunto y envió a sus contentos efectivos a extraer miles de gorgonias para la industria del turismo. Entonces se veían llegar los camiones militares llenos de reclutas a playas como La Herradura o Baracoa, para llevarse, en menos de 8 horas de buceo, una montaña de dólares en bruto. Y los reclutas, claro está, jamás habían estado tan contentos de bañarse y bucear en las playas en vez de estar abriendo huecos y trincheras bajo el caluroso éter tropical.

Otro de los ejemplos más tristes de la comercialización faunística en Cuba lo constituyen las ventas de mamíferos marinos. Sabido es que el manatí cubano se ha exportado regularmente a múltiples zoológicos, y que a falta de ellos, Cuba se ha convertido ahora en un país exportador de delfines hacia Europa (Delaquis, comun. pers.). Estas ventas autorizadas por el Estado cubano desde los 70, tuvieron una sede temporal en Santiago de Cuba hasta que, en 1981, pasaron a ser controladas y dirigidas desde el Acuario Nacional. En aquel entonces, y hasta 1988, Darío Guitar, su director, ordenaba sistemáticamente las capturas en el litoral norte de La Habana. Entonces era fácil llegar al mencionado acuario, y ver en la poceta de diente de perro algunos de estos animales esperando su traslado. Si los animales que yo ví y dejé de ver en este reducido espacio fueron todos exportados, como mínimo salieron de Cuba, entre 1985 y 1990, unos 127 individuos vivos de esta especie protegida.

El 19 de septiembre de 1995, el ASMS (Grupo Suizo de Protección a los Mamíferos Marinos) emitió una carta de protesta contra la sede diplomática de Cuba en Berna; en ella, y en nombre de los 83`000 suizos que en este país se oponen al cautiverio de estos maravillosos animales, se exigía a Cuba el cese inmediato de las capturas, ventas y exportación de delfines. El hecho era uno: de los 5 delfines que se importaron desde Cuba entre 1990-1991, sólo 3 seguían con vida en los alrededores de Zürich. Pero la cosa no quedó ahí, pues cuando la ASMS recrudeció la campaña contra la promoción del turismo en la isla, entró en acción la Sociedad Costeau y su presidente, amigo conocido de Fidel Castro, vino a interceder. Así, por mediación de su delegado en Miami, la Costeau Society se responsabilizó con la transportación y devolución de los delfines al Caribe. Pero dos años más tarde, según supe, ya había muerto el último delfín cubano en Suiza (Noëlle Delaquis comun. pers.) y ahora, los esfuerzos se centraban en que Cuba no los exportara más.

Después de este análisis uno se preguntará: y ¿qué queda por vender? Quedaba el mar, pero este también ya está vendido. Las playas son ahora para los turistas y por tanto, el mar que las baña a ellos pertenece. Más aún, las grandes zonas de bajos marinos de la plataforma insular al sur del archipiélago Sabana-Camagüey ya fueron vendidas "a riesgo" a una compañía de petróleo japonesa. A los efectos desastrosos que los pedraplenes ocasionaron en esa zona de Cuba habrá que sumar entonces los derrames del crudo que se sucederán, pues los nipones, ni vagos ni perezosos, y con mucha mejor tecnología que el cubano, han encontrado el oro negro y ya lo explotan. De esta forma, queda poco por vender, y no dudemos que, antes de que la subasta del mar termine, ya nos estén cobrando impuestos por mirarlo.

El mercado negro de la fauna y la ética científica.

"Carlos, a mí me duelen los problemas ambientales (en el sentido más amplio), desde hace mucho... mucho tiempo atrás, y todo lo que sé (que es bien poco), pienso que lo dirijo a tratar de dejar un legado de sensatez, objetividad y honradez científica."

Giraldo Alayón

No quiero repasar otra vez sobre la venta de cotorras cubanas a los soviéticos, ni de la ceguera que padecen las autoridades aduanales de Cuba. Para mí queda claro que, haciéndose los de la "vista gorda", las autoridades cubanas dejaron exportar unos 4`000 de esos psitácidos entre 1984-1989. En el aeropuerto de La Habana por ejemplo, estos eran trámites ya normales para el Dpto del control veterinario en 1983, pero desde principios de 1987, se tornaron agobiantes dado que los rusos salían desde entonces en estampida. Por aquel entonces, se podía ver el papeleo de las autoridades para meter en regla a todas aquellas aves que habían sido capturadas fuera de la ley. Con ello, con esta caricia burocrática, se les expresaba a los "hermanos de la madre patria" nuestra última prueba de solidaridad y así mismo, se santificaba el delito estatal con un par de cuños y alguna que otra palanquita. Sin embargo, como dije antes, no es de eso de lo que quiero hablar aquí, sino de un par de ejemplos de mercado negro y del intercambio grosero de fauna que, a cambio de favores, y amparados bajo el falso nombre de la cooperación científica, atentan seriamente contra la ética.

Uno de los casos más repuganantes que me es posible exponer es el de Jacobo Lacs, pero aclaro, que no es ni el único, ni el más notable. Jacobo era un peruano residente en Panamá que llegó a Cuba en 1984, para montar un "stand" de equipos médicos de la firma Sanyo en la exposición de MEDICU-BA. Pero Jacobo no era sólo un negociante de esa firma japonesa, sino un

233

traficante de la fauna en general. Un tipo que cambiaba, según sus propios comentarios, cajetillas de Malboro a los indios de la Amazonia por raras especies de rapaces. Por eso, el Sr. Lacs contactó a las autoridades cubanas del Ministerio de Salud Pública y les pidió que le garantizaran un par de permisos de caza y exportación, para algunos animales que él quería llevarse del país.

Como por arte de magia, y moviéndose como el más nocivo e informado de los traficantes del mercado negro cubano, Jacobo llegó una tarde a mi casa donde se presentó como un estudioso de las aves rapaces e íntimo amigo de Tom Cade, el conocido especialista norteamericano en halcones peregrinos (*Falco peregrinus*). Sin embargo, y a pesar de los evidentes conocimientos que Jacobo tenía sobre la ecología migratoria de estas aves, apenas bastó acompañarlo al campo un par de veces para saber que el Sr. Lacs era un especialista en trampeo de especies en peligro de extinción, y un negociante muy experimentado en sacar de ellas la mayor suma de dinero.

Durante una excursión a la localidad donde antes había existido la Laguna de Ariguanabo, y con el falso objetivo de buscar al halcón de la tundra (*Falco peregrinus tundrius*), Jacobo mostró las técnicas que utilizaba para la captura de estas aves. En esa ocasión utilizó el "corcelete", una especie de chaleco con lazos corredizos con el cual no capturó nada, pues ya no había laguna, y los halcones habían desviado su ruta migratoria. Ahora bien, el verdadero objetivo de Jacobo no eran estos halcones a los que seguramante capturaba más fácilmente en otros países de Suramérica, sino el gavilán colilargo (*Accipiter gundlachi*), una especie endémica de Cuba en la cual el peruano estaba sumamente interesado, ya que al estar en peligro de extinción le sería mejor pagada.

Sin embargo en aquella época, cualquier trabajo que pretendiera hacerse con este gavilán requería de permisos especiales para entrar a las áreas donde habitaba. Eran unos permisos que a mí me llevaba meses conseguir, pero que Jacobo resolvió en 15 días, y no sólo para observarlos, sino para capturar incluso 2 individuos. Para no hacer la historia larga, Jacobo obtuvo en tiempo récord tres gavilanes colilargos. El primero, lo canjeó por una pequeña grabadora en el pueblo de Tapaste, mientras que los dos restantes, los tomó directamente de su nido en los alrededores de Soplillar. Ahora bien, el único problema del Sr. Lacs era mantener los animales vivos hasta que obtuviera sus permisos de exportación, y por ello, se vió obligado a acudir nuevamente a mí, pues yo contaba con una gran jaula donde rehabilitaba rapaces heridas para luego reintroducirlas en su medio.

Así, mantuve en mi casa los tres gavilanes que Jacobo intentaba sacar de Cuba para, según sus confesiones, vender luego en el mercado de rapaces a 29`000 dólares cada uno. Sin embargo, y gracias al apoyo de Orlando Torres y Beatriz Mulkay, estas aves permanecieron conmigo y nunca fueron exportadas. Un día, mientras me encontraba de visita en las oficinas del INDAF, descubrí accidentalmente que el Sr. Terry, Vice-Ministro de Salud Pública, era quien había resuelto los permisos de captura para Jacobo Lacs, pues ese día estaba allí para resolver los papeles necesarios de su exportación. Fue entonces que surgió el careo en el que el viceministro exigía a Beatriz Mulkay el anhelado permiso de exportación pero, para otra especie de gavilán. O sea, que bajo un falso nombre, pensaban exportar de Cuba los colilargos que ya habían sido capturados.

Después de una fuerte discusión, y en la cual el Vice-Ministro aseguraba a Beatriz que las aves que yo tenía en cautiverio no tenían nada que ver con las del permiso de Jacobo Lacs, este al fin logró un documento que le permitía exportar tres gavilanes bobos (*Buteo platypterus*). Por eso, el día en que Jacobo volvió a mi casa a pedir los colilargos, en el Servicio Veterinario de Fronteras ya todos sabían que yo me negaría a darlas. No sé si estos hechos o mi amistad con el Dr. Lavin, fue lo que evitó la exportación. Pero lo cierto es que el recién nombrado Jefe de los servicios de la aduana del aeropuerto, y antiguo profesor mío en la escuela de veterinaria, también me apoyó para detenerlos al momento de salida.

Mucho antes que el CITES autorizara a Cuba la exportación indiscriminadas de cocodrilos (*Crocodylus rombifer*), y mucho antes de que la Asociación Suiza de Protección a los Mamíferos Marinos protestara contra la exportación de delfines desde Cuba, en Málaga y en Vietnam ya se disfrutaba con nuestro cocodrilo endémico. El gobierno de la isla, amparado bajo sus "leyes" ilegales, dejaba exportar todo lo que diera algún dinero. Hasta la mujer cubana (convertida ahora en una prostituta socialista) era exportada. Pero si bien es cierto que nuestras mulatas no estaban en peligro de extinción, que gozaban de muy buena representación numérica, y que la salida de Cuba las ayudaba en cierta forma a sobrevivir, también es incuestionable que la escasa fauna cubana no corría la misma suerte.

En 1995, después de yo llevar 3 años fuera de Cuba, otro tráfico de fauna me acercó nuevamente al mismo tipo de problema. Entonces, fueron los turistas suizos quienes me alertaron de una situación que, de no haberse conocido a tiempo, o por personas verdaderamente preocupadas por la ética científica, jamás se hubiesen criticado. Gracias a un ornitólogo helvético supe que en el Museo Carlos de la Torre y Huerta de Holguín, donde existen varios holótipos de especies nuevas, y una valiosa colección de insectos, reptiles y mariposas cubanas, se estaban saqueando las colecciones. En esta ocasión, era el propio director del museo y dos alemanes los que, enmascarados en la colaboración científica, sacaban hacia Alemania el patrimonio natural depositado en aquel centro cultural.

Sin embargo, ya no estábamos en los años 80, sino a 6 años de haberse declarado la crisis general en Cuba. Una crisis no sólo económica, sino moral y llena de ejemplos de corrupción estatal. Por eso, dándole la bienvenida a todo aquel que trajera algunos dólares y con ellos permitiera alguna que otra expedición al campo, se hizo una práctica habitual en varias instituciones científicas cubanas realizar expediciones conjuntas con los extranjeros. Hasta aquí todo resultaría aceptable y lógico si se tiene en cuenta de que ya eran múltiples los casos en que los investigadores norteamericanos llegaban a Cuba, y sin pedir nada a cambio, ayudaban a los investigadores nacionales con sus salidas al bosque para estudiar u observar nuestra flora y fauna. En otras palabras, esto permitía que a algunos científicos del patio, que desde hacia años permanecían inactivos por la falta de combustible y sin ningún apoyo estatal, pudieran hacer parcialmente su trabajo y sacar alguna información de aquellas localidades que ahora se destruían rápidamente en función del desarrollo del turismo.

En contraste, otro tipo de "científicos" muy parecidos a Jacobo Lacs llegaba a Cuba y estos, son los que me interesa ahora delatar. Desafortunadamente el caso que me ocupa lo supe tarde, pero aunque sean muchos más los que estén agazapados, o los que hayan logrado sus objetivos en el más absoluto silencio, vale que los confronte aquí en su ausencia. O sea, estoy conciente de que no se trata de casos únicos, sino de incidentes que se hacen públicos gracias a la ayuda desinteresada de varias personas e instituciones científicas preocupadas por el tema.

Este es el caso por el cual delaté a los Sres. Ernst Görgner, Jan-Peter Rudloff y Alfredo Rams. Este es el caso que demuestra que Castro no sólo llevó a la isla a la prehistoria, sino que hizo de la ética del cubano un modo de vida miserable. Con Rams como un ejemplo, volvió a Cuba la mentalidad del trueque indio. Este director del Museo de Holguín, miembro del PCC, y amante de las ropas usadas del capitalismo, puso en evidencia de que en Cuba, y desde que Castro mantiene el poder apoyado por los hombres de negocio de Europa, apenas queda interés por proteger lo que pertenece al pueblo.

Desde junio de 1995 recibí en mi casa tres cartas que denunciaban el saqueo de las colecciones científicas de Holguín; sin embargo, no fue hasta el 2 de abril de 1996 que pude enviar sendas cartas de protesta a las casas de gobierno de Dessau y Rosslau. En ellas yo denunciaba que esos dos ciudadanos alemanes estaban efectuando canjes para llevarse hacia Alemania numerosos especímenes museables. El trato era el siguiente: los deformados pseudo-científicos de la ex-Alemania del este llevaban a Cuba ropas viejas y una computadora de uso que la asociación INCAP había donado para ayudar al personal del museo de Holguín. Sin embargo, los portadores utilizaban dichas donaciones para sobornar la frágil moral de los caciques locales, y a cambio, se llevaban toda la fauna que apeteciera sus instintos depredadores.

De esta forma el Sr. Görgner se llevaba los especímenes a su ciudad para enriquecer con ellos las colecciones de Museo Polivalente de Dessau, pero el Sr Rudloff, sepulturero de profesión, sacaba los animales vivos de Cuba y los vendía luego para su lucro personal (Giraldo Alayón, comun. pers). Por intermedio del consejero cultural, la comuna de Dessau me respondió el día 29 de mayo. En esa carta se aseguraba que aquellas transacciones eran motivo de colaboración científica, que incluían animales colectados en el campo en expediciones conjuntas, y que no correspondía a un exiliado cubano inmiscuirse en los asuntos tramitados con el apoyo de la ley cubana. O sea, bajo el amparo de la legislación 33/81 de Castro, y con el acuerdo tácito del *Genosse* Alfredo Rams.

Según el Sr. Ziegler, no había ningún animal de colección que perteneciera al museo, pero si yo le daba la descripción y el número del objeto, entonces él investigaría sobre este. Tres meses más tarde llegó la respuesta de Rosslau, pero esta, contraria a la carta del Sr. Ziegler, hablaba de una exposición de animales museables que serían puestos en exhibición que luego se devolverían a Cuba, y que sólo por esto, el ciudadano Rudloff no tenía ninguna responsabilidad para ser imputado judicialmente. Además, la exportación de los animales (en eso si coincidían) había tenido efecto con la autorización cubana. O sea, ambas casas de gobierno protegían el derecho ciudadano de los alemanes, y achacaban cualquier responsabilidad a las autoridades de Cuba, pues su gobierno los protegía legalmente.

Ese mismo mes, dirigí una carta de alerta al Sr. Giraldo Alayón, recién nombrado presidente de la Sociedad de Zoología de Cuba y quien, después de confirmar que el Sr. Rudloff era un negociante y no un científico, expresó: *"por supuesto, que no estoy de acuerdo con nada de eso, en principio, porque amo la naturaleza, y en segundo término porque, principalmente se trata de arañas, el objeto de mis desvelos intelectuales en los últimos 27 años. "* Es decir, Alayón, el presidente de una sociedad que debiera preocuparse de toda la fauna cubana, se dolía (en segunda instancia) de que sus arañas se estuvieran escapando en vuelo directo hacia Alemania. Y entonces, a pesar de despreciar en lo más profundo de sí, el *"colonialismo cultural ex-temporal"* y el *"extranjerismo"* criticaba mi actitud argumentando: *"El verdadero subdesarrollo está en la mente y en las acciones que se tomen, no por tener un buen coche, o comer comidas finas, o manipular una computadora o, incluso vivir en el centro de Europa se tiene una "actidud de avanzada"; además, el "progreso" es relativo y todas esas definiciones cartesianas y decimonónicas están, hoy, en tela de juicio".*

¿Qué quiere esto decir? Dice bien claro que para Alayón, Cuba no era un país para todos los cubanos, sino para aquellos que como él, acostumbrados a vivir sin coraje y sin protesta contra la política desastrosa del gobierno, preferían sobrevivir del negocio aunque en él tuviesen que vender el suelo sobre el cual pisaban. Alayón, el mismísimo que para salvarse de la 501 había acusado al entomólogo Pastor Alayo de tener creencias religiosas, y el que ahora se había convertido en presidente de la Sociedad de Zoología, ponía en cuestión el desarrollo económico de Europa para justificar el retorno del cubano a la época de los aborígenes; o sea, para santificar de alguna forma, la política del canje de Alfredo Rams, o quizás, la suya propia.

Alayón, antigua víctima del Instituto de Zoología, ahora sólo quería sobrevivir en el país que lo había nombrado presidente de..., pero, para no hacer nada positivo en su nuevo cargo. En otras palabras, y al amparo y ceguera de los pocos "científicos" que quedaban, el negocio de la fauna continuaría, y ya no sólo con la protección del gobierno alemán para con sus ciudadanos, sino con todo el empuje de una ley absurda, y con el consentimiento de un "apenado Alayón" que ahora culminaba su adiestramiento para aceptar, en medio de todos sus debates internos, contra toda concepción científica, y a pesar de toda ética moral, la ineludible palabra del "destino".

La nostalgia del safari, búfalos en Cuba.

"En Cuba, la sobreprotección del manjarí (Atras-tosteus tristoechus) en la Ciénaga de Zapata, produjo daños al resto de la Fauna de ese lugar. "

Vicente Berovides

Después que Berovides publicara un horrible panfleto titulado *"El enriquecimiento de la fauna y su relación con la conservación de la naturaleza"* (Berovides, 1988), el miserable pseudo-ecólogo cubano, dió un cuchillazo trapero a la ciencia, y vendió su alma al poder. A petición del comandante Guillermo García Frías (una versión analfabeta de Hemingway en Cuba), Berovides escribió el más abominable de los textos anticonservacionistas que haya existido en los anales de la ciencia cubana. Con él, y con textos como el que encabeza este acápite, el pomposo profesor de la Universidad de La Habana dió luz verde al Estado para introducir, y llenar con búfalos de agua, las últimas zanjas que quedaban habitadas por este endémico y "culpable" manjarí (*Atrastosteus tristoechus*), a los que él acusaba de crear problemas en la Ciénaga de Zapata.

Tal parece que la presión sobre Berovides era mucha en aquellos años en que la guerra sucia de Angola terminaba para los cubanos. El caso fue que el antes respetado científico, se convirtió de repente en uno de los más incapacitados ecólogos, o en el más detestable promotor de la destrucción de los ecosistemas cubanos. Así, escribió para los oficiales del MINFAR este texto, donde acusó de románticos a todos los que se oponían a la introducción de animales exóticos en Cuba, y donde permitía, bajo sus flexibles y trasnochados consejos, transportar desde Africa los barcos cargados de especies cinegéticas para Cuba, en lugar de los psiquiátricos soldados que necesitaban el regreso al hogar. Con ello, los generales cubanos ya no tendrían que añorar Angola y ahora, podrían despejar sus tensiones con la caza mayor en el patio de la casa. Pero veamos qué dice el texto de este corto folleto (que bien puede ser considerado como la biblia del perfecto imbécil ecologista cubano) y comprobemos cual es la realidad, a pesar de los destellos de sabiduría de Vicente... y otros veinte.

Cansado estoy de decir y de escribir, que el aura tiñosa llegó a Cuba por dispersión natural, y no por introducción antrópica. A no ser que Garrido y García (1975) puedan probar que los restos fósiles de catártidos hallados en el período pleistocénico hayan sido transportados a la isla en helicópteros primitivos, no parecen muy fundadas estas palabras de Berovides que lo afirman categóricamente: *"Sin embargo, sí se documentó, desde los primeros tiempos, el arribo de nuevas especies a nuestro archipiélago,...por ejemplo,...el aura (Cathartes aura). ...procedente de Jamaica, donde se había establecido a fines del Siglo XVIII. "*. Aquí, vale que lo aclare, el ecólogo favorito del Partido demuestra una falta de seriedad científica increíble, al ignorar la literatura, y al asegurar que: *"Es obvio, las causas antrópicas de enriquecimiento de la fauna, son las que realmente interesan desde el punto de vista conservacionista, ya que un enriquecimiento por esta causa sí puede ser controlado por el hombre... "*.

Para los que no lo saben, y a pesar de que Berovides lo niegue, la mangosta (*Herpectes auropunctatus*) fue introducida en Cuba, sin ningún criterio científico, por los españoles en el "Central Toledo" cerca de La Habana. Con ella, se pretendía controlar la plaga de ratas (*Rattus sp.*). Gracias a esta plaga incontrolable que Berovides pasa por alto, o de la cual minimiza sus devastadores efectos y que llegó a la isla traida por el hombre, pudo comprobarse lo que es una especie sin control, y que destruye la fauna dadas sus temibles características. Pero vale la pena hacer algunas reflexiones. Berovides afirma: *"Queremos aclarar, que la introducción de animales domésticos, en un país donde previamente no habían existido, como es el caso de Cuba durante la conquista y colonización, no constituyen un enriquecimiento de la fauna, ya que no consideramos a estos tipos de animales componentes de la misma"*. O sea, la mangosta, al no ser un animal doméstico es, para él, parte de nuestra fauna. Como mismo deben serlo el puerco jíbaro (*Sus scropha*) y el venado de cola blanca (*Odocoileus virginianus*), pues al haber sido traidos por el hombre, son "controlables" y por tanto, "beneficiosos". Lo pongo aún más claro, la destrucción de huevos, nidos, raíces y sotobosque que estas tres especies causan en Cuba, son positivas y controlables según el profesor de nuestros futuros biólogos. Pero, ¿quién se lo cree?, su alumno más rezagado, el comandante Guillermo García Frías, quizás.

Y es que para Berovides, son *"los románticos, estas personas que dan un no rotundo a la introducción bajo cualquier condición, y un sí vehemente a la conservación de la naturaleza en toda su pureza; ignoran lo inevitable que resulta, a largo o a corto plazo, la interacción del hombre con la misma. ".* Sin embargo, para esos románticos que el ecólogo desdeña, y a los que yo quisiera sumarme, son detestables mercenarios de la ciencia aquellos que, como Berovides, escriben textos como este, que sólo favorecen el enriquecimiento de los dirigentes comunistas con la carne de faisanes que se cazan en las reservas naturales, y por supuesto, de aquellos que le dan a él un puesto de trabajo para que considere, *"ecológicamente beneficiosos"*, a todas aquellas especies cinegéticas traidas de Africa, Suramérica, y Asia, y cuya caza está, única y exclusivamente reservada a la alta clase del gobierno.

En otras palabras, son estos *"románticos"* (a los que yo me afilio con honor), los que consideran que gente como Berovides son apenas idiotas mal pagados que hablan de *"la interacción del hombre con la naturaleza"*, donde debieran decir: *"ignoran lo inevitable que resulta* (por decreto estatal), *sólo a corto plazo* (dada la crisis existente de alimentos), *la destrucción de la naturaleza por el hombre".* O sea, la acción destructiva e incesante del gobierno contra aquella, y que no es más que una práctica habitual desde que dejó en manos de Guillermo García Frías la mal llamada "Empresa para la Protección de la Flora y la Fauna". Lo que en realidad se lleva a cabo en la isla con la introducción de especies exóticas, no es otra cosa que el deseo de la élite de cazar cérvidos, a pesar del frágil ecosistema natural que como archipiélago tenemos (Martínez, 1981).

Después, Berovides nos considera pocos (tiene razón), pero nos acusa de poco prácticos (donde no la tiene). ¿Por qué? Pues porque la oposición que hacemos a la masiva e indiscriminada introducción de animales está fundamentada a nivel estatal sólo por caprichos cinegéticos; porque no olvidamos lo que ocurrió en Nueva Zelandia (con la introducción de aves europeas), o en Australia (donde se implantó como una verdadera pesadilla el conejo silvestre), y porque desde hace muchos años, tengo que repetirlo, todo el occidente y centro de Cuba ha sido invadido por esa mangosta (a la que Berovides tira la toalla), y que impide, dada la continua ingestión de huevos, la reproducción de las aves que nidifican en el suelo. Sin embargo, refiriéndose a esta especie entre otras, Berovides afirma, a pesar de las evidencias: *"Por suerte, ninguna de estas especies ha producido explosiones demográficas de sus poblaciones hasta convertirse en plagas. "*

Quizás pareciera que con la frase anterior lo dijo todo, pero no es así, pues acto seguido recomienda que, *"para el éxito relativo de la introducción, las especies a introducir deben poseer las características siguientes:*

(a) el hombre debe tener conocimiento, lo más amplio posible de su ecología, patrón reproductivo y estrategia adaptativa", como lo demostró el cubano introduciendo monos (*Macaca sp.*) de las selvas húmedas vietnamitas en los arbustos micrófilos y manglares de Cayo Rosario, y que a falta de suministrarle la alimentación, los obligaron a comerse todas las especies nativas que encontraban a su paso: desde los cangrejos (*Cardisoma guanhumi*), hasta los pichones de corúa (*Phalacrocorax auritus*); *"(b) deben ser especies eurioicas, es decir de una amplia tolerancia ecológica"*, como el cocodrilo babilla (*Caiman Crocodylus*), introducido desde Suramérica y que por ser "tan tolerante" terminó comiéndose, o cruzándose, con los cocodrilos cubanos en la Ciénaga de Lanier de Isla de Pinos, y donde apenas quedan ejemplares de la raza original; *"(c) deben vivir en un área geográfica amplia, y poseer poblaciones con grandes efectivos numéricos"*, como lo intentaron varias veces en las Escaleras de Jaruco con el faisán (*Phasianus colchicus*), donde los perros cimarrones, predadores también introducidos, dieron buena cuenta de esas aves de corral; *"(d) ser antropófilas, es decir, adaptarse a condiciones ambientales creadas por el hombre"*, como hicieron en Cayo Saetía, convertido en un desierto y sin vegetación original, después que los militares confinaran allí a más de 3`000 venados de cola blanca, y con la única finalidad de que los cazadores privados jamás pudieran beneficiarse de su carne. ¿No es magnífica esta receta *Beroviana*? ¿No es maravillosa la teoría y práctica lograda de su enseñanza?

Echemos un vistazo. Cada vez que Guillermo García Frías lleva a cabo una introducción de animales exóticos, se apoya en esta "resolución" científica de Berovides, pero como no puede quitarle las tierras de pastoreo vacuno a Ramón Castro, entonces hace todo lo contrario a lo que el panfleto recomienda. *"El hábitat debe ser secundario, es decir, donde no existan formaciones botánicas nativas, con su correspondiente fauna, de importancia científica y económica para el país."* Y allá vamos, a la Sierra de Najasa, donde existían bellos bosques y aves endémicas como el tocororo (*Priotelus temnurus*), la cartacuba (*Todus multicolor*), etc, y donde García ordenó la introducción de cebras (*Equus burchelli*), antílopes (*Aepycerus melampus*) y otros grandes ungulados como los bisontes americanos (*Mustella vison*), así como la autorización para que sus "científicos" limpiaran del terreno todo vestigio de fauna que hiciera de estas localidades algo de valor. O sea, una vez que el gran comandante determina utilizar un área libre de dueño, le cambia incluso la categoría de su protección (Najasa, según el ingenuo informe de la IUCN, aparece como un Area Protegida), y la convierte rápida e incuestionablemente, en un coto de caza del Partido.

Pero veamos cuáles son los efectos beneficiosos de la introducción de animales exóticos y para ello, volvamos a este manual del perfecto imbécil de la ecología socialista. Según su autor, el primer beneficio sería el *"aumento de los recursos naturales, al enriquecerse la fauna con especies valiosas por su carne, piel, belleza, etc."* Hasta ahora, que yo sepa, jamás ha habido ningún cubano que se alimente de venados en Cuba, y mucho menos que esto ocurra de forma legal. Esto quiere decir que cuando algún cazador lo ha hecho, es por que ha atravesado los límites de un coto bien demarcado con letreros que dicen "zona militar",o "acceso prohibido". Entonces, sólo jugándose el pellejo para nutrir a sus hijos, y a riesgo de perder su licencia de armas, o de morir acribillado por el "guardia forestal" autorizado a matar, es que esto ocurre. Los demás beneficios que Berovides asegura son tan absurdos, que no vale tan siquiera dedicarles mucho tiempo.

Ejemplos, (1) *"Posibilidad de investigaciones controladas sobre aspectos difíciles de estudiar en poblaciones nativas, como selección del hábitat, dinámica poblacional, adaptación, etología y movilidad."* Alguien que lea esto ¿puede explicármelo? ¿Quiere esto decir que si estudiar al mono dentro de la selva es difícil, lo más adecuado es lanzarlo sobre un cayo para que, sin vegetación ni alimento, podamos ver como se come lo que naturalmente nunca comía? ¿Tiene algún valor científico que veamos cómo un simio nada de un cayo a otro para subsistir y con ello demostrarnos que es un mono que se adapta, que cruza brazos de mar, y que se mueve mientras le quedan energías? Peor aún, (2) *"Posibilidad de preservar especies en peligro de extinción, al ser introducidas en nuevos hábitats donde puedan prosperar con éxito.* Pero resulta que ni el mismísimo Vicente, ni sus veinte patrocinadores en "Flora y Fauna", podrán jamás poner un sólo ejemplo en el que, el gobierno de Cuba, Guillermo García, o masantín el gallero, hayan llevado a cabo una introducción para salvar una especie. Jamás ha existido una especie nativa reintroducida en otro sitio que no fuera para sacar de ella algún provecho. Ejemplo, en 1990, la transportación por helicóptero de un manatí (*Trichechus manatus*) desde Cárdenas a la Laguna del Tesoro, no tuvo ninguna intención de preservar la especie. Por el contrario, tenía la macabra función de anunciar a los turistas que en la mencionada laguna existían estos mamíferos endémicos. Para su desgracia, (la del manatí, claro está) y dadas las pésimas condiciones de cautiverio a las que sometieron al mamífero aviador, este optó por la huelga de hambre, y murió a los pocos días del traslado.

Y, ¿cuáles son los efectos perjudiciales? Según Berovides, no son muchos, o al menos, no muy preocupantes. La introducción de patógenos y parásitos exóticos, la extinción de las especies nativas por la competencia de las introducidas, la alteración del equilibrio ecológico, la alteración de los hábitats invadidos, los daños a los cultivos y la hibridación con las especies endémicas no parecen efectos muy desalentadores como para que el genial idiota los considere desproporcionados en relación a la barriga llena, y la satisfecha puntería de sus gobernantes. En sus propias palabras: "*Así que de seis beneficios posibles, sólo nos es factible aprovechar cuatro. (...) Así, sobre la base de un control riguroso de la introducción, los daños se limitarían a tres aspectos, algo menos que los beneficios*".

Pero lo asegura, y he aquí lo más asombroso y malintencionado de este obtuso ejemplar de la universidad cubana; como si en Cuba se llevasen a cabo exámenes fitosanitarios de rigor; como si alguien estuviese preocupado por la desaparición de las aves de Cayo Rosario o Najasa, o por la vegetación endémica de los bosques semideciduos de Cayo Coco, a los cuales los puercos ya le comen sus últimas raíces; o como si no fuese demasiado que a un pobre guajiro cubano le entren en el conuco cuatro cebras y le coman la comida de los hijos sin derecho a matar a los trofeos del Partido so pena de caer preso.

La única y ligera preocupación de Berovides es quién introduce los animales, pero inmediatamente "nos" tranquiliza explicando: "*En los países socialistas solamente las organizaciones estatales son las encargadas de llevar a cabo tal acción. Opinamos que estos organismos son los que aseguran el éxito pleno de la introducción, ya que los mismos cuentan con el apoyo científico y financiero del estado. Los organismos capitalistas, si bien pueden obtener éxitos en sus introducciones, buscan más ganancias económicas que beneficio comunal; esto nos hace pensar que tales éxitos son limitados.*" ¡Acabáramos con el mercenario! Pero imaginen, yo conozco personalmente a Berovides, al que le entraron temblores en las piernas cuando intentaba subir una sólida escalera de caracol en la Iglesia de los Pasionistas de la Víbora donde yo estudiaba una pareja de halcones peregrinos (*Falco peregrinus*). Entonces, ¿cómo habrán sido los temblores cuando García Frías, con su cara fea, le exigiera que escribiera el texto anterior? Sin comentarios. Máxime, cuando vemos la cita escogida por Berovides para terminar su texto y así, satisfacer el visto bueno del Partido.

"El materialismo dialéctico sirve de fundamento filosófico en la actividad orientada de los hombres para transformar la naturaleza. La filosofía del marxismo orienta hacia el optimismo histórico. Pero este ya no es pasivo, sino combatiente, no es irreflexivo, sino basado en el conocimiento de las contradicciones reales, y , ya por eso, cauteloso en sus predicciones; es un optimismo que dista de menospreciar el peligro que implica para la biosfera la industrialización del planeta. "Claro está que Cuba, en este caso, no sufre de forma inminente este peligro industrial pues se encuentra entre los países más subdesarrollados del planeta en cuanto a industria y tecnología. Sin embargo, si está en un grave peligro su naturaleza cuando pensamos en algunos de los científicos con que cuenta, y a los que al parecer, el optimismo del materialismo dialéctico les da por escribir frases como esta: *"En cuanto al caso concreto de Cuba, es mucho los que nos queda por investigar sobre las especies ya introducidas que quiérase o no, son ya parte normal de nuestra fauna.* "En resumen, si del optimismo de Berovides depende la naturaleza cubana, y si esta ya está compuesta, lo querramos o no, por semejantes plagas (incluido él), entonces habrá que escribir un nuevo informe para la IUCN sobre las especies cubanas en peligro de extinción, y agregar en él, al gato doméstico, pues este ya desaparece aceleradamente en las cazuelas del cubano.

En Cuba, y a gran escala, se han introducido en reiteradas ocasiones diferentes especies de animales exóticos. Para desenmascarar a Berovides, muchas de estas introducciones han sido realizadas en más de una ocasión; es decir, después que los primeros individuos desaparecieron por factores de inadaptación. Así, Cuba pudiera ubicarse entre los primeros y más testarudos países que introducen animales exóticos para beneficio de unos pocos humanos y contra las especies autóctonas de su naturaleza. En Cuba, los Galliformes de las familias *Cracidae* y *Phasianidae*, así como los pecaríes (*Tayassu tajacu*), introducidos en 1930 (Hall, 1981), fueron traidos de México, Europa y Suramérica respectivamente. Pero no sobrevivieron porque los bosques cubanos, ya sean secundarios o vírgenes, estaban saturados de perros cimarrones (*Canis familiaris*) que, abandonados por el humano, no encontraron otra vía que la del monte en donde alimentarse y refugiarse. Igual suerte corrieron la paca (*Agouti paca*), y el conejo silvestre, (*Oryctolagus cuniculus*), que no lograron dispersar sus poblaciones por el continuo envenenamiento que sufren a partir de la ingestión de ciertas plantas (Varona, comun. pers.). Este último, desde que se introdujo en San José de las Lajas en 1880 (Varona 1980), apenas se adapta, y sólo existen algunos individuos desperdigados por los potreros del Valle del Perú, Escaleras de Jaruco y sur de la provincia Habana.

Irónicamente hablando, nuestra fauna se ha "enriquecido" en absoluto descontrol, con una gran variedad de órdenes que van desde los anfibios hasta los primates. Según el término de "enriquecimiento" de Berovides, Cuba cuenta hoy, con varias especies de: algas (*Kappahycus striatum, K. alvcarezi* y *Euchema denticulatum*), (The Latin American Alliance, 1997), Geckonidos (Barbour y Ramsden, 1919), un sapo marino (*Bufo marinus*), la rana toro (*Rana catesbiana*), la codorniz (*Colinus virginianus*), la gallina de guinea (*Numida meleagris*), y varias especies de aves, principalmente, traidas desde Suramérica y Africa como el ñandú (*Rhea americana*), la chachalaca (*Ortalis vetula*) y el avestruz (*Struthio camelus*), también mamíferos como la rata parda (*Rattus norvegicus*), la rata negra (*Rattus rattus*), el guayabito o ratón (*Mus musculus*), el curiel (*Cavia porcellus*), el agutí (*Dasyprocta aguti*) la mangosta (*Herpectes auropunctatus*), el venado de cola blanca (*Odocoileus virginianus*), el muflón (*Ovis musimon*), el puerco jíbaro (*Sus scropha*), el pecarí (*Toyassu tayacu*), nuevamente introducido y muy abundante en Managua, donde está la finca privada de García Frías a las afueras de La Habana.

Además, ahora contamos con muchas otras especies de marcado efecto destructivo para la naturaleza de las islas, como son algunas especies de monos (*Macaca sp.*), o roedores como la capibara (*Hidrochaeris hidrochaeris*); o cérvidos como los wapitíes (*Cervus elaphus*); los ciervos rojos de la subespecie canadiense (*Cervus e. canadensis*); el gamo (*Dama dama*), y para colmo de males y desatino, las cebras (*Equs burchelli*), los bisontes americanos (*Mustella vison*), los antílopes de Hartebeest (*Alcelaphus buselaphus*) y de Thomson (*Gazella thomsoni*) y por supuesto, los búfalos de agua (*Bubalus bubalis*) que, criados como ganado en estado de semi libertad en muchas de nuestras reservas y humedales naturales, y de "acuerdo tácito con la también introducida tribu *Tilapini*, le hacen la vida imposible a los culpables y sobreprotegidos manjuaríes".

Los tarados con diploma: la ciencia destructiva.

"Los simposios, la mayoría de ellos, son engendros sociales. Tienen sus beneficios como los tiene toda acción y todo error... Uno de ellos es generar encumbramientos, y el contagioso hábito de la asistencia a una reunión social de encumbrados. "

Alfonso Silva Lee

Son muchos los que, desde diferentes perspectivas, han estado exigiéndome un diploma de biólogo. Para algunos como mi madre, quizás esto no sea otra cosa que una meta; para otros, como el entomólogo Luis Roberto Hernández, es una especie de preocupación para evadir las trabas burocráticas que ponían a su amigo. Y efectivamente, un título hace falta, aunque este sea otorgado por profesores que, de biología, sepan incluso menos que Carlos Arredondo. No quiero ahora poner en dudas los conocimientos que la universidad brinda a sus estudiantes, pues en cierto sentido, eso sería perder tiempo. Sin embargo, voy a hablar de algunos casos, todos científicos graduados en nuestras universidades, con diploma y notas relevantes, y cuyo curriculum es tan largo como sus atrocidades. Es decir, hablaré de los imbéciles que a pesar de tener un certificado, han causado más daño a la naturaleza que un guajiro analfabeto armado de escopeta. Ahora bien, antes de pasar revista a este bestiario de científicos cubanos, quiero dejar claro dos aspectos:

(1) En Cuba, no todo el que desee estudiar biología puede hacerlo. Se requieren ciertos requisitos entre los que priman las cualidades políticas, el más servil sometimiento a la sagrada causa socialista, y un sentido de la iniciativa propia casi nulo. Si el cubano no cumple con estos atributos personales, entonces debe ser muy inteligente y aparentar como que los cumple. Gracias a que estos últimos individuos existen, Cuba cuenta hoy con un nada despreciable lote de científicos de veras. Sin embargo, debido a que no todos son tan inteligentes, hay algunos que no aceptan las obligaciones políticas, que son verdaderamente irreverentes con la causa socialista, y que a pesar de tener iniciativas, jamás llegan a ser biólogos. De

ese grupo de biólogos e intranquilos ayudantes es que han salido a la luz los más prestigiosos trabajos de la ciencia en Cuba, pero como lo decía, falta otro aspecto, pues aquí no acaba todo. (2) En aquella isla, que no es más que un reino de lo absurdo, hay muchos biólogos con diploma que sí cumplen los requisitos, pero que una vez alcanzada la meta, la utilizan para escalar sólo a posiciones administrativas. Son los llamados científicos de butaca, los tecnócratas de buró, o peor aún, los militares de la ciencia, que no sólo copian e inventan resultados, sino que además, trabajan pésimamente, y niegan el camino a la universidad a los jóvenes inquietos.

No pasaré revista a nuestra presidenta del hoy denominado Ministerio de la Ciencia, la Tecnología y el Medio Ambiente, porque creo que lo que he dicho de ella es suficiente, y por tanto, no merece más protagonismo. Sin embargo, volveré a hablar de Fernando González, pero no de sus actividades biológico-guerreristas, sino de sus recomendaciones como director de aquel instituto que debía ser científico. Pasaré revista igualmente a "científicos" como Hirám González, Roger Smith, Vicente Berovides (otra vez), y concluiré con algunos genios-monstruos de la ciencia en Cuba, como Alfonso Silva Lee, con el cual comencé encabezando este acápite. Así, aclaro que hay muchísismos ejemplos por donde cortar para hacer de este texto algo interminable, pero,... prefiero restringirme a los ejemplos que conozco, pues no me parece serio hablar de aquellos que no he padecido.

En 1979 el Dr. Fernando González, mi director en aquellos años, fue consultado como biólogo (él es médico humano) sobre un grave problema que ocurría en las plantaciones de cacao en Baracoa. Al parecer, algunos pájaros carpinteros del género *Melanerpes*, se "estaban comiendo" y destruyendo los frutos de esta plantación. Entonces, ni lento ni consultivo, nuestro director recomendó a los agricultores coordinar con los cazadores para que estos eliminaran a aquellas aves que, por haber sido detectadas ocularmente, destruyeran la cosecha. De esta forma, y más rápido que un fax, todos los cazadores fueron avisados y autorizados a llevar a cabo una batida contra la ornitocenosis de la región.

Los resultados fueron de esperar, y todos los cubanos con escopeta y a los que comunmente se les denomina "gatillo alegre", remontaron las márgenes de los ríos Toa, Duaba, y Yumurí, y dieron su batalla. Primero acabaron con los carpinteros, pero luego, y para estar seguros, eliminaron también a todos los caos (*Corvus nasicus*) de la zona, y a cuanto pájaro se posara en las plantas de cacao. Así, se registró en Baracoa y en muchas otras zonas de Guantánamo, la peor cosecha del siglo, pues después se supo que los pájaros carpinteros sólo se comían las larvas y los insectos dañinos que habían penetrado en los frutos, y al no existir ningún controlador para las plagas, estas quedaron libres para depredar el cacao.

En 1980, y continuando con el mismo tarado del párrafo anterior, alguien dió la alarma de que en el Parque Lenin habían cocodrilos sueltos, y como que el Dr. González había hecho su diploma en algo relacionado con la sangre de estos reptiles, allá se presentó el ilustre director llevando todos los medios a su alcance para confirmar la existencia de los saurios, y el terrible peligro que ellos representaban a los transeuntes de la zona. A mí personalmente me dijo que había visto como mínimo, unos 6, pero luego, la realidad fue otra. Solamente un pequeño cocodrilo de menos de un metro de largo había logrado escapar del acuario del mencionado parque, y lo que el ilustre director de Zoología llamaba *"cocodrilos de más de dos metros"*, no eran más que la hilera de bocas de las tilapias (*Sarotherodon sp.*) que afloraban en la superficie de aquel reducido estanque, dada la escasez de oxígeno y la superpoblación.

Hirám González, "ornitólogo" y súbdito incondicional de Fernando en Zoología, fue mi jefe de departamento en aquellos oscuros tiempos de la ciencia en Cuba. Como tal, yo debía contabilizar una por una todas las semillas que aparecieran en los estómagos de 7 individuos que él había colectado de cabrerito de la ciénaga (*Torreornis inexpectata*). Por cierto, se trataba de una especie amenazada de la que él eliminó cuatro adultos y tres juveniles, pues no tenía la paciencia de observarlos alimentándose en su medio natural. Una vez terminado mi conteo, llevé a González el resultado, pero mi sorpresa fue cuando en una reunión del Dpto, González leyó su última versión. Si mal no recuerdo, aparecieron en la dieta del cabrerito, y en individuos colectados en la época de lluvia, semillas de la Yanilla blanca (*Ilex cassine*) (González et al, 1986), o sea, semillas de una planta que yo sólo había detectado para las aves en la época de seca.

Al parecer, con aquellos resultados ya premeditados, Hirám se fue al Congreso de Ornitología en Moscú. En su trabajo, como es lógico, yo no aparecía ni en los agradecimientos, pero cosa curiosa, estaba como co-autor, Fernando González, al que jamás ví en uno de los viajes en la ciénaga. Diez años más tarde, después de haber terminado aquel trabajo, y durante un simposio de Zoología y Botánica efectuado en La Habana, un botánico extranjero demostró conocer muy bien al ornitólogo cubano. Entonces dijo: *"sí, sí, es el mismo que descubrió en el estómago de unas aves, abundantes semillas de una planta que no se encuentran en la época de lluvia."*

Pero Hirám González, al igual que Roger Smith, son dos ornitólogos a los que hay que destacar por su facilismo metodológico en la práctica de la investigación. El primero, manteniendo su costumbre de matar aves en vez de estudiarlas en el campo, eliminó a principios de los 90 más de 360 cotorras (*Amazona leucocephala*) en la Ciénaga de Zapata e Isla de Pinos. Para estudiar su dieta, no se sirvió de los binoculares sino, como en la época de los cabreritos, utilizó sólo una escopeta. El segundo, y con una especie más fácil de observar, eliminó con idéntico propósito más de 100 caos (*Corvus nasicus*) en la Sierra de Najasa. Vale que aclare que si esta práctica se realiza sobre una especie de rapaz cualquiera, la población estudiada quedaría sólo como referencia en los museos, pues luego, ya no quedarían aves en el medio. Sin embargo, y a pesar de lo fácil que resulta observar a estas aves, estos ornitólogos prefieren abatirlas y estudiarlas a la sombra antes de llenarse la cara de mosquitos.

Los antes mencionados personajes no terminan aquí sus cretinadas. A ambos gusta controlar la competencia. El primero, desde su posición de jefe, me negó en 1980 el derecho a estudiar en la Universidad de la Habana porque: *"primero debía demostrarle mi interés en zoología asistiendo a la zafra del tabaco"*. Pero el segundo, nieto mimado de otro "ilustre imbécil", el Dr. Abelardo Moreno, sabe más de castores (*Castor canadensis*) que de pájaros cubanos. O sea, aprovechando su línea sanguínea y gracias al curriculum comunista de su abuelo, Smith hizo su tesis de grado en Canadá, y sobre unos mamíferos que en Cuba no tienen ningún equivalente ecológico. Desde su graduación, ambos se han dedicado magistralmente a cortar alas, pero no sólo a los pájaros, sino la de todos aquellos jóvenes cubanos que por contar con ideas propias sobre la investigación, pudieran representarles una sombra o competencia si alcanzaran un diploma. A los efectos del Zoológico Nacional, Roger Smith desempeñó el mismo papel de Hirám en Zoología. Allí, no sólo influyó para que no aceptaran jóvenes a los estudios superiores, sino que también mantuvo a los biólogos ya graduados limpiando jaulas en vez de investigando.

De Vicente Berovides voy sólo a decir un par de cosas. Sin dudas, es un ecólogo con conocimiento, pero como autor, es un oportunista detestable. Como que ya hablé de él en otro acápite, baste que aquí diga que Berovides se nutre de la información que le colectan sus alumnos, y que en el 95% de los trabajos en los que aparece, jamás ha visto y trabajado la especie sobre la que escribe. Desde su cómodo buró de la Facultad de Biología, Berovides pide datos y procesa números para su provecho. Un ejemplo de lo dicho lo constituye el trabajo titulado "Polimorfismo Genético del Cernícalo", y que en realidad llevó a cabo un joven biológo avasallado por Smith. Yo, que apenas me he dedicado a las rapaces, sé que Jorge Fernández Montiel tomó casi todos los datos que aparecen en el texto, pero como se puede ver (Berovides y Fernández, 1984), Vicente aparece como su primer autor y con ello, no sólo nos demuestra su oportunismo, sino también, su mayor defecto. O sea, Berovides, leyenda aparte, carece de moral y por supuesto, de ética científica.

Alfonso Silva Lee. ¿Quién es este señor al que el ingenuo John McNeely llama el mejor fotógrafo de fauna en Cuba? Ante todo hay que decir que es eso: un fotógrafo, y no un ictiólogo que trabaja para conocer o proteger los peces. Pero además, habría que dejar claro que es el "mejor", porque es el único al que su crianza con Raúl Castro le permitió contar con cámaras decentes y una tecnología no disponible al resto del cubano medio. Así, terminemos con su excepcionalidad, porque Alfonso Silva no toma fotos para los trabajos científicos, sino para venderlas a las revistas del turismo nacional y extranjero y propiciar así su más acelerada destrucción. O sea, el licenciado Lee, no es más que otro comerciante y destructor de la fauna, sólo que apoyado en sus imágenes.

Por otra parte, Alfonso Silva apenas publica sobre ciencia. Sus libros están hechos en función de su economía de bolsillo, y aunque mencionan animales, hablan más de fantasía. Alfonso es un hombre solitario, un hermitaño huérfano que cuenta con una magnífica biblioteca obtenida como regalo de los norteamericanos, pero que, lejos de ponerla o prestarla a sus colegas investigadores, apenas la utiliza para dar cierta credibilidad científica a sus sueños de la selva. Eso, en términos científicos, es lo que Silva Lee ha aportado al conocimiento de la fauna en Cuba.

Según la encargada de la seguridad en el Museo en 1990, Alfonso fue enviado al Acuario de Santiago de Cuba en 1983 para, mediante sus intrigas, poner a raya a una serie de personas "no muy claras" para el gobierno. Dos años después, el acuario fue "desintegrado" (con el mismo estilo que Fernando González había desintegrado el Instituto de Zoología) y sus miembros se quedaron sin empleo. En aquel entonces, en el que también se perdieron los acualones, motores, y botes del proyecto de la Smithsonian Institution que pretendía estudiar la fauna marina cubana, dicen que Alfonso Silva reapareció con ellos en Oceanología. Luego, fue enviado al Zoológico de La Habana y al cabo de unos meses, el Dpto donde trabajaba también quedó desintegrado.

Posteriormente, entró en el Museo Nacional de Historia Natural (donde yo trabajé antes de salir de Cuba) y allí, al fin se supo su misión en estos centros. Alfonso Silva Lee, no era tan buen fotógrafo como agente gratuito de la seguridad cubana. Su papel en las diferentes instituciones científicas por las que pasaba, y según me aseguró esta fuente, consistía en separar los núcleos "conflictivos" del sector científico cubano. De tal forma, llegaba e inmediatamente, sembraba la discordia entre los especialistas preocupados por los desastres ecológicos, o los confrontaba profesionalmente en caso de que algún proyecto de colaboración con USA facilitara viajes hacia el extanjero.

¿Cómo lo hacía? Véanlo por ustedes mismos cuando él habla, en una carta, de un supuesto amigo y colega de trabajo. *"Su trabajo es una investigación (lo sé, alfa) a todo trapo. El hace y deshace clasificaciones -como Quijote los entuertos- , y está metido de lleno en descubrimientos. (...) Si Pérez-Aso tuviera ese interés, sería, más allá de cualquier duda, no sólo lo que ahora es, sino un INVESTIGADOR al 100%. El resto del equipo de zoólogos está muy por debajo del 70%. "*Luego, refiriéndose a él y a un investigador dice: *"En el ámbito nacional somos gigantes (los sabios perdonen mi inmodestia), y tenemos muchísimo importante que hacer".* Este es Alfonso Silva Lee. Un sicario intelectual de los órganos represivos del Estado que con su aguda prosa se ha dedicado siempre a dividir a los científicos de punta. Sobre todo, en aquellos centros en los que los especialistas trabajan por el bien de la naturaleza.

Su curriculum, el verdadero, es un acto repetitivo que para nada tiene que ver con la ciencia, excepto, que tiene lugar en este tipo de instituciones, donde crea cientos de cizañas y luego, después de atacar por la espalda a cada uno por separado, desintegra la institución en la misma forma como hizo en el Museo Nacional de Historia Natural. Es decir, se pone a disposición de las autoridades y los poderosos, listo siempre para un nuevo ataque desde la posición de fuerza del que lo protege. No importa ya que este sea comunista o capitalista, o que viva en Cuba o en Puerto Rico. Al final, el ciclo de Silva Lee se repite siempre igual, y la función de Alfonso no cambia ni para destruir menos, ni para hacer menos dinero con las "mejores fotos" de una fauna que se extingue.

Finalmente, hay que decir que la isla esta llena de ecólogos sin coraje dadas las fuertes medidas represivas que allá reinan. Pero además, de títeres y titiriteros; de gente que con buen cerebro, apenas lo utilizan. De científicos que, después de algunos años de penuria, han cedido a la inercia de los comunistas; gente que no produce nada intelectualmente porque lo producido hasta la fecha, jamás les ha sido publicado. Buenos escritores y ecologistas como Andrés Rodríguez, al que la represión acerca día a día a la locura, o profesionalísimos científicos como Gilberto Silva y Giraldo Alayón, a los que algunos energúmenos como Alfonso convierten en tarados con o sin diploma. Afortunadamente, muchos de ellos aún siguen en la brega, y entre estos, desafiando tempestades, otros colaboran dando datos para textos como este.

El "dime que te diré":
cáncer del científico cubano.

*"En Cuba sólo en una ocasión se ha encontrado su
nido, y esto fue en los alrededores de Sagua La
Grande en una palma descocotada. Los huevos son
pequeños, de 37,5 X 30,4 mm, y llenos de marcas
que le dan el aspecto de sangre seca. Ponen 4 o 5,
lo que indica que el nido hallado en el mes de
enero con sólo 2 estaba todavía incompleto. "*

Orlando H. Garrido

E l dime que te diré no es más que algo a los que los cubanos
llamamos chisme. Es decir, esa tendencia casi generalizada de
contar de otros lo que generalmente no es cierto, o lo que lo es, pero
con el único propósito de descalificarlo. En el sector científico cubano, el
dime que te diré, ese murmurar y desconfiar sobre la calidad o veracidad de
los datos del otro, tiene un curriculum interminable. Ahora bien, aunque no
pretendo hablar sobre este tipo de chismes, hay una frase que en el sector de
la zoología cubana ha sido acuñada para hacer burla de los supuestos
equivocados en su forma de hacer, o interpretar los datos científicos. Me
refiero a la expresión *"se comió el mojón de San Espedito"*, atribuible en
autoría y excesiva repetición al ornitólogo con cuyo texto he encabezado
este texto. Un viejo y decrépito naturalista que él mismo gusta de nombrarse
"El Mariscal" para dejar claro que él es el mejor. Entonces, y antes de pasar
al verdadero dime que te diré, cabe que haga aquí una reflexión sobre este
promotor de chismes y jocosidades muy sonadas en las ciencias cubanas.

El compañero Garrido, como seguramente le gustará que yo lo llame;
expulsado de la Universidad de Miami por comunista, y de la Universidad
de la Habana por gusano (según sus propias palabras), es autor de ya no se
sabe cuántas subespecies de aves (que para mí son lo mismo con alguna que
otra variación de colorido por su distribución zoogeográfica), y a las que ha
puesto todos los nombres de su familia. Pero además, tiene a su haber otras

tantas subespecies "descubiertas" de lagartos, mamíferos, e insectos, y no hay Dios que le pueda descubrir una sin su consentimiento o aprobación. Es, en otras palabras, el músico (le gusta cantar ópera), poeta (recita de memoria el repertorio de Hilarión Cabrizas), y loco (que no queden dudas) de la taxonomía cubana. Un hombre que nunca se equivoca, y que cuando así lo admite y hace, vuelve a equivocarse y a escribir disparates como el que les he escogido como exergo.

A principios de 1990, Garrido aceptó y publicó conmigo (Wotzkow y Garrido, 1991), que los huevos del susodicho gavilancito cubano y que él había descrito eran, en realidad, huevos del cernícalo erróneamente clasificados por él. Sin embargo, un año después, el genio-mariscal volvió a dar validez a su antiguo y primer descubrimiento. Es decir, el inventor de la descalificadora frase para zoólogos "se comió el mojón de San Espedito" en su Poeyana N° 50 (Garrido, 1967); y luego, "se lo volvió a comer" en su panfleto de divulgación para la desinformación popular que se titula *"Conozca a las Rapaces"* de Gente Nueva (Garrido, 1992). Aclarado este "error doble", y que apenas tiene cabida en la chocha cabeza de su promotor, pasemos entonces al "dime que te diré" que más me interesa.

Debo empezar por decir que se trata de chismes que, antes de lograr una descalificación del contrario, intentan su total destrucción. Pero, tengan en cuenta esta excepción, es una descalificación que a la larga se vuelve casi siempre contra el que la promulga. Como que no he estado en todos los centros de investigación y por ende, desconozco la verdadera problemática en muchos de ellos, baste que me refiera a los casos que conozco. Ellos, aunque limitados, nos darán una idea de esta asquerosa costumbre del científico cubano para quitar del medio a sus más productivos y competitivos colegas de trabajo. Así las cosas, tengan en cuenta de que esta conducta verbal tiene su raíz en el sistema socialista de gobierno, y que además, forma parte de lo que todo el mundo conoce como la "doble moral".

Por ejemplo, fue la "doble moral" y un año de cárcel sin juicio, lo que hizo que en 1961, Gilberto Silva, "el capitán araña", se convirtiera en un revolucionario idealista. Fue esa doble moral, la que hizo que Jorge de la Cruz trabajara durante años al servicio de una guerra biológica contra los Estados Unidos (José L. Blanco, comun. pers.) sin que hasta la fecha haya dado señales de darse cuenta de ello. La doble moral y el dime que te diré, mantuvieron en la UJC, e intocables en el Instituto de Zoología, a Georgia de las Pozas hasta que esta se quedara junto a su esposo en una escala técnica en Canadá. Fue la doble moral la que hizo que Georgina Bustamante pudiera ser la subdirectora del Instituto de Oceanología y viajar al Amazonas con Nuñez Jiménez, hasta que se llevara una embarcación de su centro de trabajo hacia Miami. Fue el dime que te diré que promueve la doble moral el que permitió que Rafael Alayo se conviertiera en un sicario de todos sus colegas, e incluso, en un desintegrador de las colecciones de insectos formadas por su anciano padre, el eminente Pastor Alayo.

La doble moral, ya lo explicaré, fue la que trajo la desunión y la desconfianza entre los científicos más honestos del país. La que destruyó el sentido de la colaboración científica entre muchos investigadores y en diferentes disciplinas. Ha sido el dime que te diré quien más problemas ha traido a la claridad que necesita urgentemente la botánica cubana. Es la doble moral, el dime que te diré y todas las intrigas institucionales que surgen a partir de ellas, lo que nos ha quitado un gran prestigio frente a nuestros colegas extranjeros. Por ellas es que hoy viven en el extranjero y bajo un mismo techo, victimarios como Alfonso Silva y víctimas como Pérez-Aso; aprovechando los unos y los otros, la ingenuidad, el dinero, y el desconocimiento que sobre ellos tienen sus ingenuos anfitriones.

Por culpa de este fenómeno y de la cobardía generalizada en el sector científico de Cuba, nuestros investigadores de la salud están obligados a trabajar con los virus en vivo (cuando debieran hacerlo con ellos atenuados), sin protestar, y con la única obligación de dar más rápidamente los resultados que sus colegas del norte. Debido a que la represión estatal se basa en los chismes y en las calumnias de los incapaces, es que las ciencias cubanas no han avanzado como debieran haberlo hecho en este fin de siglo. Por eso, y a través de los mecanismos que esbozo con ejemplos a continuación, es que Cuba ha perdido a sus especialistas en el exilio, disgregándolos por diferentes continentes.

Así, por citar un ejemplo, Orlando Garrido y Arturo Kirkconnell son tan científicos como policias. Y si su puesto de trabajo es el que está en juego, ni se diga. Las represalias del régimen son, para los que no hablan, algo para la cual ellos no están genitalmente preparados. Pero el dime que te diré que Garrido y Kirkconnell han formado siempre en el museo ha pasado luego a todo el departamento, y como casi siempre ocurre, con la víctima del momento allí se "limpian" todos. Este proceso de "limpiezas" y autodespenalizaciones políticas es algo muy común en Cuba, pero cuando tenemos en cuenta que la naturaleza del país se destruye a pasos acelerados, y que no hay muchos especialistas con pudor con quienes contar, hacerlo con los pocos que aún quedan es, por encima de cualquier malicia, algo criminal.

Pero "llenarle el estómago de mojones" a un joven investigador es algo para Garrido mucho más importante que tener discípulos. Por gente como él, que sólo utiliza la sorna constante para desprestigiar a los demás, fue que en el museo reinó desde entonces la burla y el despretigio. La institución, ya se sabe, se vino abajo unos años después sobrecargada con el peso de chismosos a su estilo. El primero en abandonarla fue el magnífico investigador Rubén Regalado, y aunque este salió ileso de las calumnias en su propia cara, muchas se sucedieron después de su partida. Luego le siguió el joven Alejandro Dubouchet, al que todos en la administración del museo acusaban por homosexual. Más tarde salió Octavio Pérez-Beato, al que calificaban de autosuficiente; Riberto Arencibia, al que expulsaron ya estando en los Estados Unidos con un acto de repudio, y lo mismo sucedió a Antonio Pérez Aso, al que Alfonso Silva Lee no paró de criticar sus resultados por correspondencia. Finalmente, le llegó el turno a Luis Roberto Hernández, el entomólogo que en 1982 tuvo que abandonar el extinto Instituto de Zoología por no ser políticamente confiable, y que ahora, tampoco pudo sobrevivir la persecución que la Seguridad del Estado le hiciera, después de viajar con algunos entómologos extranjeros por algunas localidades del país y ser traicionado por sus colegas de trabajo.

Al final, fue obligado a pedir su retiro el conocido especialista en murciélagos Gilberto Silva Taboada; fue destituida Jazmín Peraza como directora del museo que, para 1995, ya la seguridad clasificaba como "un enjambre de gusanos" (curioso; allí seguían Garrido y Alfonso), y vale que lo aclare, la misma directora (miembro del PCC) que redactó un acta acusándome de no ser digno de representar a Cuba en el extranjero. Al cabo de seis años, la institución que Gilberto Silva creó con aquel reducido grupo de investigadores, había sido totalmente desintegrada por ese "dime que te diré", y hoy, sólo quedan en ella los que por estar muy chochos (léase Garrido), o por ser muy jóvenes y no haber tenido tiempo de desarrollar las gónadas (léase Kirkconnell), no tienen para donde ir.

Giraldo Alayón, un excelente aracnólogo y antiguo amigo mío desde los años del Instituto de Zoología, me declaraba su guerra en una carta en la que, indirectamente, se hacía cómplice indolente de la exportación de animales cubanos hacia Alemania. Peor aún, Alayón se hacía eco del dime que te diré del partido y seguía al pie de la letra las instrucciones de su nuevo director. Hasta aquí, todo pudiera parecer un chisme mío, una licencia literaria del "dime que te diré" del autor si así se quiere, pero para todos los que lean esa carta, o mejor aún, para todos los que conozcan a Alayón y vean como el eminente entomólogo llama colaboración científica al saqueo de las colecciones históricas de un museo, entonces no quedarán dudas de que el sistema lo ha acogido allá en su seno. Hirám González, ese ilustre tarado con diploma que ya he mencionado en varias partes de este libro, después de haber difamado, descalificado, humillado y vejado el principio moral y ético de Alayón, y desde épocas tan remotas como 1982 en el Instituto de Zoología, ahora es el hombre que dirige no sólo el museo y el destino de Giraldo, sino también, sus actos y su pluma.

"Que Dios los coja confesados" diría un religioso, si estuviésemos hablando de cristianos. Pero no, este acápite sólo habla de miserables, de ineptos y cobardes. Este texto habla de las enseñanzas que he aprendido de hechos muy cercanos, vividos todos, y de los cuales no es fácil olvidarse si uno intenta proteger la naturaleza del país al que pertenece. Por ello, es que he decidido terminar el contenido principal de este libro-denuncia en esta forma. Considero que sin especialistas de ética y valor no sobrevivirá la naturaleza de Cuba. Creo, y así lo he dicho en muchas partes y por la vía del subtexto, que no bastará cambiar el sistema político para que la naturaleza cubana recupere su explendor.

Cuba necesita no sólo la libertad cívica de protesta, sino también, dotar sus instituciones científicas de personas serias, no maleables bajo presión o interés privado, y sobre todo, de científicos unidos por un deber común e impostergable: el de recuperar el tiempo perdido, el de mejorar la naturaleza maltrecha en estos casi cuarenta años de tiranía, y el de cederla a nuestros hijos y nietos como ellos la merecen.

Epílogo

El dilema

"Y ahí estará. Como dijo alguien, esa triste, infeliz y larga isla estará ahí después del último indio y después del último español y después del último africano y después del último americano y después del último de los cubanos, sobreviviendo a todos los naufragios y eternamente bañada por la corriente del golfo: bella y verde, imperecedera, eterna. "

Guillermo Cabrera Infante

En esta sección, dedicada a las posibles alternativas que ayudarían a preservar la biodiversidad de Cuba, voy a jugar, como lo hace un poco Cabrera Infante en este exergo, al optimista. Es decir, enumeraré algunas recomendaciones generales que pudieran servir para palear la nefasta situación por la que atraviesa la naturaleza cubana. Ahora bien, como que el sistema actual de gobierno se aprovecha desde hace años de la naturaleza sin ánimo de conservarla, creo que estas ideas jamás serán implementadas, y menos, durante este período en donde prima la ambición y el poder destructivo del Estado. Como he estado repitiendo desde la primera página de este libro, la diversidad biológica del archipiélago ha estado disminuyendo bajo un proceso agresivo y premeditado, pero desde 1959, y aún cuando ello se ha hecho extraordinariamente perceptible para todos, nadie se ha preocupado por denunciar de forma global el gran problema que ello representa.

La biodiversidad biológica como concepto de variedad y variabilidad entre los organismos vivos y los ecosistemas en donde ellos aparecen, decrece cuando un número de especies en un área es reducido, o cuando algunos se hacen más abundantes mientras otros comienzan a escasear. La biodiversidad, que surge a partir de la adaptación y evolución de las especies en sus ecosistemas naturales, resulta de todos los procesos ecológicos y por ello, tiene una importancia excepcional al incluir todas las formas de vida. Debido a que en ella están incluidos todos los ecosistemas, todas las especies y sus genes, preservarlos es una tarea priorizada ya que reporta beneficios culturales, recreativos, agrícolas, económicos, y un sinnúmero de ventajas para la vida del ser humano.

Sin embargo, nuestra biodiversidad se ha reducido alarmantemente en las últimas décadas, y, paradójicamente, de forma mucho más pronunciada en aquellas regiones a las cuales el gobierno confirió cierta "protección". La causa principal que afecta la biodiversidad en esas áreas, está directamente vinculada a la transformación y conversión de los ecosistemas, y a todas las acciones que han ido dejando a estas zonas sin la capacidad biológica necesaria para rehabilitarse en el futuro. La mayoría de los científicos que trabajan en Cuba saben que esta problemática ha llegado al límite, pero el gobierno, lejos de apoyarlos, se muestra cada día más apático, o silencia por la fuerza sus ideas y proyectos.

Cuba carece hoy de un inventario actualizado sobre sus ecosistemas y especies aún vivientes, y como es lógico imaginar, este jamás será completado mientras se desconozcan las actividades degradativas que el gobierno lleva a cabo en total secreto, o mientras continúe negando el acceso de los científicos a las áreas de interés. Por ello, hacer hoy un estimado de los rangos de pérdida en la biodiversidad es una tarea imposible. La destrucción de las plantas más escasas, por ejemplo, se sucede día tras día, y significa la perdida de medicamentos que pudieran ser potencialmente obtenidos a través de la investigación farmacéutica. La destrucción de los bosques tropicales, con su extraordinaria diversidad de especies, está convirtiendo al archipiélago en un desierto donde sólo crece la maleza, o donde sólo se plantan bosques monotípicos que no permiten el necesario desarrollo del sotobosque cubano. En otras palabras, la deforestación está privando a nuestra sociedad de una materia prima con alta potencialidad económica y medicinal.

Así mismo, Cuba sufre el peligro de perder toda la biodiversidad de la fauna que aún existe gracias a su vegetación autóctona. La diversidad biológica de las ciénagas cubanas, como multiecosistemas naturales, producen beneficios naturales y económicos de inestimable valor para el ser humano. En ellas se absorbe el agua de las inundaciones provocadas por tormentas, y allí crían, se alimentan, y habitan, cientos de aves, peces, reptiles, crustáceos, moluscos e insectos que garantizarían una fuente de alimentos estable si se aprovecharan racionalmente. Por otra parte, las cualidades estéticas de sus paisajes facilitaría la promoción del turismo especializado, pero este se destruye tan aceleradamente que muy en breve perderá todo su atractivo. Las causas que aceleran la pérdida de la biodiversidad en la Ciénaga de Zapata, por ejemplo, se relacionan con la explotación comercial de sus árboles y especies animales más amenazadas y ello, conlleva a la destrucción no selectiva de muchas otras formas de vida que dependen de ellas.

Las mayores pérdidas de la biodiversidad que afectan al país surgen de la actividad directa del hombre. La contaminación de las aguas y del aire son sin dudas, dos de los factores más degradantes del ambiente. La polución del agua, o la introducción de peces depredadores han acabado con las poblaciones de peces dulceaquícolas hasta tal punto, que los cubanos casi no recuerdan las especies nativas por su nombre. La prensa oficialista, por ejemplo, ha contribuido a que algunos sólo piensen en la biajaca como un pez que sabe a tierra, mientras que otros hacen varias horas en una larga cola por comprar una tilapia sin saber el daño que este pez nos ha causado. La contaminación aérea por su parte, ha convertido a la sociedad cubana desde 1980, en una de las poblaciones cuyo índice de asmáticos la sitúan entre las más afectadas del mundo.

Aparejado a los problemas antes mencionados, hay otros que también afectan el desarrollo de las ciencias y el mantenimiento de la biodiversidad. La drámatica situación de los derechos humanos es muy preocupante. Sus causas, como ya lo ha expresado la ONU, son profundamente institucionales y de origen interno (Groth, 1995). La situación política está tan deteriorada que incluso entorpece la búsqueda de soluciones a los problemas de tipo ambiental. Por ejemplo, si quemar un bosque no es considerado una violación directa del derecho humano, la persecución que se desata contra los que se oponen a tal acción sí lo es. Los científicos que hasta la fecha se han opuesto a la destrucción de los ecosistemas naturales, sufren esta persecución, e incluso en muchos casos, han sido obligados a abandonar el país debido al hostigamiento. Esta práctica de obligar al éxodo por la vía de la represión va dejando al país sin el personal del cual pudiera servirse en un futuro.

Desde que el gobierno dió la espalda a la población y a sus necesidades básicas, y debido a la miseria económica que por ello se padece, miles de cubanos se han visto obligados a buscar alimento y combustible en el medio natural. Esa prolongada tendencia a explotar en vez de conservar, ha incidido de manera muy negativa sobre el suelo, el clima, la vegetación, la fauna, y el propio cubano. Luego entonces, se trata de una estrategia política inservible, que facilita todo tipo de arbitrariedades contra el medio ambiente, y que crea un sentimiento de resignación en todos los especialistas y en las iniciativas que ellos pudieran generar a la búsqueda de soluciones apropiadas. Además, las recientes medidas tomadas por Fidel Castro en materia económica van en la dirección más equivocada. La inversión extranjera en áreas naturales que debían ser protegidas introduce ahora un nuevo y muy nocivo elemento en todas ellas. Estas, además de destruir el medio natural, se llevan a cabo a hurtadillas y por ello, requieren una denuncia inmediata.

Aún cuando no exista ninguna tecnología capaz de recrear un ecosistema y mucho menos de salvarlo si sus especies y genes ya han desaparecido, es necesario rehabilitar y preservar los que hasta ahora existen. Sin embargo, mientras Cuba siga bajo un gobierno como el actual, sin ningún programa de educación ambiental para su población, y con un ejército de especialistas que no cuentan con la libertad como premisa, cualquier intención por salvar lo que nos pertenece quedará, como hasta ahora, reducido a un modesto listado de recomendaciones sin alcance práctico. Así, resulta imprescindible comenzar afirmando que, sin cambios democráticos en la isla, no es posible extirpar ninguno de los problemas que sufre su naturaleza.

Algunas posibilidades generales que tenemos para salvar la biodiversidad cubana

Lo primero que Cuba necesita es un cambio total en lo político, económico y social. Sólo con una población que goce plenamente de la libertad individual y de expresión es que la ciencia y los científicos, por ejemplo, pudieran desarrollarse como deben. Unicamente con un pueblo libre es que pudieran crearse las fuerzas y el equilibrio necesario para hacer uso racional de los recursos naturales, y para protegerlos de los abusos e intereses económicos que siempre se practican. En una sociedad democrática, abierta a la inversión e interesada también en los paisajes naturales, las organizaciones no gubernamentales surgidas con el beneplácito de la libertad, pudieran ser las encargadas en oponerse a cualquier medida destructiva. En otras palabras, la libertad de expresión es la única que pudiera erigirse como fuerza independiente que impida los abusos contra el ecosistema.

Acto seguido, Cuba necesita (también urgentemente) una nueva ley que permita la protección de su naturaleza y de todos sus recursos potenciales. Pero hablo de una ley **nueva**, despojada de las frases ambiguas y de todas condiciones que el gobierno ha intercalado para su beneficio en la actual. Es decir, las arbitrariedades que caracterizan a la ley 33/81, y que deben ser inmediatamente derogadas. Una ley a ser respetada por todos, y en la que el nuevo gobierno pueda dar muestras de buena voluntad frente a la población y el medio donde habita. Una ley que contenga y mantenga activas las sanciones necesarias, y que en caso de que alguien la viole, penalice a sus transgresores en cualquier parte del territorio nacional. Cuba necesita por tanto, una verdadera ley de protección que frene y detenga cualquier acción degradante contra la naturaleza; es decir, una ley para contrarrestar los efectos destructivos efectuados por personas independientes, empresas nacionales o extranjeras, o instituciones estatales y privadas.

Cuba necesita implementar de manera rápida, varios cursos de educación ambiental para la población. El Ministerio de Educación debiera garantizar en nuestros niños una tendencia de amor por la naturaleza para que desarrollen actividades práctico-educativas de valor medio ambiental. El actual sistema educativo en Cuba ha demostrado que nadie puede respetar aquello que desconoce; por tanto, hay que enseñar correctamente al cubano a conocer las riquezas de su patrimonio natural. En el caso de las ciudades, esto debiera ser complementado con cursos de higiene y salubridad pública. Así mismo, y para el caso de las escuelas de biología, se debiera promover la formación de especialistas en ecología para que con carácter urgente realicen los estudios encaminados a: (1) delimitar las zonas de alto endemismo que aún pueden ser rescatadas, (2) fomentar las colecciones taxonómicas con prioridad científica y educativa, (3) realizar el inventario nacional de todos los recursos faunísticos y botánicos del país, y (4) iniciar las investigaciones autoecológicas y de poblaciones que tanta falta hacen en todo el territorio.

Una vez delimitadas con objetividad todas las áreas a proteger dentro del archipiélago, hacerlo bien; o sea, diferente a como se ha hecho dentro del período "revolucionario". Por ejemplo, acabar con la ilusión óptica que se obtiene al leer documentos como el de la IUCN, y que crea una ilusión numérica con decenas de áreas declaradas protegidas. Entonces, unificar en una sola categoría de protección, y como una región a proteger, todos aquellos cayos del norte camagüeyano para que se elimine esa falsa imagen de 73 áreas protegidas, pero que en realidad incluyen territorios de apenas tres kilómetros cuadrados. Lo mismo haría falta hacer en la reserva de la biosfera Cuchillas del Toa, donde prolifera un falso listado de reservas y refugios que están dentro de una misma área.

Para ello, eliminar de la nómina castrista a la reserva natural de Cupeyal del Norte, a los refugios de la fauna de Ojito de Agua y Alto de Iberia, a la reserva de la flora de El Toldo, y a la reserva natural del Jaguaní. En otras palabras, incluirlas a todas en una gran región, y protegerla verdaderamente. En Oriente, debieran incrementarse los valores naturales de algunas zonas costeras del sureste de Guantánamo, para unificar así en una sola región a la reserva natural del Tadre, el Pan de Azúcar e Imías. Sin embargo, y concerniente al suroeste, debiera delimitarse nuevamente el gran parque natural de la Sierra Maestra, pues este aparece como un área de más de 200 km de largo y protegida, cuando en realidad el 60% de su superficie ya ha sido deforestado. Así mismo, devolver los nombres originales a las zonas históricas ricas en naturaleza para eliminar con ello los ridículos rebautizos hechos por Fidel Castro, y que nombran a Cabo Cruz, por ejemplo, como "Desembarcadero del Granma".

Luego, y vinculado a la recomendación anterior, haría falta que estas áreas o regiones fueran delimitadas con un margen territorial que permita su crecimiento posterior mediante la continua reforestación (con árboles autóctonos) de sus alrededores; y claro está, prohibir dentro de ellas, ya sea en las zonas internas o en los cinturones en desarrollo, todas aquellas actividades que por interés económico degraden lo que se quiere proteger. Para ello, el futuro gobierno cubano debe comprometerse a no repetir la infamia del actual. Por ejemplo, a no explotar los bosques dentro de las reservas de la fauna, o a no declarar cotos de caza dentro de las reservas de la flora. Hasta la fecha, y como una mesquina política de "respeto" a lo declarado, el gobierno cubano se vale de estos trucos para continuar la explotación en las áreas protegidas.

Dentro de las actividades económicas relacionadas con el aprovechamiento de los recursos paisajísticos, fomentar el turismo especializado sería algo lógico, pero sólo en aquellas áreas que ya cuentan con cierta tradición turística. Es decir, aprobar las inversiones y la infraestructura turística, pero cerca de los asentamientos humanos, o en áreas semi-naturales y con el firme compromiso de respetar y fomentar en ellas sus valores ambientales. Detener inmediatamente la tala y desbroce de los bosques naturales para plantar hoteles como los construidos en Cayo Coco, Cayo Largo del Sur, o en el sur de Isla de Pinos. Promover el turismo de corte naturalista, y eliminar las ofertas de caza, pesca, o todas aquellas actividades que por negligencia pudieran volverse destructivas.

Propiciar y apoyar la creación de institutos y organizaciones que trabajen en la naturaleza con carácter científico y por su rehabilitación. Priorizar los estudios que conlleven a la conservación, y todas las acciones que en ese sentido se dirijan. Optimizar la explotación del suelo para que la agricultura y la ganadería sean llevadas a cabo con un alto rendimiento por hectárea y así, poder recobrar el espacio que estas actividades le han estado robando a la naturaleza. Con ello, se enriquecería el suelo, se mejoraría el clima, aumentarían los recursos naturales, y finalmente aumentaría el bienestar de la población. Paralelamente, eliminar de nuestra geografía (incluyendo al mar) todos los desperdicios metálicos o no, y que fueron abandonados en ella durante las últimas tres décadas, y hacer otro tanto con aquellas industrias socialistas cuya tecnología es obsoleta, y por ende, altamente contaminante.

En el caso de las especies introducidas, iniciar su control inmediato con personal experto, para que estos den caza, pesca, o captura a todas las especies exóticas que actualmente pululan por el archipiélago. O sea, eliminar totalmente todos los perros jíbaros, todos los mustélidos, todos los venados y ungulados recientemente introducidos, así como los monos que destruyen nuestros cayos, todas las aves que desplazan o eliminan a las cubanas, y todos los peces que devoran nuestra fauna dulceaquícola. Para aquellas especies exóticas y comestibles, organizar su caza total, y beneficiar con ella, tanto al cazador deportivo, como a la población que desee comprar su carne.

Garantizar y promover la libre circulación de información y cooperación científica dentro y fuera del sector estatal. Eliminar de la administración las estadísticas negras y la censura sobre la destrucción de la naturaleza cubana. Hacer pública esa información, y de manera sistemática, para que todos los grupos científicos del país tengan el derecho a expresar sus opiniones. Paralelamente, someter a consulta cualquier acción antes de que esta sea efectuada contra el patrimonio natural. Crear una comisión mixta entre el Estado y las ONG que tengan el poder legislativo necesario, y que faciliten la discusión con la población. En otras palabras, el futuro gobierno de Cuba (sea cual sea) debe consultar, a modo de referendo popular, cualquier acción que se piense llevar a cabo contra la naturaleza, y reconocer el derecho a la oposición de las organizaciones encargadas de la protección, dando libertad absoluta de expresión, información, reunión, o manifestación pacífica, a estos sectores dentro del país.

Al instaurarse una sociedad de derecho, crear también las bases del deber para que la población se sienta obligada a respetar el patrimonio natural. Es un derecho indiscutible el que las futuras generaciones cuenten con su naturaleza, y es nuestra obligación, el que ella sea mejorada. Por ello, la conservación de estos recursos debe ser efectiva y equilibrada en todas las provincias del país. De todo ello se podrían obtener magníficos resultados y vitales beneficios para Cuba. Con un programa ordenado de medidas en el sector ambiental y científico pudiera comenzar a mejorarse la situación ecológica del archipiélago, para esto, se hace imprescindible poner fin al centralismo estatal de todas las empresas y ministerios encargados hasta la fecha de esta actividad.

Posibles medidas especiales para salvar nuestra biodiversidad

En la actualidad hay dos vías para mantener la biodiversidad. Es decir que puede ser preservada allí donde naturalmente se encuentra (*in situ*); o puede ser removida de sus áreas originales para mantenerla en otros sitios (*ex situ*). La conservación de la biodiversidad en las áreas naturales puede ser focalizada hacia especies, poblaciones, o incluso ecosistemas, mientras que la realizada fuera de ellos, se centra en organismos preservados a manera de bancos genéticos, o en colecciones vivas (U.S. Office of Technology Assessment, 1987). Ambas posibilidades tienen diferentes objetivos, pero todos ellos son componentes necesarios de una estrategia global para conservar la biodiversidad. De esta forma, la conservación puede llevarse a cabo desarrollando alguno de estos aspectos, pero garantizando los vínculos y la implementación de los restantes que son, sin duda alguna, sus complementarios. Así, el sistema para la conservación y mantenimiento de la biodiversidad en Cuba debiera contar con los siguientes puntos:

Mantenimiento de los ecosistemas (*in situ*). Es decir, a través de la creación de Parques Nacionales y Santuarios Marinos donde se fomente la investigación dentro de sus áreas, y donde se lleve a cabo el desarrollo de sus recursos por la vía de planes concretos. Con ello, se podría mantener la biodiversidad con: **(a)** la existencia de reservorios o "almacenes" del recurso genético, **(b)** el funcionamiento adecuado de los procesos evolutivos, **(c)** la preservación de una gran mayoría de las especies conocidas y desconocidas, y **(d)** la representación de ecosistemas naturales únicos.

Manejo de las especies (*in situ*). Dentro de los agroecosistemas, y los refugios de vida silvestre, para mantenerlos como bancos genéticos en el medio natural. Esto permitiría mantener la biodiversidad mediante: **(a)** la interacción genética entre las especies que lo habitan, **(b)** las poblaciones cuya explotación es sostenible, **(c)** algunas poblaciones genéticamente viables pero que estén amenazadas, **(d)** especies que reporten beneficios indirectos para la polinización y el control de plagas, y **(e)** las especies que garanticen el mantenimiento del ecosistema, o que efectuen funciones reguladoras dentro de él.

Colecciones vivientes (*ex situ*). En parques zoológicos, jardines botánicos, colecciones de campo y programas de cría en cautiverio. En ellos, la biodiversidad sería garantizada al contar con: **(a)** el material de cría que no pueda ser almacenado en bancos genéticos, **(b)** las investigaciones y desarrollo de nuevas variedades y sistemas de crías, **(c)** los cultivos que permitan su propagación hacia el medio natural, **(d)** la cría en cautiverio de especies cuyas poblaciones están amenazadas en la naturaleza, y **(e)** el acceso a especies silvestres para investigar, y mostrarlas educativamente al público.

Bancos genéticos (*ex situ*). Con la creación de bancos de semillas, polen, semen, huevos y embriones; así como de colecciones de cultivos microbiales y tejidos. Contando con ellos, la biodiversidad sería mantenida a través de: **(a)** fuentes aceptables de genes para los programas de cría, **(b)** colecciones de genes de especies inseguras o amenazadas, **(c)** colecciones de referencia, o tipos estándares para la investigación, **(d)** acceso a los genes de amplias regiones geográficas y **(e)** material génetico de especies críticamente amenazadas.

Todo lo anterior resulta imprescindible y necesario para Cuba. Nuestra isla, y muy a pesar de muchas de mis duras críticas, cuenta con el potencial científico que ello requiere y además, con una flora y una fauna que recompensarían semejante esfuerzo. Por ello, y aunque nos falte ahora la libertad de acción, o carezcamos muchas veces de la necesaria sensibilidad, debiéramos pensar y actuar, ya sea en Cuba o en el exilio, para hacer de todo cubano un amante y apasionado defensor de nuestra naturaleza.

Hace ya más de seis años que vivo en Suiza, pero aunque este país es tres veces más pequeño que Cuba, y aunque está altamente industrializado, todavía en él se conservan dos tercios de territorio poblado de bellísimos bosques. Si meditásemos un poco en lo que antes he expresado, cualquiera se daría cuenta de que salvar a Cuba de la desertificación es aún un sueño posible. Aquí, muy cerca de esta naturaleza rescatada y alejado por la fuerza de aquella que aún se desperdicia, todavía llegan los ecos de una belleza cubana que, gracias a José de la Luz León, me hace ver en ambas algo muy común:

"Todo se fue con el tiempo, como ese río Agabama que serpenteó tenaz a lo largo de la ruta, nos miró irónico desde el fondo de las barrancas sonoras y al fin lo perdimos de vista con el postrer rayo de sol.

¡Paz maravillosa de estos campos nuestros, inéditos para tantas pupilas endurecidas por la vida de la ciudad! Pero hoy no descubro en el paisaje esa languidez, esa mansedumbre triste que tienen otros sitios cuando aparece en el cielo el fulgor de las estrellas vespertinas.

Todo, al revés, se destaca con una grandeza, con una magnificencia tal, y es tan varonil y recia la impresión que me produce la silueta borrosa y no obstante dominadora y gallarda de los montes, que me figuro saborear las primeras impresiones de un panorama helvético sin el sudario yerto y blanco de la nieve, con la simetría de un bosque de palmeras, los maniguales verdeantes bajo la brisa cargada de aromas y la luz errátil del cocuyo, ese tímido faro de la noche cubana..."

Apéndices

Tabla I.- **Situación del conocimiento taxonómico sobre la fauna terrestre (autóctona) de Cuba.**[1]

Grupos más estudiados (Phylum, Clase, Orden)	Nivel del conocimiento	Número de especies conocidas	Índice de endemismo(%)
VERTEBRADOS (Chordata)			
Mamalia	alto	88	40
Aves	alto	329	7
Reptilia	mediano	87	82
Amphibia	mediano	43	90
Pisces	mediano	58	55
INVERTEBRADOS (Arthropoda)			
Insecta	**bajo**	**>7`000**	**50**
Odonata	alto	87	8
Orthoptera	mediano	>500	aprox. 70
Coleoptera	mediano	2`249	aprox. 50
Neuroptera	mediano	76	82
Trichoptera	bajo	30	>80
Lepidoptera	mediano	>500	aprox. 10
Diptera	mediano	>500	aprox. 30
Hymenoptera	mediano	1`019	aprox. 25
Strepsiptera	bajo	<30	aprox. 50
Mallophaga	mediano	300	aprox. 25
Arachnida	**bajo**	**>800**	**aprox. 80**
Scorpionida	alto	25	84
Pseudoescorpionida	bajo	20	90
Schizomida	mediano	13	92
Opilionida	bajo	40	95
Acarina	mediano	218	43
Aracneida	mediano	600	60
Ricinulei	mediano	2	100
Amblypygi	alto	12	77
Solifugae	bajo	3	66
Palpigradi	bajo	1	100
Uropigy	mediano	2	100
Diplopoda	mediano	77	55
Chilopoda	bajo	23	aprox. 25
Crustacea	mediano	75	40
Mollusca (Gastropoda)	alto	1`700	96
Aschelmintes (Nematoda)	mediano	795	12
Platyhelminthes (Trematoda)	mediano	513	15
(Cestoda)	mediano	273	9
(Acanthocephala)	mediano	42	0

[1] (Alayón, inédito)

Tabla II .- **Áreas de alto endemismo (a) de los vertebrados terrestres de Cuba (b) en orden de importancia decreciente (c).**[2]

Áreas	Mamíferos	Aves	Reptiles	Anfibios	Endemismo (%)
1.-Isla de Pinos (diversas áreas principales)	2	5	17	1	58
2.-Costa Sur de Guantánamo (con 3 áreas principales) Cabo Cruz, Baitiquirí- tortuguilla y Maisí.)	0	1	23	3	52
3.- Sagua-Baracoa Territorio delimitado por las Cuchillas del Toa, la Sierra del Purial, y la Sierra al Norte de La Gran Piedra.	2	3	12	1	42
4.-Sierras de Los Organos y Rosario (3 áreas principales) Pica-pica; Rangel y Soroa.	0	1	13	7	36
5.-Zona costera (20 km. de profundidad) Nuevas grandes, Puerto Manatí, Puerto Padre, Gibara-Banes.	0	1	13	0	29
6.-Sierra Maestra	2	0	2	7	19
7.- Ciénaga de Zapata	1	3	3	0	19
8.- Porción oriental de la Península de Guanahacabibes	0	0	9	1	19

(a) Excluidos los cayos (b) Excluidos los peces (c) Las áreas están jerarquizadas de acuerdo al número de táxones contenidos y las clases de vertebrados representadas en cada una de ellas, mediante la asignación de valores numéricos a dichas clases: anfibios x1, reptiles x2, aves x3, mamíferos x4 (= "índice de endemismo"). La delimitación de las áreas está basada en los endémicos (especies y subespecies) geográficamente microlocalizados. Las áreas con índice de endemismo inferior a 10 no aparecen en la tabla.

[2]   (Alayón, inédito)

Mapas 1-3. Transformación y explotación de los recursos forestales en Cuba.*

ETAPA COLONIAL

ETAPA DE LA REPUBLICA NEOCOLONIAL

ETAPA REVOLUCIONARIA

■ Bosques cuya biodiversidad aún era rescatable.

□ Areas ya destruidas y difíciles de rescatar

TIPOS DE ASIMILACION

Agropecuario-silvícola predominante

Agropecuario-silvícola con baja participación de la industria

Agropecuario-silvícola con industria

Equilibrio agropecuario-silvícola e industria

Industria con baja participación agropecuario-silvícola

Industria con baja participación agropecuario-silvícola

Industria predominante

SUPERFICIE ASIMILADA EN % DEL TOTAL NACIONAL

10 20 30 40 50 60 70 80 90 100

*Tomado de Bridón Ramos (1989) Nuevo Atlas Nacional de Cuba.

Índice alfabético (nombres comunes) de todas las especies mencionadas en el texto.

Plantas y algas

279

Crustáceos (terrestres y marinos)

Insectos

Peces (de agua dulce y marinos)

Anfibios

Mamíferos

285

*   Especies introducidas en el medio ambiente de Cuba.
**   Especies mencionadas en el texto, pero no introducidas en el medio ambiente cubano.

Literatura consultada

Academia de Ciencias de Cuba (1983): Ley N° 33/81 de protección del medio ambiente y del uso racional de los recursos naturales. *Glosario* Editora de la ACC, La Habana, 32 pp.

Alaín H. (1952): Por la conservación de los bosques de Cuba. *Revista de la Sociedad Cubana de Botánica.* Vol 9 (4): 109-116.

Alaín H. (1953): El endemismo en la flora de Cuba. *Memorias de la Sociedad Cubana de Historia Natural.* Vol 21 (2): 192-193.

Alayón García, G. (inédito): Situación actual de la fauna terrestre de Cuba: conocimiento, estudio y conservación. Proyecto de informe. 10 pp.

Alayón García, G. y E. Solana Osorio (1987): Lista de las mariposas diurnas (Lepidoptera: Rhopalocera) colectadas en la reserva de la biosfera "Cuchillas del Toa" Holguín-Guantánamo, Cuba. *Garciana* (7): 2-4.

Alayón García, G., A. R. Estrada y A. Torres Leyva (1987): Lista de las aves observadas en la reserva de la biosfera "Cuchillas del Toa", provincias de Holguín y Guantánamo, Cuba. *Garciana* (6): 1-3.

Alfonso, P. (1993): Empeora falta de electricidad. en "Cuba por dentro". *El Nuevo Herald.* 26 octubre 1993. p. 3a.

Apuleyo Mendoza, P., C. A. Montaner y A. Vargas Llosa (1996): Manual del Perfecto Idiota Latinoamericano. Plaza & Janes. 318 pp.

Areces Mellea, A. (1978): Bosques. en *"Atlas de Cuba."* Instituto Cubano de Geodesia y Cartografía. La Habana. p 38-39.

Armas, Luis F. de (1984): Primer reporte de Tilapia (*Sarotherodon niloticus*) y Guabina (*Gobiomorus dormitor*) para cuevas cubanas. *Misc. Zool.* (23): 1-2.

Armas, Luis F. de, N. Chirino, R. Armiñana y J. E. Travieso (1987) Microfauna acuática de la Cueva del Agua, Sagua la Grande, Provincia Villa Clara. *Misc. Zool.* (34): 2-3.

Barbour, T. y C. Ramsden (1919): The herpetology of Cuba. *Mem. Mus. Comp. Zool.* Cambridge, Massachusetts, Vol. 47 (2), 1919.

Berovides Alvarez, V. (1988): *El enriquecimiento de la fauna y su relación con la conservación de la naturaleza.* Editorial Academia; La Habana 2, Cuba. 22 pp.

Berovides Alvarez, V. y J. Fernández Montiel (1984): Polimorfismo genético del Cernícalo (*Falco sparverius sparverioides*). *Poeyana* (283): 1-11.

Borhidi, A. y O. Muñiz (1983): *Catálogo de plantas cubanas amenazadas o extinguidas*. Editorial ACC; La Habana.

Cabrera Infante, G. (1974): *Vista del amanecer en el trópico*. Editorial Seix Barral. Segunda Edición. 240 pp.

Cabrera Infante, G. (1992): *Mea Cuba*. Plaza & Janes Editores / Cambio 16. 482 pp.

Cambell B., and E. Lack (1985): A Dictionary of Birds. Published for The British Ornithologists' Union. T & A D POYSER. Calton. 670 pp.

Capote, R. y R. Berazain (1984): Clasificación de las formaciones vegetales cubanas. *Revista del Jardín Botánico Nacional*. Vol. 2: 1-49.

Casas, B. de las (1875-1876): *"Historia de las Indias."* Vol. 3; Madrid. 469 pp.

Casas, B. de las (1518): Relaciones que hicieron algunos religiosos sobre los excesos que había en las Indias y varios memoriales de personas particulares que informaron de cosas que convendría remediar. en *"Los primeros remediales de Bartolomé de las Casas."* Cuadernos H; Universidad de la Habana; La Habana, 1972.

Clark, P. (1993): Joyas Naturales de Cuba. *El Nuevo Herald*. 26 octubre 1993. p 14a.

Comité Estatal de Estadísticas (inédito): La Habana. 350 pp en *"El Bosque como recurso en Cuba"* de Luna y Cabrera (mimio de 1988).

Cornide, R. I. (1984): Anticuerpos leptospirales en suero sanguíneo del manatí (Trichechus manatus L.). *Misc. Zool.* (18): 1-2.

Cornide, R. I., C. Ferrá, C. Jiménez, J. A. Valdivia y A. M. Gutiérrez (1987): Hallazgo de Mycobacterium (M. Tuberculosis y Complejo Avium-Intracellulare) en jutía conga (*Capromys pilorides*) *Misc. Zool.* (35): 1-2.

Cruz, J. de la, A. M. Dubitsky, e I. García Avila (1976): Distribución de *Cubanichthys cubensis* (Eigenmann, 1903) (Teleostei: Cyprinodonti-dae) en el occidente de Cuba. *Misc. Zool.* (2): 2.

Cruz, J. de la, y G. Silva Taboada (1984): Nuevos datos sobre murciélagos (Chiroptera) de la Isla de la Juventud, Cuba. *Misc. Zool.* (24): 3-4.

Dávalos, F. (1995): Autorizan las ventas de pieles de cocodrilo. *La Página* (Mayo 24 de 1995) Zürich, Suiza.

Departamento de Ecología del Paisaje, del Instituto de Ecología y Sistemática de la ACC. (1991): La planificación ecológica territorial en la actividad forestal. (Mesa Redonda) en Memorias del IV Encuentro de Botánica "Johannes Bisse in Memoriam". Instituto Superior Pedagógico "José Martí"; Camagüey.

Dewar, H. (1993): Científicos de EU acuden al rescate de especies cubanas. Rara fauna en peligro de extinción. *El Nuevo Herald.* 26 octubre 1993. p 1a; 11a y 14a.

Dewar, H. (1993): Fuerzas milenarias formaron la naturaleza de la isla. en Joyas Naturales de Cuba. *El Nuevo Herald.* 26 octubre 1993. p 14a.

Diego, E. A. (1996): Los años grises (Fragmento). Editorial Asociación Encuentro de la Cultura Cubana. *Encuentro* (1): 33-41.

Dubitsky, A. M. e I. García Avila (1976): Particularidades ecológicas de *Glaridictus falcatus ssp.* (Cyprinodontiformes: Poeciliidae) en los lugares de crías de mosquitos hematófagos en la Península de Guanahacabibes, Cuba. *Misc. Zool.* (2): 4.

Dubitsky, A. M. e I. García Avila (1976): *Girardinus microdactylus* (Cypronodontiformes: Poeciliidae) en Isla de Pinos. *Misc. Zool.* (4): 1.

Espinosa, J. y A. Torres Leyva (1989): Los subgéneros *Zachrysia* y *Auritesta* (Mollusca: Gastropoda) en la provincia de Holguín. *Garciana* (18): 1-3.

Ferrer, L. y A. R. Estrada (1988): Primer record de mortalidad del manatí en aguas cubanas. *Misc. Zool.* (41): 1-2.

Force, E. ed. (1997): 123 cocodrilos cubanos destinados al consumo en Vietnam llegan muertos a su destino. Euronews. Ecología. Septiembre 10, 1997.

Gaffney Jr., F. J. and R. W. Robinson Jr. (1997): Stop the Cuban Chernobyl. Wall St. Journal Tues. January 21, 1997

Gala, A. (1991): ¡Basta!. *Greenpeace.* Boletín Informativo. (19): 19.

García Avila, I. y A. M. Dubitsky (1976): Dos poblaciones naturales del guppy (*Lebistes reticulatus*, Peters) (Cypronodontiformes: Poeciliidae) en Cuba. Misc. Zool. (4): 3-4.

Garrido, O. H. (1967): Nidada del Gavilancito Cubano, *Accipiter striatus fringilloides*, Vigors (Aves: Accipitridae) *Poeyana* (50): 1-2.

Garrido O. H. (1987): Panorama de un arrecife costero del litoral habanero después de cinco días de marejadas. *Misc. Zool.* (32): 3-8.

Garrido, O. H. (1992): Conozca las rapaces. Biblioteca Juvenil. Editorial Gente Nueva. 87 pp.

289

Garrido, O. H. y F. García Montaña (1975): Catálogo de las aves de Cuba. Academia de Ciencias de Cuba, La Habana. 149 pp.

Garrido, O. H. y C. Wotzkow (inédito): Tres ejemplos de transformación de hábitats en Cuba: su importancia en el incremento de la avifauna. Trabajo presentado en 1990, en Jamaica, durante la jornada científica de la Sociedad Ornitológica del Caribe.

Génsbol, B. (1987): Birds of Prey of Britain and Europe North Africa and the Midle East. Collins, London. 384 pp.

Gómez de Molina, R. (1991): El desastre ecológico cubano. *Próximo.* Fundación Liberal José Martí, Madrid. (3): 32-40.

González, H., F. González y M. Quesada (1986): Distribución y alimentación del Cabrerito de la Ciénaga (*Torreornis inexpectata*) (Aves: Fringillidae). *Poeyana* (310): 1-24.

Groth, C.-J. (1995): Informe sobre la situación de los derechos humanos en Cuba, presentado por el Relator Especial, Sr. Carl-Johan Groth, en cumplimiento de la resolución 1994/71 de la comisión. Naciones Unidas. Consejo Económico y Social. E/CN. 4/1995/52. Comisión de Derechos Humanos. 51° período de sesiones. 27 pp.

Gundlach, J. C. (1893): *Ornitología Cubana.* Imp. La Moderna, La Habana. 328 pp.

Hall, E. R. (1981): The Mammals of North America. in **Nowak, R. (1991)** Vol II p 1347.

Heppner, J. B. (1993): Citrus Leafminer, *Phyllocnistis citrella*, in Florida (Lepidoptera: Gracillariidae: Phyllocnistinae) *Tropical Lepidoptera*, 4 (1): 49-64.

Herald, E. S. (1970): Fische. in Knarus Tierreich in Farben. Buchclub Ex Libris Zürich. 255 pp.

Herrera, R. (1984): El origen de las sabanas cubanas.en "*La toponimia en el paisaje cubano.*" Editorial Ciencias Sociales; La Habana. p 49-97.

Hernández L. R., G. Alayón García and D. S. Smith (1995): A new subspecies of *Parides gundlachianus* from Cuba (Lepidoptera: Papilionidae) *Tropical Lepidoptera*, 6 (1): 15-20.

Hernández L. R. and T. C. Emmel (1993): *Cactoblastis Cactorum* in Cuba (lepidoptera: Pyralidae: Phycitinae) *Tropical Lepidoptera*, 4 (1): 45-46.

Holdgate, M. W. (1967): The influence of introduced species on the ecosystems of temperate Oceanic Islands. IUCN, Nueva Serie. N° 9, 259 pp.

Instituto de Geografía de la Academia de Ciencias de Cuba e Instituto Nacional de Geodesia y Cartografía. (1989): "Nuevo Atlas Nacional de Cuba". Sección: Flora y Vegetación; X. 1. 1. Recursos Naturales XV. Impreso en el Instituto Geográfico Nacional de España.

ICSU (1996):Universality of Science: Handbook of ICSU`s Standing Committee on Freedom in the Conduct of Science. International Council of Scientific Unions . 51 pp.

Instituto de Geografía de la ACC (inédito): Regionalización de los recursos naturales y su utilización.

Iraizoz, A. (1949): *Sinfonía del Terruño*. La Habana. Imp. Molina.

IUCN (1992): The Republic of Cuba. in Protected Areas of the World. A review of national systems. Vol 4: Neartic and Neotropical. The World Conservation Union. Anex: Definition of protected area designations, as legislated, together with authorities responsible for their administration. p. 351-358.

Jost, Hans-Ulrich (1997): Sobre la esterilización forzosa en Suecia. EURONEWS Miércoles. Agosto 27, 1997.

Leyva Sánchez, A. (1988): Los jardines botánicos y la conservación de las especies vegetales en Cuba. *Revista del Jardín Botánico Nacional*. IX (3): 13-22.

Luna Moliner, A. M. y J. Cabrera Trimiño (inédito): El bosque como recurso en Cuba. Instituto de Geografía. 26 pp.

Luna Moliner, A. M. y J. Ibañez Zamora (inédito): Consideraciones geográfico económicas sobre las posibilidades de integración productiva en el territorio de la Ciénaga de Zapata. Instituto de Geografía. 22 pp.

Luz León, J. de la (1976): En los parajes del Cigüapo en "El Bordón del Peregrino" Ediciones Formentor S.R.L. Caracas., p 39-50.

MacPhee, R. D. E. (1996): Cuba past/Cuba en el pasado [in english/spanish] in A. Silva Lee, Natural Cuba/Cuba Natural, pp 1-17 Pangaea Press, Minneapolis.

Marín, G. A. (1996): *La locura de Fidel Castro*. Ediciones Universal pp 200-203

Martí, J. (1885-1895): *Obras Completas* "Fragmentos" Vol 22. Editorial Nacional de Cuba. La Habana, 1965.

Martínez, G. J. (1981): Protección y desarrollo de la fauna. Editorial Libros para la Educación, La Habana, 124 pp.

McNeely, J. (inédito): 1992 Ivory-billed Woodpecker Expedition Report. 12 pp.

Ministerio de la Industria Pesquera y Empresa Nacional de Acuicultura (inédito): Datos de capturas por años. Documentos 1992. Ciudad de la Habana.

Montaner, C. A. (1983): *Fidel Castro y la Revolución Cubana.* Biblioteca Cubana Contemporánea. Editorial Playor, 1983. Madrid, España. 255 pp.

Montañez, L., V. Berovides, A. Sampedro y L. Mugica (1985): Vertebrados del embalse "Leonero", Provincia Granma. *Misc. Zool.* (25): 1-2.

Muñiz, O. (1991): "Condiciones geográficas y ecológicas de Cuba determinantes en las características de su flora. en *Resúmenes del IV Encuentro de Botánica "Johannes Bisse in Memoriam."* Instituto Superior Pedagógico "José Martí"; Camagüey.

Nuñez Jiménez, (1989): en *"Nuevo Atlas Nacional de Cuba"* (Instituto de Geografía de la ACC e Instituto Nacional de Geodesia y Cartografía, 1989) Impreso en el Instituto Geográfico Nacional de España.

Novo, J., A. R. Estrada y L. V. Moreno (1987): Adiciones a la fauna de anfibios de la Península de Guanahacabibes, Cuba. *Misc. Zool.* (36): 3-4.

Nowak, R. (1991): *Walker's Mammals of the World.* John Jopkins University Press, Baltimore, Maryland, 5th Edition. Vol I & II 1629 pp.

Orozco R. (1993): "La opción cero" en Tercera Parte; Capítulo 13 de *Cuba Roja. Cómo viven los cubanos con Fidel Castro.* Prólogo de Manuel Leguineche. Editorial Cambio 16. Madrid; p 425-482.

Perera Puga, A. (1986): Panorámica de las áreas protegidas en la República de Cuba. Conservando el patrimonio natural de la región Neotropical. in Proceedings of the 27th Working Session of the IUCN Commission on National Parks and Protected Areas, Bariloche, Argentina. 55 pp.

Perera, A. and P. Rosabal (1986): Las áreas protegidas en Cuba. *Silvestres* (2): 13-17. Oficina Regional de la FAO para América Latina y el Caribe, Santiago de Chile; Chile.

Rams, A., R. M. Abreu y J. de la Cruz (1989): Almiquí (*Solenodon cubanus*) depredado por perros jíbaros (*Canis familiaris*). *Garciana* (21): 1-2.

Richard, A. (1945): Fanerogamia en la Sagra. (ed.) *"Historia Física, Política y Natural de la Isla de Cuba."* XI; París.

Rodríguez Ferrer, M. (1879): "*Naturaleza y civilización de la grandiosa Isla de Cuba.*" Imprenta de J. Nogueras a cargo de M. Martínez. Madrid.

Roig de Leuchsenring, E. (1939): "*Actas Capitulares del Ayuntamiento de la Habana.*" La Habana; Tomos I y II.

Roig, J. T. (1918): Breve reseña sobre una expedición botánica a la provincia de Oriente. *Memorias de la Sociedad Cubana de Historia Natural "Felipe Poey"*; III (4, 5 y 6) p 168-175.

Roque Abelo, L., L. R. Hernández and D. S. Smith (1995) Rediscovery of *Chioides marmorosa* in Cuba (Lepidoptera: Hesperiidae) *Tropical Lepidoptera*, 6(2): p 99-102.

Rouset, R. V. (1918): "*Historia de Cuba.*" Librería Cervantes. La Habana. 3 Tomos.

Sagra, R. de la (1798): Cuba 1960: Selección de artículos sobre la agricultura cubana. Comisión Cubana de la UNESCO. La Habana, 1963. 218 pp.

Sagra, R. de la (1839): *Historia Física, Política y Natural de la Isla de Cuba* (A. Bertrand, ed.), París, Tomo 3, p. 1-39.

Samek, Y. (1968): La protección de la naturaleza en Cuba. *Serie transformación de la naturaleza*. ACC; (7): 23 pp.

Santana E. (1991) Nature conservation and sustainable developement in Cuba. *Conserv. Biol.* (5): 13-16.

Silva Lee, A. (1977): Observación sobre la conducta alimentaria del delfín, *Tursiops truncatus*. *Misc. Zool.* (6): 1-2.

Silva Lee, A. (1996): Prefacio/Preface. in *Natural Cuba/Cuba Natural*. pp. X-XIII. Pangaea Press, Minneapolis, USA.

Soroa, J. y D. Pérez (1980): Distribución actual del ostión *Crassostrea virginica* (Gmelin) en las costas cubanas. *Misc. Zool.* (11): 3-4.

Tabío, E. (1989): Agricultura aborigen antillana. Editorial Ciencias Sociales. La Habana, Cuba.

Terrero, A. (1992): ¿Cuántas patas tiene el gato? Sobre el dilema energético. Bohemia: Agosto 14/92.

The Economist Intelligence Unit (1993): Basic Data: Cuba. EIU Country Profile (1992-1993). 37 pp.

The Latin American Alliance (1997): Cuba's Biodiversity Country Study. Http://www.latinsynergy.org/biodiversity.htm 48 pp.

The Washington Post (1997): Ambitious project to renovate Old Havana appeared to be moribund. in Internet, by The Washington Post Company. 3 pp.

Torre, C. de la (1915): Revisión del catálogo de la fauna cubana. en *Memorias de la Sociedad Cubana de Historia Natural "Felipe Poey".* Imprenta El Siglo XX de Aurelio Miranda Teniente Rey 27. p 31-36.

Torres Leyva, A. (1987): Lista de los caracoles terrestres observados en el municipio de Holguín, Cuba. *Garciana* (6): 3-4.

UNESCO (1973): Clasificación Internacional y Cartografía de la Vegetación. París, Francia.

U.S. Congress, Office of Technology Assessment (1987): Techonologies to mantain Biological Diversity. OTA-F-330 (Washington, D.C.: U.S. Government Printing Office), March, 1987. 334 pp.

Valdés, E. y A. Silva Lee (1980): Catorce nuevos registros para la ictiofauna marina de Cuba. *Misc. Zool.* (10): 1-2.

Valdés R. y E. Salinas (1991): *Proyecto de desarrollo turístico para la Ciénaga de Zapata.* INTUR. Ciudad de la Habana.

Varona, L. S. (1980): *Mamíferos de Cuba.* Editorial Gente Nueva, La Habana, 109 pp.

Weibel, L. (1943): "La toponimia como factor contributivo en la reconstrucción del paisaje original de Cuba." *The Geographical Review.* Vol. XXXIII, N° III.

Wilson, E. O. (1980): *Sobre la Naturaleza humana.* Editorial Fondo de Cultura Económica, México. 301 pp.

Wotzkow, C. (1994): Status, Distribution, Current Research an Conservation of Forest Birds of Prey in Cuba. in Raptor Conservation Today. Proccedings of the IV World Conference on Birds of Preys and Owls, Pica Press. B.-U. Meyburg and R. D. Chancellor (Editors). pp 291-300.

Wotzkow, C. and J. de la Cruz (1987): Nesting success of the American Kestrel (*Falco sparverius sparveroides,* Vigors), in Boca de la Jaula, Tapaste, Havana Province. in The Ancestral Kestrel, Proc. Symp. Kestrel Species, St. Louis, Miss. Dec. 1, 1983, *Raptor Research Report* (6): 43-46.

Wotzkow, C. y O. H. Garrido (1991): On the nidification of the Sharp-shinned hawk, *Accipiter striatus fringilloides* (Aves: Accipitridae). *Birds of Prey Bull.* (4): 4-5.

Wotzkow, C. y S. Petschen (1994): Campagne d'opposition à l'activation de la centrale nucléaire de Juragua (Cuba). *Contratom.* (25): 11.

COLECCIÓN CUBA Y SUS JUECES
(libros de historia y política publicados por EDICIONES UNIVERSAL):